拱　橋

We are all connected.

50 CENT
CURTIS JACKSON

幹大的

五角傳

活下去，爬上來！
從街頭藝術家到億萬商業帝國的
極限進化法則

五角（50 Cent）——著
莫康笙——譯

I WANT THE FINER THINGS IN MY LIFE,
SO I HUSTLE.

HUSTLE HARDER
HUSTLE SMARTER

目次
CONTENTS

HUSTLE HARDER HUSTLE SMARTER

引言 ▼ 成功，就是為你的人生完全負責 07

CH.1 ▼ 恐懼的另一端是自由 017
恐懼會以各種方式讓你出錯，你得認清自己害怕的是什麼。
與其害怕挨打並選擇放棄，不如做些什麼讓自己變成難以攻擊的目標。

CH.2 ▼ 拚命三郎之心 035
唯一能一〇〇%確定穩賺不賠的賭注，就是賭自己。
你必須降低周圍的雜音、永遠想著「下一個機會」。不論在街上賣藥、在華爾街做生意，都一樣。

CH.3 ▼ 頂尖玩家的基本功：組團隊 065
換掉舊班底、打造新團隊，Jay-Z的做法就是教科書式的範例。
你不能只圍繞在過去的朋友，要遠離「桶子裡的螃蟹」、建立紀律——這才是你的品牌護身符。

CH.4

▼ 價值，用在取得最佳位置 095

「我把二十五美分的水裝進瓶子裡賣兩美元，然後可口可樂來了，花幾十億買下它，這是三小？」——五角不看支票做事，當過免費實習生，只為了取得最佳位置，來讓一切成真。

CH.5

▼ 市場不會錯，只會淘汰 130

嘻哈文化天生偏愛「受損」的事物；一旦你成功，觀眾反而不再把你當成自己人。當這種文化期待與串流時代的快速淘汰機制碰撞，如何在風格、話語權與商業價值中找到生存空間？

CH.6

▼ 「形象」會在你開口前先說話 163

我請了一位攝影師、找來設計師，甚至在封底印上假條碼，然後將唱片洩露給所有願意收下的盜版商……這張街頭「限量版」專輯，讓阿姆成功注意到我。

CH.7

▼ 朋友做不成，至少當敵人 204

嘴炮歐普拉、正面迎戰肯爺新專輯、屠龍《權力遊戲》……最有效的策略，就是向強者開火。只是，你最好先準備一本「對手之書」。

CH.8

▼ 從L中學習 235

人們對失敗的反應，將決定他們最終的結果。因為你的L，往往蘊藏著最寶貴的教訓。最重要的第一步，就是先承認自己犯了錯。

CH.9

▼ 沒有人欠你 245

對自己的人生負起完全的責任，是避免掉入「虧欠心態」的最佳方法。要成為真正的哈搜客，你必須去追求那種只有靠自己讓事情成真的成就感。

附錄 ▼ Hustler 進化法則 277

引言

成功，就是為你的人生完全負責

多年來，不少人鼓勵我寫一本關於自我成長的書，甚至還在我面前揮著幾張大支票要我動筆。但我總是拒絕。

並不是我沒有認真考慮過，我甚至曾與偉大的作家羅伯特．格林（Robert Greene）[1]合作撰寫過一本書《想生存、先搞定遊戲規則：出社會就該瞭的五角法則》（*The 50th Law*）。然而，我始終對獨自撰寫一本書感到不太自在。我不喜歡把自己塑造成一個「人生導師」的樣子。

這聽起來可能有點矛盾，畢竟我從不吝於告訴你們我賺了錢、賣出多少張唱片、製作了多少部電視節目。沒錯，我很樂於分享自己的成功，但私底下我也清楚，**那些成就並沒有讓我的生活完全如意。**

我搞砸過很多事情：錢、關係、機會、友誼……你能想到的，我可能都失敗過。可以說，**我失敗的**

1 編按：暢銷書《權力的48法則》（*The 48 Laws of Power*）作者。

次數和成功的一樣多。而這些失敗，最終成了我決定寫這本書的原因。

很少有人能經歷像我這種層級的成功，而即使是在這少數人之中，和我一樣從底層一步步爬起來的人就更少了。

這是我講過無數次的故事，但在這裡值得再重述一次：我母親在十五歲時生下了我。作為單親媽媽，她不得不靠販毒來養活我。在街頭打拚了幾年後，她一度過得還算不錯，但最終，她也難逃被街頭吞噬的命運。母親在我八歲時被殺害，我被迫搬去和祖父母一起住；當時他們還在撫養另外九個孩子。十二歲時，我也開始在街上販毒，就在奪走我母親性命的同一個街角。

這樣的環境會擊倒大多數人，甚至讓他們一輩子都一蹶不振。但我從未停止努力。我接觸了嘻哈音樂，開始有些小成績，卻因為街頭恩怨被人開了九槍。這對大多數人來說可能就是終點了，但對我而言，這只是起點。

康復後我繼續專注於音樂，最終發行了史上最暢銷的首張專輯之一[2]。到我三十歲時，我已經賣出了數千萬張專輯，製作並主演了自己的傳記電影[3]，**成為第一批成功打造主流品牌的嘻哈藝術家之一**。

我以為自己終於把困境甩在了身後，但我錯了。在接下來的幾年裡，我的經紀人兼導師克里斯·萊蒂（Chris Lighty）不幸去世；訴訟官司接連而來，唱片行業大部分收入也隨著MP3取代CD而流失。

當我獲得無與倫比的成功之時，人們對我充滿了興趣；即使後來情況變得複雜，我的知名度仍然在提升——不過卻是因為錯誤的原因。曾經把我捧上顛峰的力量，現在卻笑著看我可能面臨的毀滅。這絕對不是真正的谷底——畢竟很少有人的谷底是鋪著古馳（Gucci）壁紙、車庫裡停著藍寶堅尼跑車的——但我感覺自己的生活正朝著錯誤的方向發展。

所以，我該怎麼做呢？

我重新思考了自己的做法，像蛇脫皮一樣甩掉了不必要的人和多餘的包袱。我更努力、更聰明地拚搏。在專注於與我最小的兒子賽爾（Sire）建立關係的過程中，我想我也成為了一個更好的人。

幾年內，我做了一系列決定，讓我在職涯中取得了幾項最大的成就。我為 Starz[4] 創造並監製了一檔熱門電視劇《權欲》（*Power*）[5]。很快，我在收視率上的表現，就像過去在音樂排行榜上壓倒其他饒舌歌手一樣具統治力。但《權欲》只是我宏偉計畫的開始。二〇一八年十月，我的公司 G-Unit Film and Television, Inc. 與 Starz/Lionsgate 簽訂了一份為期四年的合約，據說這是有線電視史上最大的一筆交易。而這僅是我正在籌備的眾多計畫之一。

大多數最成功、最幸運的人能成功一次已經不錯了，但我卻兩次登上了山頂。在很多方面，我對第二次成功比第一次更感到自豪。

很多人早就把我判死刑了，說我完了，甚至借用我一張專輯的標題，說我「自我毀滅」了。我看過所有的頭條新聞，聽過所有的閒話，也感受過那些因我的失敗而來的歡呼。

正因如此，我在電視產業的成功更加甜美。也正是這種經歷，最終促使我決定寫這本書。我需要讓

---

2 編按：《要錢不要命》（*Get Rich Or Die Tryin`*）於二〇〇三年上市，首週銷量超過八十七萬張，並獲得葛萊美最佳饒舌專輯提名等多項榮譽。

3 編按：與首張專輯同名。

4 編按：美國有線付費電視頻道。

5 編按：Starz 收視率最高的節目，也是有線電視收視率最高的節目之一。

人們明白，並沒有「出運了」這種事。無論你賺了多少錢，獲得了多少知名度，品嚐了多少成功，未來都還會有更多的挑戰等待著你。更多的麻煩需要解決，更多的障礙會出現在你面前。

目標不僅是取得成功，還要學會如何維持成功。

這是一項我付出慘痛代價才學會的技能，也是我希望在這本書中教會你的。

我現在已經四十九歲了——我曾經認為自己絕對不可能活到這個歲數。老實說，有一段時間，光是能活到二十一歲似乎都像是一種奢望。但現在，我已經踏入了人生的第四個十年，鬍子裡開始冒出幾根白髮，皺紋也逐漸出現（不過我的腹肌還在，髮際線也沒後移）。而我對目前的自己感到滿意。這是一個更加成熟的年齡，讓我能夠冷靜地審視自己的生活，準確評估是什麼成就了今天的我。

當我試著總結自己為何能一次又一次找到方法保持顛峰，我發現這歸結於兩個主要特質：

我有一顆拚命三郎之心（heart of a hustler）。

我無所畏懼。

這本書的主要目標是幫助你們培養相同的特質。但在我們開始討論如何做到之前，我想談談這兩個詞：「無懼」和「拚命三郎」。從我口中說出這些詞，可能會讓你想起那個混幫派的五角。那個公開吹噓販毒的人。那個被槍擊九次卻毫不在意的人。那個與街頭和嘻哈界一些最令人畏懼的名字結怨，卻從未退縮的人。

那些事跡都屬於五角（50 Cent），一個我為了應對成長過程中，周圍的混亂和瘋狂而創造的人格。

但**這本書並不是要把你變成下一個五角**。

別誤會了，五角曾經，並且仍然是我的一部分。但如果我的全部就是那個形象，我就永遠無法維持自己取得的成功。因此，在這本書中，我將分享五角和柯蒂斯．傑克森（Curtis Jackson）的思想。

街頭生活／商業世界的共同點：都不公平

我直到年長後才開始用「五角」這個名字，但從小我就覺得自己有兩種面貌。兩種我必須適應的身分。一面是在祖母家生活的我，那裡不容許罵髒話，星期天要去教堂；另一面讓我能夠在街頭生存——我需要這兩種身分，才能在那樣的世界上生存下去。

有時我會懷疑自己是不是有什麼問題。其他人內心也有這種雙重性嗎？還是我有點神經錯亂？現在，我明白那並沒有什麼不對勁。恰恰相反。能夠駕馭這兩種人格，正是我最大的優勢之一。五角推動我登頂，柯蒂斯．傑克森則讓我能夠保持在顛峰狀態。

到目前為止，我在企業界的時間比我在街頭拚命的時間更長。我從十二歲到二十四歲在街上賺髒錢。從二十五歲到四十九歲，我一直在賺合法的企業收入。這幾乎是兩倍的時間。

所以也不難理解，如今對我來說，**街頭和商業世界似乎並沒有什麼不同。兩者都不公平**。兩者都競爭激烈。兩者都殘酷無情。只要你遵循幾個基本原則，你就能在任何一個世界裡主宰局勢：

無所畏懼。大多數人會逃避他們害怕的東西，但我卻迎面而上。這並不意味著我認為自己刀槍不入（我已經藉由慘痛教訓了解事實並非如此），或對危險毫無知覺。我和其他人一樣會感到恐懼。但人們可能犯的最大錯誤之一就是安於恐懼。無論是什麼讓我擔心，我都選擇正面對決，直到事情解決為止。**拒絕與恐懼妥協，讓我幾乎在任何情況下都占有優勢。**

培養拼命三郎之心。打拚、奮鬥（hustle）一詞可能會與販毒聯繫在一起，但它實際上是每個職業領域的贏家都具備的性格特質。賈伯斯在蘋果公司也是個奮鬥者，就像我曾經在街頭做的那樣。在個性中培養這種特質的關鍵在於：接受「奮鬥」不是為了達成某個特定目標。**奮鬥是一種必須每天都在你內心運轉的引擎**。它的燃料是激情。如果你能保持引擎運轉，它將帶你到達人生中想去的所有地方。

建立強大的團隊。你的強大程度取決於你團隊中最弱的那個人。這就是為什麼**你必須非常清楚身邊的人是誰**。背叛，從來沒有你想的那麼遙遠。因此，在與合作夥伴建立信任和紀律之間找到平衡，並給予他們自由做自己的空間至關重要。如果能建立這種平衡，就能最大程度地發揮團隊的潛力。

認識自己的價值。我持續成功的一大基石是**不急於成交**。儘管我已經成為「賺錢」的代名詞，但我從不追逐金錢。我根據每個新項目的長期潛力進行評估，而不是看第一筆支票的金額。我這麼做的原因是我對自己的價值和能力充滿信心。我相信只要我押注自己，就一定會贏。

進化，否則就等著被淘汰。如果我不能——或不願意——持續改變進化，現在的我不是死了就是在監獄裡。我成功的關鍵之一，是因為**在人生的每個階段，我都願意評估自己所處的新情況，並做出必要**

的調整。雖然我總是從街頭學到的經驗中汲取教訓，但我從不局限於此。相反，我總是希望從盡可能多的來源吸收新訊息。我不在乎你的出身或長相——如果你創造過成功，我就想向你學習。

塑造形象。你與世界分享的一切——言辭、能量、穿著——都在講述一個故事。你必須確保你的敘事總是呈現出你想成為的形象，即使你的現實人生還沒走到那裡。

獲得理想生活的一大祕訣，就是**營造出你不需要任何東西的形象**。這可能是一種很難投射的能量，尤其是你仍處在低谷，還在掙扎的時候，但如果能堅持這種形象，你會在人際關係、職場甚至愛情中都變得更有吸引力。

不要害怕競爭。有些人試圖把我描繪成一個巨魔或惡霸，不過事實並非如此。我的第一直覺總是建立積極互利的關係。但如果有人不想和我成為朋友，我很樂意成為他們的敵人。原因在於我相信**競爭對所有參與者都有益**。無論是挑戰饒舌歌手還是熱門電視節目，我遇到對手時總是毫不猶豫地迎面而上，並取得了最大的成功。

從失敗中學習。多年來，儘管我取得多次勝利，但我經歷了更多的失敗。這不是什麼特例，反而是所有成功人士的常態。所有我認識的富有饒舌歌手、企業大亨、高管或創業家，他們面臨的失敗都遠遠超過了勝利；真正讓他們與眾不同的，是**他們不會抱怨失敗或逃避，而是積極尋求從中學習的機會。**

避免「虧欠心態」的陷阱。生活中沒有什麼是輕而易舉得到的。我必須為我所擁有的一切奮鬥。這就是為什麼自以為是的概念從未滲透到我的思想中。但幾乎在我看過的任何地方——從街頭到董事會——我看到太多人活在「別人欠我的」的幻想裡。

你永遠不可能真正成功，除非你開始完全為自己的人生負責。

沒有人欠你什麼，就像你也不欠任何人一樣。一旦你接受了這個最基本的真理，並且明白自己才是掌舵者，許多看似關閉的門，就會一扇一扇在你面前打開。

記住．抓好．用對，才能幹大

在我成長的過程中，閱讀往往被視為一項必須忍受的作業，而不是一個可以幫助改善生活的工具。正因為這種心態，不管我在這本書裡分享了多少關於幸福、事業和提升生活的祕密，仍有很多住在街頭的人可能永遠不會發現這些內容。他們根本不會坐下來讀書。可能會無數次路過這本書，看著它蒙上灰塵，也不會想到翻開看看。

這也不完全是他們的錯。很多書的寫作方式對大眾來說缺乏親近感。對我來說，我也是直到發現了像唐納．高恩斯（Donald Goines）[6]和艾斯伯格．斯利姆（Iceberg Slim）[7]這樣的作家，才真正開始接觸閱讀。他們的語言風格讓我感到熟悉、親切，這種感覺給了我信心去探索與我背景不同的作者，比如墨西哥勵志作家唐．米格爾．路易斯（Don Miguel Ruiz）、巴西小說家保羅．科爾賀（Paulo Coelho），以及後來成為我好友和合作者的羅伯特・格林。

即使你不是來自街頭（考慮到我的讀者群體已變得多元化，你很可能不是），光是拿起這本書就已經邁出了重要的一步。如今，很多人用點擊取代了閱讀。他們會略讀一個主題——也許看個短影片，也許瀏覽一下維基百科——然後就覺得自己已經學到了什麼。

抱歉，只是動動滑鼠是絕對不夠的。我發現，必須學習多個案例、閱讀多種情境，才能真正讓某些原則深入腦海。

讀完這本書後，你可能只會記住其中的一、兩條原則，甚至只有一條。這沒問題。我當年讀《權力的48法則》時也是這樣。問我現在那本書的內容，我大概只能說：「作為學生，永遠不要讓師父相形見絀。」

那本書有四十七條其他的法則，但這一條牢牢地刻在了我的腦海中。而正因為它從未離開過我，我才能在這些年裡反覆運用它。光是記住並遵循這條原則，我就賺到了數百萬美元。

我希望，你能從這本書中也帶走至少一條對你有用的核心原則。也許是關於無所畏懼，也許是形象的掌控，或者是關於持續進化的重要性。

無論是哪條原則與你產生共鳴，**請牢牢抓住它**。帶著它一起走，直到它成為你生活的一部分。當你

6 編按：非裔美國城市小說作家，作品深受艾斯伯格影響。

7 編按：從十八歲開始拉皮條，一直持續到四十二歲，後來成為作家出版回憶錄《皮條客：我的一生的故事》（*Pimp: The Story of My Life*）。

達到顛峰，當你擁有了一切金錢，你的視角會發生轉變，你會開始思考真正重要的是什麼——你能為別人帶來什麼幫助。

我不是那種會滿足於現有成就的人。如果我能活到七十歲，我依然希望能做出貢獻和參與其中。也許那時我能付出的會少一些，但我仍會是文化的一部分，幫助推動它向前發展。我可能不再活躍於舞臺上，但我會一直在那裡，努力幫助他人。我已經以一些可能你從未聽說過的方式幫助過他人。而這本書是我能做到的最有效、最具影響力的方式之一。

關於五角那些瘋狂的推文或狂野的歌詞，你可以相信，柯蒂斯．傑克森的每一步行動背後都有方法與策略。這些策略經過實戰檢驗，且被證明是有效的。

這是我分享這些策略的機會，幫助你在人生中帶著目標與自信前進。

我很高興你能加入這次旅程。

Ch.1

恐懼的另一端是自由

Finding Fearlessness

我對從不害怕的人一點興趣都沒有。
恐懼是有趣的調味料，它會讓你更想往前走。

——丹尼爾．布恩（Daniel Boone，美國著名拓荒者、探險家）

幾年前，我聘請了一位法國人，科倫汀．維爾默（Corentin Villemeur）來管理我的網站。在為我工作的空閒時間裡，科倫汀的愛好之一是在一些極限場景自拍，比如站在懸崖邊緣搖搖欲墜，或者坐在高樓屋頂上讓雙腿懸空。

當他把那些照片拿給辦公室的同事們看時，他們會搖著頭笑說：「只有白人才會幹這種事。」在他們眼裡，這就像跳傘或試圖撫摸野生動物一樣，是只有從未真正經歷過危險的人才會冒的無謂風險。

但我看待這件事的角度不同。我看到的是一種自由的機會。

於是有一天，我帶著科倫汀到我位於時代廣場的舊辦公室屋頂，準備拍幾張自己的照片。但我不只是想學他坐在邊緣懸空雙腿，我決定再狠一點。

屋頂上有一個水塔，那是個木製的桶狀結構，比我們所在的位置高出好幾層樓。我毫不猶豫爬上了那搖搖欲墜的梯子，坐在水塔的邊緣。我當時身處四十層樓的高空。腳下的街道上，人群看起來就像野餐時看到的螞蟻一樣小。如果我滑了一下，墜落到人行道的時間，將會非常漫長。

風險很高，但我沒有感到任何恐懼。我反而盡情欣賞那壯麗的景色。我的左邊是高聳入雲的《紐約時報》（*The New York Times*）大樓，身後是波光粼粼的哈德遜河。我感覺充滿活力，鳥瞰自己的家鄉，喚起了我年輕時的雄心壯志。紐約城，夢想之城，就在我腳下！而我將繼續全力以赴，實現每一個夢想！

我向後靠了一下，科倫汀為我的ＩＧ拍下了一張壯觀的照片。

回到辦公室後，我發布了這張照片，文案寫道：「我活在邊緣。我之所以自由，是因為我不害怕。所有我害怕的事，都已經發生過了。」

這篇貼文受到了很多人的喜愛。「說的沒錯。」有人評論道，還有一位補充說：「兄弟，這話太有力量了。」但並不是每個人都欣賞這個行為。大約一週後，我收到了保險公司的一封信，他們告訴我，如果我再故意冒這種生命危險，他們將立刻取消我的保單。

不過，保險公司根本不應該感到驚訝。如果說有一個特質從小就定義了我，那就是——無所畏懼。

許多人可能認為，我天生無所畏懼。我可能投射出這種能量，但事實並非如此。

小時候我很怕黑。我在街頭混的時候，確實曾經害怕被殺；剛開始做饒舌時，我也很害怕失敗。我曾經歷過各種焦慮與恐懼。

但不同的是，我拒絕讓自己習慣於這些情緒。我後來了解到，**「安逸」是夢想的殺手**。它會消耗我們的野心，蒙蔽我們的視野，助長自滿。

大多數人最習以為常的就是恐懼。

雖然他們大多不會承認。如果問一個人他是否一直活在恐懼中，他很可能會說：「當然沒有。」但那只是自尊心作祟。恐懼支配著大多數人的生活——對失去的恐懼、對失敗的恐懼、對未知的恐懼、對孤獨的恐懼。

我並不認為經歷恐懼有什麼可恥的。保留一點的偏執其實非常有幫助。這個世界上有很多真正的危險，也有很多意圖不軌的人。意識到這些可能性，能讓我們更容易避開它們。

你唯一不能做的，就是對這些恐懼感到滿足。如果你害怕失去，就不能用迴避親密與愛來逃避風險（這是我曾經深陷其中的事）。如果你害怕失敗，就不能拒絕冒險。如果你害怕未知，就不能停止嘗試新的事物。正如羅馬皇帝與哲學家馬可．奧理略（Marcus Aurelius）所說的：「人不應該害怕死亡，而應該害怕從未真正開始生活。」

我可以將我的無懼之心追溯到一個特定的事件：母親的去世。這是一種特殊的恐懼，很難用言語形容。比起中彈九次，失去母親是我人生中最重要的事情。即使到了中年，我依然深深感受到她的缺席。然而，透過她的離世，我的母親給了我一份珍貴的禮物：無畏的種子。

這種特質在我身上完全綻放還需要很長的時間。不幸的是，我還得經歷許多艱難和危險的時刻，直到它變成我的本能。

在本章中，我將分享一些經歷和情境，這些經歷幫助我培養了這種無畏的勇氣。這讓我明白，**恐懼的另一端並不是危險，甚至也不是死亡，而是自由**。

我想向你展示，無所畏懼是一種可以培養的力量，一塊可以鍛煉的肌肉。而你不必像我一樣經歷讓這股力量爆發的創傷。你不需要失去你的母親，也不需要經歷中彈九次，才能建立起這樣的信念——相信無論發生什麼事，自己都能挺過去。

真正唯一會打敗你、讓你無法前進的，是一開始就不願去冒險。

如果不喜歡被打，就想辦法讓自己不要被打

從小我就不適合團隊運動。不管是美式足球、籃球還是棒球，只要輸了，我總會迅速指出是誰的錯。比如打籃球時，如果有人在防守上被對手打爆，我可能會對著隊友說：「喂，我們會輸都是因為你根本守不住對面！他一直單打你，輸球都是你害的，兄弟！」

這並不是說我想逃避責任。如果我失誤了，或者我守不住對手，我也會第一個承認。但我真的不喜歡自己的成功要依賴其他人的表現好壞。這種感覺至今仍揮之不去。我經常說，如果我要在賽馬場上下注，那麼這匹馬最好是我自己，因為我知道我一定會全力奔跑。

我很早就明白，自己的情緒並不適合團隊運動。我需要一項運動，能讓輸贏完全取決於自己。高爾夫和網球這些個人運動，當時並不是我身邊的人會去玩的（雖然我住的地方離法拉盛美網比賽場地只有二十分鐘車程，但對我來說，那簡直是另一個世界）。至於賽跑，在我的街區，你通常只有在被人追時才會跑起來。

不過，我家附近有一間警察體育聯盟拳擊館，由一位叫「阿拉．懂」（Allah Understanding）的本地拳手經營。他來自附近的貝斯利國宅（Baisley Park Houses），在他成長的年代，有一雙強悍的拳頭是人們所尊敬、渴望並害怕的。我大概十二歲時開始跟著阿拉訓練拳擊，幾乎一接觸我就知道，拳擊就是最

適合我的運動。

有天我在拳擊館裡閒晃時，一個叫黑正義（Black Justice）的街頭人物帶著他的兄弟阿黑來了。他是當時皇后區最大的毒品組織「至尊團隊」（Supreme Team）的重要人物之一，而他的兄弟阿黑就像他的保鏢一樣，總是跟著他，確保任何想搞事的人要三思而行。儘管他們可能也才十八、十九歲，但在社區裡已經聲名遠播，屬於你絕對不想惹上的那種人。

他們走進來的時候，整個拳擊館都安靜了下來，大家都盯著他們。然後，阿黑走到一個沙包前，開始狠狠地揍它。

砰砰、砰砰砰。

作為拳館裡最年輕的孩子，按照常理，我應該閉上嘴安靜觀察。但可能因為我是年紀最小的，膽子反而大了一點，結果我的大嘴巴控制不住了。等那個人打完沙包，我對他喊了一句：

「嘿，兄弟，你看起來沙包打得不錯，」我大聲說，讓整個拳館都聽到：「但那沙包不會還手啊。」

黑正義馬上轉過身：「你說什麼？小鬼，你是在跟我說話嗎？」

「不不不，你那麼壯，」我迅速回答。「我是在跟他說話，」我向他的兄弟點了頭。

正常來說，他們本可以當場揍我一頓——甚至更糟。但這兩個人並沒有因此生氣，反而欣賞我的膽量（阿黑一向慷慨大氣，沒有像其他同行那樣被貪婪吞噬）。他們不僅沒有感到被冒犯，反而因為我過人的勇氣而對我另眼相看。

「我喜歡這個孩子，」阿黑指著我說：「我們這裡會練出一些冠軍，因為這些小黑鬼們真的很瘋。」

單單是這樣的認可，就足以讓我心滿意足了。結果，阿黑給了我們更多。「如果要讓這些拳手發揮潛力，這個拳館得好好整修一下，」他環顧四周，看著破舊的設施說：「你們需要什麼？全都寫下來。」兩週後，這個拳館變得煥然一新。阿黑買了拳擊鞋、拳擊褲、新的繩索、沙包，還有一套新的啞鈴給我們，替換了那套老舊生鏽的器材。那些器材大概自從一九六〇年代以來就沒更新過了。從那時起，阿黑就照顧我們。不管我們需要什麼，他都會買給我們。雖然這個建築名義上還是公園與娛樂部門的財產，但從那時起，這裡就是阿黑的拳館了。

我當初開那個玩笑，不是為了討好誰，也沒想過會因此獲得什麼。結果卻是這樣。這對我來說是重要的一課。你需要**在每一個機會中把恐懼轉化為行動**，因為無畏之人不僅能認出彼此，還常常會回報同樣的勇氣。

我進入阿拉的健身房時，還是一個胖乎乎的十二歲小孩，體重大約一百五十磅，看起來比實際年齡大。你有聽過「跟比你重的人打」這個說法嗎？在那個健身房裡，我從第一天開始就得跟比自己重、比自己年長的人對打。

那時館裡沒有其他跟我同年齡的孩子，所以阿拉讓我對上同量級的對手——這通常意味著我要面對比我大四到五歲的對手。這聽起來或許不算什麼大不了的事，但十二歲和十七歲之間有巨大的差距。那些十七歲的孩子基本上已經是成年人了，而我還在等我的聲音變粗。雖然我們屬於同一個體重級別，但我缺乏他們的力量和成熟度。站上擂臺和那些人對抗，真是讓我恐懼萬分。

但我從未向恐懼低頭——主要是因為阿拉根本不允許我退縮。他和其他教練對我做得最好的一件事，就是拒絕縱容我。如果一個比我年長的男孩在對打中打到了我的臉，他們不會停下來問我還好嗎。他們要教會我，無論多害怕或多痛，都要繼續戰鬥。

從那些被扁的經驗中，我學到了兩個重要的教訓。

首先，我學到了**我撐得過這些痛**。是的，被打臉並不舒服。它會讓你感到迷茫，會疼，可能會讓你的眼淚流出來。但這些打擊並沒有殺死我。甚至沒有讓我昏倒。當我意識到自己能承受這些痛苦，並且還能繼續向前時，我的大部分恐懼都消失了。

其次，也是我永遠感激阿拉懂教會我的一點，我學到了：**如果我不喜歡被打，那就想辦法不讓自己被打**。

「把手他媽的舉起來！」如果我放下防守，被對手擊中，他會這樣大喊。如果我的對手把我困在角落，對我進行連續的身體攻擊，阿拉會大聲喊道：「回到擂臺中心去！」他教會我，被痛揍不是命運，不是你必須接受的事情。我總能做些什麼來改變局面。

他們知道我經常被比自己更強大的對手壓制，但他們拒絕縱容我。你有沒有看過小孩摔倒擦破膝蓋？他們的反應很大程度上取決於家長的反應。如果家長急忙跑過來，焦急地問：「寶貝，你還好嗎？」小孩很可能會哭。但如果家長評估後認為沒什麼大礙，也沒說什麼，小孩可能只會拍掉膝蓋上的灰塵，繼續玩他的遊戲。這就是阿拉的風格。他教會我被打之後拍一拍，然後繼續做自己該做的事情。

他不是無情，而是想讓我**習慣於面對生活不可避免的打擊，並繼續向我想要的方向前進**，而不是被推往自己不想去的地方。

當我學會不害怕挨打之後，我成為了一個更好的拳擊手。不再時刻後退，擔心對手會怎麼出招。我開始主動進攻。我學會了主導對抗的節奏。如果我輸了，那不是因為我被逼到角落並被擊敗，而是因為我正面出擊，只是遇到了一個技術更高的人。

雖然距離我最後一次在擂臺上挨打已經很久了，但我試圖在我做的每件事中保持這種態度。我從不害怕挨打。**我知道拳頭一定會來**，有些會讓我踉蹌，**但我能承受**。

在你們之中有很多人就像那個從滑板車上摔下來的小孩，等著媽媽過來說：「寶貝，你還好嗎？」但我不是。當我摔倒時，我不會等著別人來安慰或確認我的狀況。我會立刻站起來，繼續前行。

我接受了生活中的打擊是無可避免的，有些拳頭還會正中要害。但我永遠會挺住，繼續為自己想要的東西而戰。而你，也必須培養出這樣的態度。

承認恐懼，制定計畫

正如我所說，母親的去世迫使我開始建立對恐懼的免疫力。**學會正面迎擊只讓我更加無感**。有一段時間，我以為恐懼可能是自己再也不需要面對的情緒。然而，事情並非如此。中槍的經歷無疑重新喚醒了我對恐懼的感受。

首先，在事發後的幾週內，我對那些開槍射擊我的人感到非常害怕。我知道他們仍然逍遙法外，而且就在不遠處，渴望著完成他們未竟的工作。

除了情緒上的焦慮，中槍帶來的身體痛苦也讓我重新認識了恐懼。在中彈的當下，腎上腺素讓你感受不到太多疼痛，但在接下來的幾個月裡，痛楚變得非常明顯。

當腎上腺素退去，醫生告訴你會活下來時，你會開始清楚地感受到子彈撕裂肌肉和粉碎骨頭的後果。

我全身都感到疼痛——從彈頭穿過我的大拇指，到穿過我的臉頰。幾個月來，感覺就像全身都有頭痛般的劇痛：一種持續的、深層的抽痛，讓我沒想到腿和手也能感受到這種痛楚。

每次去做復健，無論是將重量放在我的腿上，還是撕裂拇指上的疤痕組織，都疼得要命。我發現，我害怕再經歷這個過程，甚至比害怕死亡還要多。

但隨著持續復健，我也理解了另一個重要的真理：我無法接受自己處於害怕的狀態。這聽起來可能很顯而易見，但我認為這正是我的獨特之處。大多數人對自己的恐懼非常習以為常。害怕飛行？那就別坐飛機。害怕鯊魚？別去加勒比海浮潛。害怕失敗？那就乾脆不要嘗試。許多人終其一生都如此生活。

我不是。**我討厭害怕**。我討厭回頭張望的感覺。我無法忍受為了安全而暫時離開那條街區的念頭。對我來說，躲藏幾乎比中槍還糟。

從某種程度上說，我身體所經歷的痛苦反而成了我的朋友。它把我推向了大多數人不願意去的地方。相信我，當你受到那麼嚴重的傷害時，你會發生一種轉變。你會想要解決問題，而不是逃避它。而這正是我所做的。

幾週的復健後，我回到了祖母在皇后區的家，回到了「犯罪現場」。對我來說，這是一個心理上的重大突破。簡單的方式——甚至說明智的做法——是搬到很遠的地方去。一個除了我最親近的朋友之外，沒人知道如何找到我的地方。甚至不需要太遠，就算搬到布朗克斯或史泰登島，對我來說就像去了另一個國家一樣。但我決心不向恐懼妥協分毫。我想回到我想待的地方，那就是我祖母的家。

當結束復健時，醫生叫我開始慢跑，以增強我受傷的腿耐力和力量。我下定決心要按照計畫行事，但幾乎立刻就遇到了障礙。某天早晨，我從祖母家的窗戶往外看，看到一個我不認識的人站在門口。在我看來，他刻意裝得毫不起眼，試圖融入環境。我承認，那時候我處於非常偏執的狀態，所以也許其實沒事。但偏執像羚羊敏銳的嗅覺一樣，能從幾百碼外識別出獅子。也許我是感知到了自己的捕食者。

我取消了當天的跑步計畫。第二天也是，因為我又看到同一個人在街上遊蕩。此時，我開始感到非常困惑。是我的敏銳感官提醒我注意看不見的危險，還是我在想像根本不存在的威脅？我無法確定。我唯一知道的是，恐懼正在吞噬我。

我意識到，如果我待在家裡，無法按照復健計畫行事，那麼我就已經輸了。當恐懼打斷了你的日常，或者讓你重新考慮你的計畫時，它已經深深抓住了你，並將永遠阻礙你。「懦夫會死無數次，而勇敢的人只死一次。」莎士比亞曾如此寫道。我不想活得像懦夫一樣。

克服阻礙你的恐懼的最好方法，首先是**承認它，然後制定計畫來超越它**。這就是我所做的。首先，我承認自己害怕。接著，我召集了我最信任的朋友們到我祖母的客廳，告訴他們，第二天早上我需要他們陪我去跑步。「沒問題，」每個人都說：「我們明天回來。」然而，當第二天早晨到來時，只有一個人真正現身：我的朋友哈里姆。我不認為其他人是害怕可能出現的麻煩——他們已經多次在這方面證明了自己。我認為他們更害怕的是早上要進行心肺訓練。這並不是他們習慣做的事。

雖然哈里姆不是最理想的候選人，但我還是決定和他一起出發。他的體能甚至比我還差。更重要的是，我對他如果遇到威脅時的反應能力也非常懷疑。在一群滿腔熱血只想隨時動手的兄弟中，哈里姆的天性是尋找避免衝突的方式。

因為哈里姆身體狀況不佳，所以我給了他一輛自行車，這樣他就可以在我身邊保持步調一致。至於我的第二個擔憂，我決定親手解決。我找到一把小手槍，用我健全的手握著，然後用醫療繃帶包裹住。

每個人都知道我是拳擊手，所以對普通人來說，只會以為我的手在拳擊時受傷了。我用了很多繃帶，讓槍幾乎完全消失在我的「石膏」裡，只有槍管露出一點點。我告訴哈里姆跟著我騎車，留意任何看起來像要從灌木叢中跳出來對我下手的人。他只需要發出警報，剩下的交給我。

哈里姆和我每天早晨都會這樣做。我下定決心要恢復我的體能和耐力，不讓任何威脅——無論是心理感知到的還是真實存在的——阻礙我實現目標。在那些跑步過程中，我是否害怕？起初確實會，但我因為知道自己每次出發前都做好了所有的必要準備而感到安心。我有一個哨兵和保護措施，這至少比我被槍擊時的情況要好得多。

這其實也是阿拉給我的教訓：**與其害怕挨打並選擇放棄，不如做些什麼讓自己變成難以攻擊的目標**。在擂臺上，這意味著保持腳步靈活，不斷移動，並始終舉起雙手保護自己。而在街頭，這意味著帶著保鏢跑步，袖子裡藏著一把手槍。

最終，沒有人來挑戰我，我也得以透過那些跑步訓練讓自己的身體恢復狀態。但回頭看，我發現我其實不必以那麼強勢的方式面對恐懼。

我沒有必要在剛剛被槍擊的街道上跑步——我完全可以選擇去當地的健身房，甚至在我祖母家的地下室放一臺跑步機。

只是當時我內心極其不安，認為只要不是在街上跑步，讓整個社區都看到，那就等同於向恐懼完全妥協。而這種妥協，是我無法接受的。

如今，我對於直面挑戰的態度稍微不那麼激進了。說實話，如果要我完全坦誠，其實有些恐懼我至今仍然幾乎沒有真正面對過。

我仍然害怕的一件事

我們可以用一輩子的時間——許多人確實如此——試圖忽視某些事物，但那些東西其實每天都跟隨著我們。然而，**你永遠無法逃避自己從未放下的東西**。

舉個例子，當我照鏡子，真誠地審視自己的人生時，我最害怕的事情就是家庭。

這是一個我不想承認的恐懼，因為我知道對大多數人來說，家庭帶來了極大的慰藉、安全感，以及幸福與聯繫的感覺。

但我從未有過這種感覺。家庭讓我感到極度不安。它並未讓我覺得安全，反而讓我感到極度脆弱。

考慮到我的成長背景，這或許並不令人驚訝。對每個孩子來說，無論他們住在哪裡或處於什麼情況下，最大的恐懼就是失去父母。這種恐懼深深植入我們的DNA。你不需要特意下載這個應用程式，它早已預設在系統裡。

心理學家指出，孩子在四到八歲之間對失去父母的恐懼尤為強烈。在這個年齡段的每個孩子，都會擔心父母從商店回來晚了，或者離開幾天不見蹤影。然而，父母通常會回來，於是孩子們最終不再過度擔心這種可能性。可我的母親卻從未回來。所以，當每個孩子最害怕的事情真的發生在我身上時，這讓我很難再對其他人付出像我曾經對母親那樣的愛。

你或許已經猜到，當我搬到祖父母家時，情況並沒有改善多少。他們對我的愛毋庸置疑，但即使在環境最好的時候也充滿了混亂。永遠都不夠的錢、注意力或穩定性，卻有大量的毒品與酒精，還有功能失調。祖父母的家並不是我哀悼母親的理想場所。

但那是我唯一的家人。我從未見過我的父親，甚至不知道他是誰。許多從小失去父親的人長大後都希望能重新聯繫，但我從未有過這樣的感覺。事實上，我很慶幸他沒有出現。他本可以幫助我的事情——那些他可以教我的事——早已過去了。我不認為他現在能對我的生活有任何積極影響。

像許多人一樣，起初我延續了母親去世後的功能失調模式。當我兒子馬奎斯（Marquise）出生時，正值我的饒舌事業開始爆紅，我以為自己已經轉變了。我記得曾對一位記者說：「當我的兒子進入我的生活時，我的優先事項改變了，因為我想要和他建立一段我與父親未曾擁有的關係。」

這是我純粹的初衷，但結果並非如此。相反地，馬奎斯的母親莎妮卡（Shaniqua）和我陷入了一段極其失調的關係。我稍後會在書中談談我對莎妮卡和馬奎斯的一些挫折，但目前我必須承認，我在處理這段關係上遭受的許多批評是合理的。

我是個非常誠實和坦率的人，我公開說過關於我大兒子的話，其實是許多處於糟糕關係中的父母也會想到或感覺到的話。只是他們不會說出來。這並不代表我是對的，但可能讓這種感受稍微更容易理解。

如果在家庭方面我有做對一件事，那就是我試圖在小兒子賽爾身上打破這種功能失調的循環。他的母親和我雖然不在一起，但我努力更積極地參與他的生活。他和他的母親住在一起，所以每當有機會我都會去看他。我們會一起在泳池玩、打電動、看運動比賽，就是那種父子之間會做的普通事情。最重要的是，當我去看他時，沒有任何緊張氣氛。他的母親和我觀點一致，合作得非常好。所以當賽爾看到我走過來要擁抱他時，他感受到的只是愛。

知道自己會始終是他生活中的重要部分，幫助他應對人生中不可避免的高峰和低谷，帶給我極大的幸福。我希望確保賽爾不必重蹈我的覆轍，也不必犯我犯過的錯誤。這正是我對馬奎斯的期望，但他的母親和我都不夠成熟，無法為他建立那樣的基礎。事實是，我對家庭感到害怕。也許她也是如此。我們的兒子因此受苦。而如今，我與馬奎斯的關係，正是我與他母親之間負面能量的反映。

我和馬奎斯的關係是我人生中最需要努力改進的地方。即使是最近，也有過幾次我差點想要永遠放棄這段關係。我不想這麼做，但當你受到太多傷害——同時你也讓別人受到不少傷害時——有時感覺最好就是離開。

不久前，我曾差點就這麼做了。有一次我在曼哈頓的珠寶店意外碰到了馬奎斯。我當時甚至不知道他在城裡，所以見到他時非常驚訝。我試著開啟對話，但他立刻指責我派人跟蹤他。我告訴他自己並沒有，但接下來的情況越來越糟。

我們之間的氣氛非常糟糕。馬奎斯甚至說：「怎麼了？難道我應該害怕你嗎？」這句話真的讓我心煩不已。這是我的長子，我自己的骨肉，但我們連說話都無法好好說，更別提擁抱，或者在這次意外的見面中笑一笑。最後，馬奎斯一句話都沒說，就匆匆離開了店裡，留下我愣在原地。

我的幾個朋友追到街上，試圖攔住馬奎斯並對他說：「你怎麼回事？這是你的父親，過來跟他說說話。」但馬奎斯早已消失。我甚至無法追到街上——我的腦子一片混亂，無法思考。我花了好幾分鐘才平復情緒。

很少有事件能完全擊倒我，然而每當發生時，總是與家庭有關。讓我碰到一個曾經嗆過我的饒舌歌手，或者和我激烈談判的 CEO，我都應付得來。事實上，我能應付得非常好。那些時刻不會讓我動搖——它們是我的拿手好戲。只有家人才會真正讓我不知所措。

而這不僅僅是我和馬奎斯的關係。我甚至不喜歡回家過節了，因為見到家人會讓我緊張。我會在聖誕節前一天去我祖母的老房子，和我的祖父聊聊天。但我不會在真正的節日那天回去。即使我帶著積極的心情進門，總會有人帶著對我的負面情緒而來。一個阿姨或者表親會說：「我受夠了每個人都捧著他，因為他是五角。他才沒那麼特別。」原本應該是慶祝的場合，整個晚上卻會圍繞著我為某個人做了什麼，卻沒有為其他人做什麼展開。這種能量讓我極其不舒服。

我知道自己對家庭的恐懼很不健康，我正在努力克服。這可能需要很多年，但我決心完成這個過程。所以等我到了我祖父的年紀時，我希望自己能和我的孩子們，以及他們的孩子們，建立起穩固的關係。

舉起手！為自己開口！

我知道自己有個火爆脾氣的名聲在外，但事實上，無論是在私人飛機上，還是在公司董事會裡，我始終是那個最冷靜、最不被恐懼影響行動的人。

我有信心，無論對方說了什麼、威脅了什麼，或者承諾了什麼，都不會傷害我。當然，我希望能談成那筆三千萬美元的協議，或者拿下一生難得的角色。但如果這些沒有成功，我也不會害怕。為什麼我要害怕呢？我已經經歷過人生中一些最可怕的事情了。

那麼，你該如何獲得像我這樣的自信？如何在其他人可能緊張得汗流浹背時保持冷靜？這並不是什麼高深的科學。**獲得這種自信的唯一方法就是投入努力**。就是這麼簡單。

你是否真正全心全意地投入到學習你所在領域中的一切知識？每次走進辦公室、坐在課堂上、或在舞臺上試鏡時，你是否都付出了一〇〇%的努力？如果答案是肯定的，那麼你還有什麼好害怕的呢？

你已經做到了一切能做的事，接下來就只剩一件事──讓世界認可你的努力。

當然，這不容易。特別是如果你從小並沒有被灌輸「你應該出現在這些高級會議裡」的信念。如果你不是白人男性，或者沒有進入那些「名門」預備學校，你可能需要比其他人更努力才能得到應得的認可。這種情況本不應該存在，但社會現實就是如此。

你必須展現出自信──你屬於這裡，你擁有答案──即使你面對的人並沒有給你應得的認可。如果你不準備好，甚至下定決心與世界分享自己的努力，那麼，所有的努力都將毫無意義。

讓我舉一個例子。我認識一位音樂界的朋友，多年來他都無法將自己的努力和才能轉化為應得的成功。我不說出他的名字，因為他是個很棒的人，我不想傷害他的自信（你看，我的確在成長）。

他起初是個街頭混混，但憑藉魅力、智慧和勤奮，他打開了音樂產業的大門，和不少業界大人物都建立了深厚的信任關係（包括我在內），我們都非常信任他的判斷和品味。他賺了不少錢，在業界也很受尊敬，但他始終未能達到自己夢寐以求的 mogul（大亨）地位。這讓他感到很沮喪。

他曾經向我請教過建議，但我說不上來到底是什麼原因阻礙了他。直到有一天，我們一起參加了一場和唱片公司高層的會議。那些滑頭的西裝男，頭髮打理得很好，皮鞋也是上等的。他們自信滿滿，但對我們討論的專案並不了解。而我那位朋友，對這專案上下左右都瞭若指掌──他才是這場會議裡最懂的人。我帶他去，就是要讓他開口，讓他展現專業。

我原以為他會震撼全場，卻沒想到當那些高層開始提問、分享想法時，他卻一聲不吭。完全沒有任何反應。你會以為他只是個來湊熱鬧的朋友，而不是那場會議裡唯一的專家。

一開始我不明白他在做什麼（或者不做什麼）。後來我才恍然大悟：他害怕了。他害怕舉手發言，因為他擔心自己會答錯。他已經付出了努力，但在那些高層的氣場下，他喪失了對自己的信心。

結果，高層們根本沒注意到他。沒有發現他是個值得關注的人。也沒有提供他渴望且應得的舞臺。相反，他就此止步不前。雖然這個位置對很多人來說已經很不錯了，但遠遠達不到他的目標。當音樂行業的錢開始變少時，他就變得非常脆弱。如果他早就達到了大亨級別，他就能安然無恙。他早就可以存好過冬的錢。但相反，大雨來了，他被淋得透徹。他是第一批失業的人之一。（做個高薪高管很好，但當公司開始裁員時，他們也通常是第一個被砍掉的。有時薪水低一點反而更安全。）現在，他靠接案顧問維生，但已經人站在圈外，越來越陌生的看著這個偏愛年輕人的產業。

所以，不要犯下同樣的錯誤。**如果你已經付出了努力，並且知道自己實力過人，那就他媽的舉起你的手！**每一次機會都不要錯過。最糟糕的情況就是當你花了很多時間，甚至在下班後還在家研究公司報告，但當老闆問起這些資訊時，你卻總是讓別人先回答。

那些敢開口的人可能根本沒有你努力，但他們不怕犯錯。所以當老闆看著那個人時，他會看到一個積極參與、有熱情的人。而當他看著你時，可能根本不知道該怎麼想。也許，他什麼都不會想。

這雖然不公平，但那個每次都舉手的人，就是會比你更快升職。他們會比你更快擁有私人辦公室。他們會利用升職的機會，去競爭對手公司拿到更高薪的工作，而你連加薪的機會都還沒得到。

你受過更好的訓練，準備得更充分，但你沒有讓世界看到這些，因為你害怕了！這種恐懼會讓你無法從自己的工作中獲得最大回報。別讓這件事發生。

另一方面，也有些人是太過急於舉手。他們這樣做是因為害怕別人搶走功勞。所以即使不知道答案，他們也會搶著發言。

我也認識這樣一個人。我們去開會時，問題還沒說清楚，他就開始大聲喊解決方案了。他只想讓人注意到自己。每當他這麼做時，我只會搖頭，心裡想：「兄弟，你到底在搞什麼？」最後我不得不告訴當時的經紀人，別再帶這傢伙來參加任何會議了。這很遺憾，因為他很聰明也很有才華。但他表現得太過了。太害怕別人搶先發光，反而讓自己丟了機會。

恐懼會以各種方式讓你出錯，無論是在職場還是個人生活中。所以，**你得認清自己害怕的是什麼**，然後用行動去超越它。在個人生活中，放下所有的包袱會讓你感到如釋重負。你可能不知道自己多年來一直帶著的負擔有多沉重，當你真正放下的那一刻，你會感到前所未有的自由。

Ch.2

拚命三郎之心

Heart of a Hustler

機會或許會降臨到那些願意等待的人身上，
但他們只會得到拚鬥之人拿剩的東西。

——佚名

一九七八年，一位年輕的巴西女子瑪麗亞・達斯・格拉薩絲・席爾瓦（Maria das Graças Silva），獲得了在巴西最大石油與天然氣公司——巴西石油（Petrobras）的實習機會。這份實習雖然沒有薪水，但對席爾瓦來說卻是一項重大成就。

她出生於里約惡名昭彰的貧民窟之一，與那些極度貧困的社區相比，美國皇后區南區就像比佛利山莊一樣。她童年時曾靠撿破爛與回收廢金屬來幫助家裡支付學費，這次的實習對她而言，是走出貧民窟、進入更美好世界的機會。她下定決心要全力以赴。

席爾瓦（後來被稱為格拉薩絲・福斯特〔Graças Foster〕）最終在巴西國家石油公司工作了三十多年。她的晉升之路並不容易——巴西向來以大男人主義聞名，女性在職場上經常面臨歧視與騷擾。然而，她並未被這些困難擊倒。相比於她在貧民窟成長時所經歷的艱難，這些挑戰顯得微不足道。她下定決心，要超越所有與她競爭的男性。席爾瓦的執著與拚勁，讓她贏得了「Caveirão」這個綽號，巴西人用這個詞來形容警方清除貧民窟罪犯的裝甲車。換句話說，她就像一臺坦克，緩慢、穩定且強大，不論面前有什麼障礙，她都堅持不懈地向前推進。

當席爾瓦剛加入巴西石油公司時，她並沒有任何資源。她來自貧民窟，而非富裕的高級社區，自然也無法融入公司內部的「男孩俱樂部」。不利的情勢在她面前堆疊如山高。然而，她憑藉比競爭對手更努力的工作態度克服了這一切。這條職場晉升之路花了她超過三十年，但她的敬業精神最終讓她登上了行業的頂峰。

二〇一二年，她被任命為巴西石油公司的執行長，成為全球首位領導大型石油公司的女性。她被《富比世》（*Forbes*）評為全球第十六位最具權力的女性，《時代》（*Time*）雜誌也將她列為全球百大最具影響力人物之一。從一個在童年時靠拾荒維生的女孩，她蛻變為全球最有權勢的人之一——不分性別。

當人們問她是如何克服這麼多障礙時，她的回答很簡單：「這是一段漫長過程，靠的是不間斷的努力與個人犧牲。」

「努力是成功最關鍵的要素」——這句話可能聽起來像老生常談，但這是一個必須一再強調的基本事實。如果你沒有全力以赴奮鬥，就永遠無法發揮自己真正的潛力。

這本書中提到的所有「更聰明地奮鬥」（hustling smarter）的策略——比如建立強大的團隊、擁抱成長、了解自身價值或掌控他人對你的觀感——**全部都必須建立在你先全力以赴的基礎之上**，否則無法成功實踐。

敬業，是所有成功人士共同具備的特質。我從未遇見過任何在自己領域頂尖的人，沒有全心投入工作，或不願意全力以赴的。的確，有些人可能因為天賦、運氣、環境，甚至是家族繼承而獲得成功。但這樣的人卻很少能真正持續維持成功。

你可能在我的ＩＧ上看過我拍下新車或公寓景觀的照片，並配上 #workhardplayharder（努力工作，更努力玩樂）的文案。那些車和景色都是真的，但那句話卻是假的。

事實是，我「玩」的時間遠比不上我「拚」的時間。因為我更享受工作的過程。**我的職業態度就是「邊工作邊吹口哨」**。在片場連續拍攝十八小時對我來說很有趣，在錄音室熬夜工作是種享受，清晨四點半的鬧鐘響起對我而言是種祝福，提醒著我又有一次機會做我熱愛的事情。

當我不工作時，反而容易感到無聊。我喜歡去蒙特哥貝、邁阿密和杜拜度假，但我行李中首先打包的從來不是泳衣，而是我的筆電。因為我知道，在玩了一天水上摩托車或水療中心過後，我就會迫不及待想回去工作。計畫下一個交易、撰寫下一部劇本或製作下一張專輯，這些對我來說，比任何沙灘或五星級度假村都更讓我興奮。

我的工作態度對身邊的人來說，可能會有些苛刻。很多時候，結束一整天的辦公室工作，接著又在錄音室熬夜後，司機在凌晨三點把我送回家，但我仍然會對他說：「兄弟，五點來接我去健身房。」

我知道這代表他大概只能在車裡小睡一小時，但如果你要跟著我一起奮鬥，就得準備好面對這樣的夜晚。這就是我的工作節奏，這也是為什麼很多跟我共事的人，會把我比作機器人、工作機械。雖然我跟其他人一樣是血肉之軀，但我對成功的渴望更強烈。真正讓我與眾不同的，是我願意比其他九九％的人更努力、更拚、犧牲得更多。

想想看：我有一雙滿會選曲的好耳朵，並且歌曲風格吸引人，讓人朗朗上口，但我承認自己不是最有才華的饒舌歌手。我的歌詞永遠無法寫得像納斯（Nas）那樣深刻，也不像聲名狼藉先生（Biggie）如此幽默。而且，即使我為維持自己的身材感到自豪，但我也不是娛樂圈中最有吸引力的明星。

即使我以《權欲》這部劇為傲，但我知道自己還有很長的路要走，才能與那些傳奇電視製作人比肩。

那麼，既然我不是最有天賦、最有魅力或最有經驗的人，我又是如何能在這麼多領域中持續獲得成功的呢？答案很簡單：我每天都比任何人都更努力奮鬥。

很多人可能在饒舌、表演或智力上能超越我，但沒有人——我說真的——沒有人能比我更努力。

不喝也不抽的饒舌歌手

只說自己「想」努力工作是不夠的。你必須身體力行，選擇能讓你擁有足夠精力、專注力和耐力的生活方式，以實際完成工作。然而，許多人優先考慮生活享樂，而非工作，然後再抱怨自己為什麼無法成功。

我之所以能在只睡幾個小時後起床去健身房，或有足夠的體力連續工作十八小時，是因為我優先選擇了極度自律的生活方式。

與多數同行不同，我幾乎不喝酒。偶爾才會小酌一杯，就這樣。我從未因為前一晚喝太多而錯過健身訓練、會議或清晨的航班。

但這並不代表我不參加派對。我仍然會去夜店，只是不需要酒精來享受那個氛圍。如果我出席某個活動，比如推廣我自己的酒類品牌 Branson Cognac 或 Le Chemin du Roi 香檳時，我會遵循一個固定的流程：我會先親自為ＶＩＰ包廂的每位客人倒香檳，等瓶子空了，我會讓身邊的夥伴悄悄用薑汁汽水重新填滿整瓶香檳。接下來的整晚，我都會拿著那瓶「香檳」，偶爾啜飲幾口來維持氣氛，但實際上，我喝的只是加拿大薑汁汽水（Canada Dry）。

即便如此，我的能量依然和其他人一樣高昂。我會微笑、大笑，甚至隨著音樂跳個兩步。但同時，我也在觀察周遭的一切，心裡做著數不清的盤算。

很多藝人在成名後會選擇遠離夜店，因為那個環境對他們來說變得過於混亂和危險。他們寧願待在家裡，也不想待在擁擠、熱鬧、充滿風險的空間裡。但對我來說，這從來不是問題。**我總是保持頭腦清醒，判斷力從不受影響**。我能提前察覺到潛在問題，並在情況變糟前就離場。

這種清醒帶給我的真正優勢，是能夠繼續與人們互動交流。**夜店一直，並將永遠是嘻哈文化的新趨勢孵化場**。如果你不想要過時，並且保持文化敏感度，你就不能害怕走進夜店，親自感受音樂的脈動。

在一個所有人都喝酒的場合中保持清醒，可能會為你創造許多意想不到的機會。舉例來說，如果你的老闆在週五晚上邀請你和同事們一起喝酒，通常你可能會利用這個機會，用公司的信用卡豪飲一番。畢竟辛苦工作了一整週，想藉此放鬆一下，更何況還是老闆買單，誰不心動？

但下次當這種情況發生時，儘管那杯免費的啤酒或伏特加蔓越莓雞尾酒看起來再誘人，我建議你只點一杯氣泡水就好。不需要大聲宣告你不喝酒，只需在杯中加片檸檬，看起來就像一杯琴通寧。

隨著夜晚漸深，你可能會開始注意到其他人逐漸變得醉醺醺的，他們原本在辦公室維持的專業形象開始崩潰。如果你一直想打聽某些消息，或想了解更多關於公司的未來規劃，這就是你的機會。

平時那些沉默寡言的同事，現在很可能會自願告訴你他們正在處理哪些項目，甚至老闆對公司的未來計畫。只要讓大多數人多喝幾杯，他們幾乎什麼都會告訴你。

除了這種競爭優勢外，我還深刻了解酗酒可能帶來的破壞力，因為我親眼目睹過。

母親去世後，我搬去和祖母一起住，幾個舅舅和阿姨當時已經是嚴重的酗酒者。我其中一位舅舅，平時是個很酷的人，但只要喝了幾杯酒，他就會突然開始動粗。任何一句無心的評論，他都會當成侮辱，甚至想對一個九歲的小孩動手。

我的反應是盡量遠離他，但即便如此，我也能清楚看到酒精如何暴露一個人的弱點，讓他的性格變得不穩定。而且，這種狀況不只是他，而是整個家族似乎都容易沉迷於酒精。

有許多研究證據顯示，酗酒可能是遺傳的。如果你的家庭中有這種情況，那麼選擇薑汁汽水不僅僅是為了取得競爭優勢，更是為了讓你避免陷入一生的混亂與成癮狀態。

有些饒舌歌手會說，毒品能開啟創意的靈感之門。他們聲稱自己在嗨的時候能創作出最棒的作品。他們或許有這種感覺，但根據我的經驗，毒品最終只會變成拐杖，是饒舌歌手在感到不安或缺乏專注力時依賴的東西。毒品或許在你剛起步時有幫助，但如果你需要靠這種東西才能前進，那你走不遠。

我經常在錄音室裡見到這種情況。我認識太多饒舌歌手，真的相信自己如果不嗨就無法創作出好音樂。他們根本不敢進錄音室錄音，除非有酒可喝或大麻可抽。他們畏懼自己在沒有這些「支撐」的情況下無法發揮，無法與音樂產生真正的連結。

但我一直以來的想法是：「假如這根拐杖突然不見了呢？」如果你正在錄音，突然接到電話說 Dr. Dre 要來而且他要你錄一段詞呢？或者賈斯汀·史密斯（Just Blaze）、提姆巴蘭（Timbaland）或馬斯塔德（Mustard）要來了呢？你會跟這些唱片製作大師說：「抱歉，我得等人去買酒和大麻送來後才能錄音」

嗎？等幫你跑腿的人回來，這個機會可能早就溜走了。

如果你是真正的創作者，你就必須在任何情況下都能發揮自己的才華。你必須能夠在不依賴任何藥物的情況下，創造出屬於自己的舒適圈。也許你相信大麻讓你寫得更好，酒精讓你更放鬆，但你也必須有信心知道自己在沒有這些東西時，同樣能夠做到。否則，你永遠無法完全掌控自己的狀況。

無論身處什麼情況或環境，你都不應該依賴任何東西——或任何人——來讓自己感到安心與掌控一切。這種**自信，應該永遠來自內在**，而不是源於外在物質。

要澄清一點，我並不會批判那些喜歡喝酒或抽大麻的人。事實上，如果你在派對上需要助興，我很樂意賣你一瓶 Le Chemin du Roi 香檳。但我希望你能誠實面對毒品和酒精在生活中扮演的角色。有些人能真正做到「社交性」娛樂，他們享受這種氛圍，但同樣也能完全不碰；他們可以在廚房裡擺著一瓶酒，或者在抽屜裡放著一袋大麻，卻完全不會產生想要飲用或吸食的衝動。

像我一樣，我的辦公室裡可以堆滿香檳，但我根本不會在活動之外去碰它們。但有些人可能每次經過那瓶酒時都會被誘惑，甚至開始每天偷偷喝一整瓶。

如果你感受到酒精或毒品對你有這種吸引力，那麼正視這個問題非常重要。你完全可以建立一種不需要靠這些物質來推動自己的生活方式，但這需要高度自律與專注力。

我也能理解，當你成為朋友圈中唯一不喝酒或不吸毒的人，會感到有些壓力。但我已經這樣過了很多年，我仍然能堅持下來，所以這是完全可行的。

我相信，這個世界上沒有人拒絕過比我更多的酒和大麻。我曾經在阿姆斯特丹的咖啡館裡待了好幾個小時，當時 G-Unit[1] 的每個人都在我面前抽著巨大無比的麻捲。我可能吸進了一些二手煙，但我從未真正吸過。我和史努比狗狗（Snoop Dogg）、B-Real、紅人（Redman）、方法人（Method Man）、威茲・哈利法（Wiz Khalifa）都玩過。我們玩得很開心，但我選擇不和他們一起抽大麻。

別說什麼「因為你是五角，大家才不會強迫你抽」。事實剛好相反，大家都想成為那個「終於讓五角抽到一口」的人。我就像那個拒絕所有人約會的漂亮女生，越是拒絕，大家越想挑戰我。

舉個例子，最近我在紐約舉辦 Tycoon 派對，史努比是我的特別來賓之一。當他試圖把一根麻捲遞給我時，周圍所有人都在起哄要我吸一口。為了不掃興，我接過麻捲深吸了一口……但只是讓煙霧在嘴裡繞了一圈，然後直接吐了出來，就這樣。柯林頓總統可能都吸過比我更多的大麻了。

當時每個人都以為我吸了一口，但其實我根本沒有真的吸入，特別是像史努比那種超強勁的大麻。事實上，少數幾次我真的抽大麻的體驗，都讓我極度焦慮。所以你說我會在一場有上千人擠在一起、而我負責整個活動的派對上吸大麻嗎？絕對不可能。如果我真的吸了，我根本沒辦法享受音樂，反而會對所有可能出錯的情況變得極端恐慌。我感到最自在的時刻，總是在我能完全掌控自己周遭環境的時候。而當你吸了大麻，這是非常難以做到的。

為了真正能夠每天都全力以赴地拚搏，光是遠離（或至少大幅減少）酒精與毒品是不夠的。隨著年紀增長，你還需要積極地保養身體。而最有效的方法就是：健康飲食與規律運動。

我的飲食方式非常簡單。我盡量避免攝取碳水化合物與加工食品，專注於攝取原型食物和蔬菜。我不太吃早餐，通常只喝一杯果昔或高蛋白奶昔。午餐通常是一份沙拉。如果我外出吃晚餐（這對我來說很難避免），我會點像是生菜包雞肉或蘆筍牛排這類餐點。

也許這不是最有趣的飲食，但它夠簡單，讓我能幾乎每天都遵循這個模式用餐，而且這些食材在美國與歐洲餐廳都很常見。當你經常在外地工作，面對各種誘惑時，穩定與可取得性是很重要的。

雖然我偶爾會在飲食上放縱，但我對運動的堅持絕不妥協。不管前一晚我在錄音室或夜店待到多晚，隔天早上我一定會去健身房。有時我甚至會換不同的健身房（我家附近有兩家），以免感到無聊或停滯。如果在外地，我會使用飯店健身房，或者租一間私人健身室。無論是時差、睡眠不足，還是因為認床睡不好，都不是藉口，我依然會去運動。

我通常會和教練一起訓練，包括伏地挺身、引體向上、跳繩、輪胎槌打與打沙包等無重量訓練。訓練結束後，我還會自主進行重量訓練。

我的日常訓練方式是使用輕重量器材，並在每組間只休息極短時間。這樣的訓練能幫助我雕塑身材，同時也達到心肺訓練的效果。

如果我要為了電影角色做準備，需要讓身材看起來更精壯有線條，我會增加較重的重量訓練以增肌。如果我需要為了某個角色或拍照工作減重，我會將跑步納入訓練計畫中。通常我會跑三到四英里左右。如果在家，我會在健身房的跑步機上訓練。如果在外地，我則會在飯店附近的街上慢跑。這是一種讓我能夠外出活動，又不會引起太多關注的好方法。有時粉絲會在飯店外排隊等著見我，而我就曾經直接慢跑經過他們，但沒有人認出來。他們都以為我會坐著豪華禮車出現，而不是穿著運動褲和帽T。

與許多人不同，我並不依賴咖啡因來提升能量。我一直都不是很喜歡咖啡，你也不會看到我一天到

1 譯按：五角所創立的嘻哈團隊。

晚喝著健怡可樂（不過我確實喜歡吃沙拉搭配薑汁汽水）。我的能量來自於運動，那一、兩個小時的晨間訓練能讓我充滿活力，持續一整天。

運動不僅對我的健康有益，更是我極為重要的商業工具。我在健身房時思緒特別清晰，不會被手機、來電，或辦公室裡有人突然跑來問問題打擾。在健身的時間裡，我可以思考當天面臨的所有挑戰。這讓我不會在抵達辦公室時還睡眼惺忪、心思混亂，而是已經精神飽滿、頭腦清晰且有條理地迎接挑戰。如果你想要成功，這才是進辦公室的正確狀態。

不過，有一個我自知需要改進的生活習慣，那就是盡可能地獲得充足的睡眠。當我全身心投入某個專案時，我真的會變成一臺不知疲倦的機器。我可以連續工作十八個小時，幾乎感受不到疲勞。我喜歡那種超越競爭對手的感覺，但我也逐漸意識到，我必須學著把睡眠放進我的優先順序裡。

跟很多納斯的粉絲們一樣，我將他的饒舌歌詞「我從不睡覺，因為睡眠是死亡的表親。」（I never sleep, 'cause sleep is the cousin of death.）奉為聖旨，這段歌詞聽起來既深奧又神祕，使得很多人以為犧牲睡眠、燃燒生命，才是真正的奮鬥精神。

過去，我也曾經助長過「熬夜才是成功之道」的錯誤觀念。我曾說過像「睡覺是窮人在做的事」或「我不想睡覺，因為我可能會錯過將夢想成真的機會」這樣的話。這些話的動機是正確的——想要成功，你確實要比競爭對手更拚命。然而，我錯在把「努力」與「少睡」劃上了等號。

近年來，我學到了許多成功人士其實都非常重視睡眠。像亞馬遜創辦人傑夫・貝佐斯（Jeff Bezos）表示，他每晚堅持睡滿八小時，因為這能讓他的思維更加清晰。臉書的營運長雪莉兒・桑德伯格（Sheryl Sandberg）也強調充足的睡眠是她的優先事項之一；她認為熬夜雖然短期內看起來能完成更多事，但長遠來看卻適得其反，因為缺乏睡眠會讓人焦慮、易怒且思緒混亂。前谷歌執行長艾瑞克．施密特（Eric Schmidt）也說過：「真正的成功人士都了解自己的身體需求，並且在需要時適時休息。」

我正試著向這些領袖學習並調整自己的作息。也許年輕時，我能靠少睡一點硬撐，尤其是因為我不喝酒、不抽菸，但現在我已經明白，這不再是一條我該走的捷徑了。

為了改善這個習慣，我開始在每個星期六午夜左右上床睡覺，然後讓自己在星期天睡到大約早上九點或十點，因為那是我唯一不用安排早晨行程的一天。我的目標是在接下來的日子裡，每週再多爭取兩到三次這樣的九小時睡眠。我相信，如果能做到這點，我會比現在更加高效，而我的競爭對手恐怕更難跟得上了！

我知道，這章提到的幾個改變——戒酒、運動、健康飲食與充足睡眠——如果你現在的生活中還沒有這些習慣，可能會讓你感到相當困難。

但不要讓這種感覺嚇到你。我堅信，無論它們看起來多難以克服，幾乎所有的壞習慣都能在三十天內改掉。每當我想改善生活中的某個層面，我都會以三十天為目標，而且我總是能在這段時間內達成。

關鍵在於你如何調整自己的習慣。假設你想改善飲食、減少飲酒或減少花在社交媒體上的時間。直接下定決心說「我再也不抽大麻了」或「我要開始吃純素」這種過於籠統的宣言，可能在當下聽起來很有決心，但通常因為過於宏大，會讓你在真正開始改變之前就放棄了。

相反地，你該試著說：「我這個月不抽大麻。」然後專注於眼前的第一週。如果你知道接下來有個派對，大家都會抽大麻，那就選擇不要參加，改和那些不抽的朋友一起出去。

接著看看接下來的那週行程。如果「去夜店前抽一口」已經成了你的習慣，那就安排其他的夜間活動。或是乾脆待在家裡追劇，如果你覺得自己無法抵擋誘惑。更好的選擇是，每天晚上都去運動。你會發現，才沒過多久，你已經成功了一半。

如果你對自己的承諾有信心，到第三週時，你就會開始順利前進了。**你的轉變會逐漸累積動能**。你不再會整天想著「天啊，我好想抽一口！」而是會更理性地評估生活在不抽大麻的狀態下是什麼感覺。這種生活可能感覺很自然，以至於你會準備好進一步調整生活方式。又或者，你可能會說：「我不需要完全戒掉大麻，我只需要設定一些界限，控制我什麼時候、如何使用它。」

這樣的討論，在你堅持三十天之後再來思考，會比在第一天更加理性且有建設性。不論你想改善什麼，給自己三十天的挑戰，看看它如何改變你的看法。**讓自己有機會去認同一個全新的自己**。你會發現，**那些你曾以為「無法放棄」的事物，其實正阻擋著自己邁向更好的生活**。

當你打破這些習慣，你會驚訝於當不再聚焦於不重要的事，全力以赴時，自己能夠成就多少事情。

找到聚焦點，引導你的努力

努力與投入是所有真正「拚命三郎」（hustler）的特質之一，而另一個關鍵特質就是「專注」。因為如果你無法**聚焦並引導你的努力**，即使再怎麼拚命，你也只是瞎忙而已。

我最喜歡的例子之一是艾薩克·賴特（Isaac Wright Jr.）。一九九〇年代初，他因被誣陷為紐澤西州的大毒梟而被判無期徒刑，成為第一批根據該州法律被判此罪的人。然而，問題在於——他是無辜的。

艾薩克拒絕接受這個判決，並開始尋找推翻判決的方法。儘管他沒有接受過任何法律訓練，他仍走進監獄的圖書館自學。他的法律知識甚至多到開始幫助其他囚犯處理案件，成功幫助許多人推翻了刑期。

最終，他順利推翻了自己的無期徒刑，但仍面臨其他累積的罪名，這些罪名可能讓他再坐七十年牢。然而，艾薩克依然不願放棄。他最終找出了一位曾在他案子中作證的警察，這名警察坦承自己曾參與過不當行為與偽證。幾乎沒有人能讓警察自曝罪行，但艾薩克做到了。這是一場前所未有的勝利。

在經歷了九年的牢獄之災，以及案件檢察官的自殺事件後，艾薩克終於重獲自由。如今他在紐澤西州，也就是當初對他錯誤定罪的地方，成為一名執業律師。他的故事讓我深受感動，因此我將他的經歷改編成了一部在ABC電視臺播出的熱門影集《重生律師》（*For Life*）。

有很多人因司法誤判進了監獄，但真正像艾薩克那樣為自己的冤屈奮鬥的人少之又少。對於大多數身處那種情況的人來說，他們唯一的希望就是尋求囚犯權利基金會或大型律師事務所的無償援助。然而，艾薩克不願等待別人來決定他的生命是否值得被拯救。他選擇掌握自己的命運。

那麼，為什麼艾薩克能做到其他囚犯做不到的事？

答案就是**他將努力與專注結合在一起**。當艾薩克入獄時，他沒有把時間浪費在和其他囚犯討論誰是最棒的饒舌歌手，也沒有花時間在牢房裡寫信給舊情人，或者在操場上閒晃。他把每一分自由時間都用來自學法律。他拒絕讓任何干擾阻礙他達成目標。他心中非常清楚自己要做什麼：除了吃飯、睡覺和完成勞務外，他的頭幾乎都埋在那些法律書籍裡。

一開始很難。那些法律書並不是為外行人設計的——如果你沒有受過專業訓練，幾乎無法理解它們的內容。但隨著時間推移，他慢慢熟悉了那些術語和概念。當他開始為其他囚犯準備法律文件，並看到這些文件真的幫助了他人時，他感到非常興奮。這種成就感為他帶來了動力，讓他更加努力研讀法律書籍。事實上，他在不到兩年的時間內完成了相當於四年的法律學校課程，因為他全神貫注（這裡的「全神貫注」毫不誇張）。當掌握了足夠的法律知識後，他開始著手處理官司，最終成功為自己爭取到自由。

如果艾薩克在過程中感到一絲氣餒，這一切都不會發生。如果他對自己的目標感到一絲迷茫，他就無法寫出那些足以幫助自己擺脫牢獄的法律文件。他能夠成功，全因為他堅定不移地想拯救自己。艾薩克的故事天生就適合改編成影視作品。《重生律師》的第一集首播時，創下了該電視網史上最好、最熱烈的觀眾回響。我一點也不意外，因為艾薩克奮力奪回自己生命的拚勁，真的是如此鼓舞人心。

要記住，艾薩克拚命努力的目的不是為了珠寶、豪車或大房子。他追求的是最重要的目標：自由。憑藉專注，他克服了腐敗的制度，最終實現了目標。是的，艾薩克是一個拚命三郎，甚至可以說是「大佬」，但不是政府試圖描繪的那種毒品大佬。他拚的是自由。

艾薩克的故事應該讓你問自己一個問題：「如果我像他一樣專注，我能實現什麼目標？」想想看，如果你每天能花七、八個小時不受干擾地專注於某件事情會怎樣？沒有獄警在晚上十點命令你關燈？沒有糟糕的監獄伙食讓你胃痛？沒有因為硬邦邦的牢房床墊而背痛？沒有隔壁牢房的囚犯整晚尖叫發洩，或用食堂的美乃滋打手槍干擾你？在沒有那些干擾的情況下，你能完成什麼？

接著再想想，**現在，究竟有哪些干擾阻礙了你的拚搏？**社交媒體上無謂的打發時間？和男朋友的爭吵？非得來一根才覺得過癮的習慣？因為昨晚喝多了酒，今天早上賴床起不來？

如果你能運用，哪怕只是一小部分艾薩克的專注力，一個月後你就會開始體驗到和他一樣的動能與興奮感。這股浪潮將推動你，幫助你邁向任何你想要達成的目標。

熱情是贏家與局外人的分水嶺

我在考察新商業夥伴時，總會評估他們的「熱情呈現」。他們對成功的渴望有多強烈？一個缺乏熱情的人，在遇到一點阻力時就可能被擊倒。對於這樣的人，我一點興趣也沒有。

而一個充滿熱情的人，則會真正穩住陣腳，腳踩得穩穩的，肩膀緊繃起來。無論世界如何推擠他們，無論面對多少負面情緒，他們都不會退縮半步。這正是我想合作的那種能量，也是我願意投入資金支持的人。強大的熱情姿態，是那些勝利者與那些總是原地踏步的人之間的分水嶺。

熱情讓我能為了在電影《瓦解》（*All Things Fall Apart*）中飾演罹患癌症的橄欖球員而減重超過五十磅（約二二．六公斤）。在九週內，我從二一四磅瘦到一六〇磅，全靠液體飲食和每天跑步機上跑三個小時。對我來說，這或許比普通人稍微容易一些，因為我在被槍擊後曾經靠液體飲食度日，但依然是極具挑戰的兩個月。每天當我看著鏡子裡的自己，我腦中只有一個念頭：「我還要更瘦。」——我對這個角色充滿熱情。

部分原因是私人的。這個劇本源自我一位親密好友的真實經歷，我必須好好詮釋他的故事。但這也是一個職業挑戰。在音樂界，我已經獲得了不少讚譽，但作為演員，我卻沒有那樣的信心。

然而，我對表演的熱情，與我對音樂或商業的熱情一樣強烈。

有些事物總能激發我的想像力，而表演就是其中之一。像我這個年代的許多人一樣，我特別受像勞勃．狄尼洛（Robert De Niro）和艾爾．帕西諾（Al Pacino）這些演員在黑幫角色中的表演啟發。我喜歡他們如何透過肢體語言展現出一種獨特的侵略性，我也想把這種能量帶到銀幕上。

我知道自己的演技不如狄尼洛，或許永遠達不到他的水準。但這不會阻止我投入努力。我讀到過狄尼洛為了奧斯卡獲獎角色《蠻牛》（*Raging Bull*）增重四十磅的故事。所以，當我看到《瓦解》中我的角色因化療需要減重時，我決定以與狄尼洛在《蠻牛》中相同的態度來全心投入這個角色。

我並沒有因《瓦解》贏得奧斯卡或任何獎項，我也不在乎。我向自己證明了，我對表演的熱情足以讓我為角色付出一切。有人試圖嘲笑我：「這傢伙以為自己是狄尼洛？笑死！」因為我為了一部直接發行DVD的電影付出了如此多努力。但這些嘲笑不會讓我停下來。我知道自己不是勞勃．狄尼洛，但我仍會努力達到那個水準。即使我永遠得不到奧斯卡，但我的電影票房已超過五億美元，這可是很多演員夢寐以求的成績。

狄尼洛曾親自教會我，熱情在表演中有多重要。二〇〇八年，我原本要與他一起出演一部名為《惡街喋血》（*Streets of Blood*）的電影。他邀請我到他的公寓見面，直接問我是否對這部電影是認真的。他想知道，我是為了錢還是為了名氣才接這個項目。我告訴他，我絕對是認真的——如果只是為了錢，我只需要去巡演兩個月就能賺得比拍電影多。我還藉機向他表達了對他的工作的欽佩，並表示能與他合作是我的榮幸。

儘管因行程衝突，狄尼洛最終無法出演《惡街喋血》，但那次談話對我影響深遠。狄尼洛是影史上最偉大的演員之一，而《惡街喋血》對他而言可能只是部小電影，但他仍花時間來確認我的態度。這正是他成為影史巨星的原因之一。他明白，如果劇組中有一個人只是為了拿支票，那麼整部電影都不會成功。**所有人都必須擁有同樣的熱情。**

在音樂領域，熱情同樣至關重要。拿吐派克（Tupac）來說，若單憑技巧來評價，他並不是歷史上最偉大的饒舌歌手。他無法像納斯一樣細緻描繪街頭生活，無法像傑斯（Jay-Z）一樣巧妙玩文字，也無法像聲名狼藉先生一樣幽默。他的饒舌不如阿姆（Eminem）那般有力。但他擁有的，是無比的熱情。他的熱情透過歌詞噴湧而出。即便他實際上是個扮演暴徒角色的藝術學生，他的表演卻充滿了那種真實感，讓你感受到每個字的力量。

而這種熱情，是很多模仿吐派克的歌手——如傑魯（Ja Rule）——所欠缺的。他們可能吼叫得很凶，稱自己是「殺手」，但沒有人會相信。他們沒有吐派克那樣的飢渴。吐派克對熱情的投入，就像狄尼洛對《賭國風雲》（*Casino*）或《四海好傢伙》（*Goodfellas*）的角色投入一樣深刻。可以說，吐派克為此付出了生命的代價。

尋找合作夥伴時，我也會尋找那樣的熱情。或許不需要以生命為代價，但至少要願意考慮到那種程度。這聽起來可能很戲劇化，但那種程度的投入，往往是成功所需要的。

你為何而拚？

不久前，在經歷了一個塞滿會議、合約談判和拍攝的忙碌早晨後，我從曼哈頓的辦公室出發，前往河對岸皇后區的電影片場。當我的車在快速道路的車陣中緩慢移動時，我注意到路邊一個人在手球場上獨自打手球。他不斷地把橡膠球擊向牆壁，而周圍的城市則喧囂不已。這一幕讓我印象深刻，我拿起手機在IG上發了這樣一段話：

「剛剛看到一個成年人戴著耳機，在大白天自己享受著手球運動，而我在車上忙著工作。他的生活可能比我的還好。」

當然，網友立刻指責我在「酸」，這是網路上常有的反應。畢竟，五角坐在有空調、專車司機駕駛的豪車裡，怎麼會羨慕一個在打手球的普通人？

我能理解為什麼有人會這麼覺得，但我發誓，我並不是在酸。當我看到那個人時，我看到了一個人正在享受一場運動，聽著自己喜歡的音樂，呼吸著新鮮空氣，並且沒有花一分錢。

當然，我不知道那個人為什麼在那裡。也許是因為他被妻子趕出了家，沒有地方去；也許是他剛剛失業，用這種方式試圖讓自己分心。

但我知道，在那短短的一刻，透過我的車窗，我感受到的只有他散發出的滿足感。這讓我忍不住問自己：「欸，這傢伙是不是贏了我一局？」

我感受到一種既羨慕又忌妒的情緒，因為他似乎擁有我一直夢寐以求的東西——自由。

自由去做我想做的事，自由選擇何時做、怎麼做。

所有那些你在我的MV或IG上看到的珠寶、手錶、汽車和豪宅，從來都不是我真正努力的目標。我拚命工作的真正目的是為了自由。

要成為一個有效率的拚命三郎，你必須清楚自己想要什麼。這不一定是一個像自由這麼大的概念。也許是一個更具體的目標。

你的目標可能是成為家族中第一個大學畢業的人，或者開一間屬於自己的餐廳，或者存夠錢去環遊世界。

我有一個朋友住在布魯克林的一間公寓裡，他的目標是賺足夠的錢，為他的家人買一間有後院的房子。不是什麼豪宅，只是有足夠的空間讓狗跑跑，天氣好的時候可以在外面喝杯咖啡。每當他深夜加班或週末工作時，那個小小後院的畫面就會浮現在他腦海中，激勵他在疲憊或遇到挫折時繼續前行。當他感到事業像船在汪洋中漂流時，那個後院的畫面就像北極星一樣指引著他。

你需要為自己設定一個目標。**問問自己：我到底想要什麼？**誠實面對。這可能是一個能幫助很多人的事業，也可能是一個非常自私的願望。這可能是一個看似不可能達成的夢想，也可能是一個觸手可及的目標。

這也可能是一個你自豪地想與世界分享的計畫，或者是一個你只會告訴少數幾個人的祕密。不管是哪種情況，都沒有問題，只要你對自己的目標有清晰的認識。沒有明確的目標，你的努力最終無法帶你去到真正有意義的地方。

同時，也要接受這樣一個事實：**你的目標可能會改變，甚至「應該」改變**。當我剛開始賣毒品時，我的目標很簡單：先買雙新球鞋。不再是我奶奶買給我的袋鼠鞋，而是 Adidas 和 FILA。當擁有了想要的鞋子和衣服後，我開始追求珠寶。當我有了合適的項鍊後，我的目標變成了一輛車。起初，我只想要一輛可以不用再付錢請出租車等我的代步車。後來，我需要一輛能向整個街區宣告我實力的豪車。於是我繼續努力，直到開上一輛賓士 400 SE（後來我買了大約一千輛車，但最懷念的還是那臺）。

當我收集了所有典型的毒販階級象徵物後，我將目標轉向簽唱片合約。當我實現這個目標後，我想要打造一首暢銷歌曲。那是我的願望，並且也非常成功地實現了。

然而，我仍然無法滿足。即使我有了葛萊美獎和白金唱片，我的目標又變成了拍自己的電影。如此循環，一直延續到今天我在電視產業的工作。

我現在最大的目標是回饋社會。當你的收入達到一定水平時，你會開始更關心自己成長的社區。從擔心「自己」下一步該做什麼，轉而關注你會「留給後人」什麼，以及希望人們如何記住你。

我是會因為做熱門歌曲和賣飲料而被記住，還是會因為對世界產生積極影響而被記住？我希望是後者。因此，我開始在地方上投資清理遊樂場和推廣健康生活。而全球來說，我發展支持「自覺資本主義」（conscious capitalism）的工作專案（稍後會談到），並支持聯合國糧食計畫署，透過我們的能量飲料，每售出一瓶飲料就提供一餐飯。

買一雙新球鞋與解決世界飢餓是完全不同的目標，但在我的人生旅途中，這兩者都承載著同樣的重要意義，並激發了同樣的專注和努力。

缺乏對自身真正需求的明確認識，正是阻礙許多人的原因。他們甚至不知道該如何在機會來臨時表達自己的需求。你不能只說你希望別人「提攜你」，或者更糟糕地說你的目標是「成名」。如果想要讓你的努力發揮最大效果，**你必須能夠清楚定義自己在為何而努力**。

舉一些錯誤的例子來說，看看我的ＩＧ，你不用滑太久就能看到數十個人在懇求：「喂小五，簽我進你的唱片公司吧！」或者「兄弟，你該讓我參演《權欲》，我會演戲！」抱歉，但這類荒謬的請求根本不算是努力。

現實中情況更糟。人們會在街上攔住我，甚至在電視或拍攝現場直接靠過來。他們以為這樣主動接觸就是在努力、在把握機會，於是上前來對我說：「大哥，幫幫我吧！」但每當我聽到這類模糊的請求，我就知道這個人不值得投資。如果你連自己的目標都無法清楚表達，我又為什麼要幫助你？

或許這聽起來不像是五角的風格，但我其實非常相信「願景板」（vision board）；這是一種強大的工具，能夠讓你的目標更加具體明確。當你強迫自己用語言來描述你的願景時，你就啟動了一種強大的能量，將原本只是想法、甚至僅僅是一種感覺的東西，轉化為現實世界中的具體存在。這樣一來，它就不再只是個模糊的念頭，而成為了真正的事物。

開始製作願景板很簡單，只需要一臺電腦。打開谷歌圖片搜尋，輸入所有你想要擁有的東西，例如：「海景房」、「Range Rover」、「鬥牛犬」。

但如果你的夢想不是某種具體的物品呢？如果你想在工作上獲得晉升，可以搜尋一張獨立辦公室的圖片；如果你想設計自己的街頭潮流品牌，可以搜尋羅尼・菲格（Ronnie Feig）或維吉爾・阿布洛（Virgil Abloh）的照片；如果你想考大學，搜尋哈佛畢業典禮的圖片——**你的願景板應該永遠瞄準最高目標**。

如果你想談戀愛，可以搜尋你最喜歡的名人情侶的照片，甚至可以貼上你祖父母的合照（如果他們已經攜手走過五十年）。我認為願景板對於情侶而言也是一個很棒的工具，能幫助彼此建立共識。各自製作一個願景板，然後互相比較。如果你的願景板上有的東西，而你的伴侶的願景板上沒有，那麼這些東西可能是他們必須學會接受的部分，反之亦然。這樣做能夠讓許多平時不會說出口的想法浮上檯面。

我曾經建議一位ＧＱ的記者和他的女友一起製作願景板，結果他發現她的願景板上的小孩「比孤兒院還多」。他們之前從未討論過生小孩的話題，但這塊願景板直接讓她的想法變得清晰可見。

我親眼見過願景板對人們的生活產生真正的影響，而且數據也支持這一點。多明尼加大學的一項研究發現，將目標寫下來會讓你達成它的機率提升四十二倍。而《心理學公報》（*Psychological Bulletin*）

的一項研究則顯示，設定具挑戰性且明確的目標，成功率能夠提高九〇％。

但這並不代表宇宙會因為你說想要錢，就直接把一袋現金送到你手上。你依然必須付出大量努力。但當你明確定義自己的願景，並將它寫下時，你就已經跨出了邁向成功的重要一步。

如果你對自己的目標還有一絲不確定，不妨花點時間製作一塊願景板。這種方法的力量既真實又容易實現。

永遠想著「下一個機會」

你可能早就知道「哈搜」（hustling）也可以指販毒。我母親就是這種意義上的「哈搜客」（hustler），一名毒販，我曾經也是。我在皇后區的許多朋友——甚至敵人——也是如此。

我不會在這裡給你來一堂販毒速成課。我已經在我的第一本書、我的電影以及許多歌曲裡談過這些事了。你也很可能已經聽過這些故事。

我想要討論的，是你必須培養的心態——一種無論在街頭遇到什麼事，都不會停下腳步的心態。假設你買了一批你以為很純的古柯鹼，但其實裡面摻了瀉藥。與其抱怨不停，你得立刻處理好這個問題，然後說：「沒事，下一批我就把錢賺回來。」這種「**我會在下一次補回來**」的態度，必須成為你在街頭的生存信條。

而在所謂的「平民世界」（civilian world），當人們遭遇挫折時，往往會沉溺其中。他們不會立刻進入「下一個機會」的模式，而是卡在原地。如果一筆生意沒談妥，或者沒能獲得自己認為應得的升遷，他們就會被打亂節奏，開始自憐，開始怪罪他人。他們會說大環境對他們不公平，說老闆針對他們，說老師對他們有偏見。各種藉口、合理化的理由層出不窮。他們在生活的道路上遇到一個小坑，就把車停下，調頭回家。

但在街頭，**沒有人會給你找藉口的空間。**如果事情出了差錯，而你的第一反應是怪罪別人？好啊，等那個人聽到這些風聲，可能下次就拿槍打爆你的頭了！

你想抱怨大環境對你不公平？你可以聲嘶力竭地吶喊，但街上沒人會因此對你手下留情。廢話！當然不公平！誰不知道這一點？與其抱怨，不如想辦法智取那些想把你關進監獄的警察、假釋官、法官和政客。

在街頭，沒有時間讓你沉溺於失敗、自怨自艾。你的每日心態必須是：「**我會在下一次補回來**」，否則你最終只有三種下場：破產、死亡，或者坐牢。

美國人經常討論「特權」，說某些人天生就能得到好處，被安排進贏家的位置。這其中確實有很多事實，但我們沒有看到的是特權的另一面。那些被送進最好的學校、最好的大學，然後直接被推薦進最頂級企業的男孩女孩，確實擁有許多機會。但他們缺乏的是「韌性」。他們從來沒有真正被考驗過。

好吧，他們或許在字面意義上受過考驗——他們的 SAT 分數必須考得高，否則就進不了他們夢想的學校。但這能和你偷聽到你的單親母親說「天啊，我們這個月的電費付不出來了」相比嗎？能和你父親說「如果我們不補上這兩個月的房租，就要被趕出去」相比嗎？這是完全不同等級的困境。（而且如果要講真的，世界上還有更多我們無法想像的悲慘情況。「電費被停」算什麼？和「如果 ISIS 翻過那座山，我們整個村子都會被殺光」相比，這根本不值一提。）

如果你從小就在為逾期帳單、坐牢的親人，或街角的槍聲而擔心，卻依然在努力拚搏，那麼你擁有了真正的韌性。你要認清這一點，並且善用它。

現在來看看你的同事——一個從小就占盡優勢的人，不管他自己是否意識到這點。也許他之所以能拿到這份工作，是因為他的高中同學的父親是這家公司的老闆。

這個人很「習慣成功」——甚至說，他理所當然認為自己會成功。但他對逆境完全不了解，甚至是一點都受不了。如果他的投資連續失利，他會不知所措。他可能會開始酗酒，或者開始吸毒，因為他太迷茫了。輸掉一局根本不在他的計畫內。我親眼見過華爾街的交易員和高階律師遭遇一次意外的失敗，然後真的準備從辦公室窗戶跳下去。只因為輸了一次，他們就想結束生命。

以我過去的經歷來說，我絕不會讓一次失敗或挫折對我產生那種影響。如果你來自類似的環境，你也不該讓它影響你。如果明天我突然失去了一切，我向你保證，我也不會驚慌失措。

此刻，我正坐在辦公室的書桌前寫下這些話。透過窗戶，我能看到街上有個人在賣花生。如果明天我一無所有，我不會跳出這扇窗戶。不會的，第二天我就會站在對面的街角，擺起自己的花生攤。就叫它五角花生吧。

為了讓我的攤子與眾不同，我可能會推出巧克力花生，還有一些櫻桃糖衣口味的。因為我提供的選擇比競爭對手更多，這樣我就能在這條街上引起一點關注。然後，我會想辦法利用這股聲勢，把五角花生帶到洋基體育場，在觀眾席裡賣。接下來，我會在球場內開一家餐廳。然後回到曼哈頓再開一家。轉眼間，我就擁有了一整條連鎖店。

就這樣，我又回到了這場遊戲裡，兄弟！

擁有拚命三郎的心態，我絕不會讓自己產生這種想法：「靠，我剛剛失去了一切。我的敵人會嘲笑我，我的批評者肯定會狂歡。我不確定自己還能不能繼續走下去。」不，絕對不會。如果我失去了一切，我有信心一定能把錢賺回來，甚至賺得更多。

這種心態，正是為什麼像我、傑斯、吹牛老爹（Puff Daddy）、納斯和許多其他人能夠在企業界混得風生水起的原因。我們能夠一次次取得成功，因為**我們不會被生活中必經的挫折擊垮**。我們已經經歷過所謂「失敗」可能帶來的生活狀態，我們知道那不會徹底毀掉我們。所以我們一直保持前進的動力。

看看吹牛老爹。大家的印象是他過去二十五年來一直穩坐頂峰，但其實，他的職業生涯中經歷過無數挫折。

一九九一年，他在紐約市立學院辦了一場演唱會，結果發生踩踏事件，導致九人死亡。當時大家都以為這會毀掉他的事業，但並沒有。

後來，他因為火爆個性被上城唱片（Uptown Records）炒魷魚——而他正是在這間公司發掘了瑪麗·布萊姬（Mary J. Blige）和喬戴西（Jodeci）等藝人。對很多人來說，這可能是職業生涯的終點，但對吹牛老爹來說不是。他轉身創立了壞小子唱片（Bad Boy Records），並把這個廠牌推向顛峰。

然後，他最倚重的藝人聲名狼藉先生被謀殺了。這樣的打擊，足以讓許多人徹底停下腳步，但吹牛老爹連一秒都沒有停滯。幾年後，他又讓他當時的女友——世界最知名的流行巨星之一——珍妮佛·羅培茲（Jennifer Lopez），捲入一樁未遂謀殺案。而這起案件，也導致他當時旗下的當紅藝人薛尼（Shyne）被判十年監禁。

對大多數人來說，這已經是壓垮駱駝的最後一根稻草，但吹牛老爹仍然挺過來了。他吞下了所有的失敗，可能再來一杯粉紅葡萄柚口味的詩洛珂伏特加（Ciroc），然後繼續向前走。現在壞小子唱片不再出熱門單曲了，他的服裝品牌尚恩·約翰（Sean John）沒人穿了，詩洛珂伏特加的銷售也消退了。但吹牛老爹依然在前進。如今，他的孩子長大了，他開始幫助他們站穩腳步。當吹牛老爹說「Can't stop, won't stop」（停不下來，也不會停），他是認真的。我尊敬他的拚搏精神。

重點是：無論你是饒舌歌手、股票經紀、科學家、教師，還是毒販，你的人生都會經歷高潮與低谷。即使你覺得自己已經歷過所有困難，人生還會丟更多難題給你。

我在做生意早期就領悟了一個關鍵概念：**我正在一條無盡的隧道中奔跑**。我的意思是，我明白了「幸福美滿的結局」並不存在。不管我賣出了多少張唱片、賣掉了多少箱酒，或製作了多少部熱門電視節目，都不會有一個「沒錯，我終於成功了！」的時刻，然後就此放慢腳步。

我知道，下一個挑戰就在前方，然後再來一個，然後再來一個。

有些人可能會覺得這種「無盡隧道」的概念很累人，甚至令人沮喪。他們一輩子都在努力追尋隧道盡頭的那道光，因此很難接受事實——那道光根本不存在。

但對我來說，這反而是一種**解脫**。我知道自己這輩子都會繼續拚搏，這讓我感到開心。接受這個現實——即便到了七十歲，我仍然會努力工作（也許會慢一點），這讓我找到了我一直在追尋的自由。

我希望你能理解這種從街頭磨練出的哈搜態度，並將其應用到你的人生中。讓自己擁有這種韌性與積極的心態，但不必經歷我曾經遭受的那些心碎與暴力。讓你在像現在的柯蒂斯·傑克森一樣的環境中，像從前的五角一樣哈搜。

降低周圍的雜音

我從街頭經驗中獲得的另一個優勢，就是學會如何信任自己的直覺。那個毒販是不是想騙我？我只能憑直覺判斷。我準備賣貨的這個街角會不會成為警察的目標？我得靠直覺決定。我能不能相信某人在被抓之後不會洩密？我只能相信我的直覺。

我發現，許多沒有在街頭環境成長的人，早已失去了與自身直覺的連結。他們會去商學院學習如何在職場上運作，也許能記住教授教的東西，並勉強應付期中考。但幾個月後，他們就會把一切拋諸腦後。即便他們真的記住了所學的內容，他們依然是在依賴「指導」，而不是「直覺」。商學院的教授或許能提供一些不錯的建議，但沒有任何教學能勝過單純傾聽自己內心的直覺。

街頭教會你總是走最直覺的路。這是一種極為珍貴的能力。如果你沒有在街頭環境中培養出這種直覺，也不用擔心，這仍然是一項可以鍛鍊的技能。

每當你對某個情況感到困惑時，你必須想辦法降低周圍的雜音，重新連結自己真正的感受。對我來說，運動確實有助於平靜內心的噪音。當我運動到一定程度時，身體所承受的壓力彷彿把所有的雜念都沖刷掉了。我能夠感覺到自己把所有干擾的情緒隨著呼吸排出體外。當這些噪音消失後，留下的只有我的好點子、我真正的直覺，以及那些我應該更仔細傾聽的想法。

你也需要找出屬於自己的方法「重啟思緒」。有些人透過在公園散步來找回這種狀態，有些人則透過園藝，甚至繪畫來達成。無論是什麼方式，你都應該在自己的生活中找到方式，讓自己能夠從過去和當下的雜音中抽離，回歸內心深處的直覺與感受。

關於哈搜的最後一點：我鼓勵你相信自己的直覺，但這並不代表我認為在奮鬥的過程中不需要策略。當人們聽到拚命三郎說出「讓它發生」（Make it happen）或「俗仔不花錢」（Scared money stays home）這類話時，他們往往以為這種心態帶著某種魯莽。其實不是這樣的。

如果你聽過五角這位饒舌歌手的歌，你可能也有這樣的誤解。人們很愛我在歌裡唱這樣的歌詞：

跟我生個孩子，寶貝，你會成為百萬富翁
我會在孩子出生前先開支票
誰他X的在乎？
我有錢的要命
花不完的話，拚了命也要花光……

聽起來像是我隨手把鈔票往天上撒吧？但這些歌詞只是塑造了一種形象。現實中，柯蒂斯・傑克森對待金錢一點都不魯莽。事實上，我只會投資自己真正熱愛的事情，而且一定會做足功課，才會把錢砸進去。雖然拚命三郎行動總是果斷且積極，但這並不代表他們在「賭博」。一個真正厲害的「哈搜客」，總會先精準評估風險與回報，再決定是否投入。

在我掏錢之前，我一定要對這個領域有充分的了解。我會花數小時在網路上研究這個產業，追蹤它的歷史，**找出關鍵的玩家是誰**。接著，我會打電話給任何在這領域有經驗的聰明人，從他們口中套出更多資訊：這個市場還有成長空間嗎？還是已經飽和了？如果我踏進來，會遇到什麼阻力？會是什麼樣的阻力？我要找哪些人當盟友？

在獲得這些答案後，我還會閱讀八卦網站、部落格，甚至是那些主流媒體不會報導的資訊，補足盲點。如果經過這一輪調查，我還是覺得自己有機會改變局勢，那我就會全力以赴。對我來說，這根本不算賭博，而是押注在一個穩賺不賠的生意上。

當「熱情」和「理解」兼具時，我就能帶著絕對的自信去執行。所以，我從來不會準備B計畫。因為當我決定執行A計畫時，我已經篤定它會成功，那還需要B計畫幹嘛？

唯一的例外是——如果這個項目不是用我的錢投資的。比如，有人找我當執行製作人，或希望借用我的名字來換取股權，這時我會稍微願意冒一點風險。

但即使如此，我仍然只會去做那些能讓我有熱情的事。我絕不會只為了一張支票而接下任何東西，因為這是最快毀掉自己品牌和財富的方法。如果你只為了錢而投資，你的粉絲會看穿你的虛偽，他們不會買單。

更重要的是，如果你對這件事沒有真正的興趣，你就不會主動寫 email 去關心它的進展，不會去跟合作夥伴確認最新變化。到頭來，你只是在寄望有一天醒來，突然有人送你一大筆錢。這已經不是賭博，而是拿自己的錢來送人了。

我唯一一次差點沉迷賭博，是因為當時經常跟梅威瑟（Floyd Mayweather）混在一起。他什麼都能賭——賭二十五萬美金，看某人能不能在籃球比賽中場時投進半場遠射；賭一百萬美金，押在一場美式足球季前賽的勝負——因為他就是喜歡那種腎上腺素飆升的感覺。

當他贏了這類賭注時，整個人會亢奮好幾天，連續通宵派對，隔天早上直接去車行採購。但當他輸了，那就完全不一樣了。如果他的球隊晚上八點輸了比賽，即使他房間裡有三十個人準備狂歡，他還是會在九點就躺平睡覺，輸球會讓他整個人都失了神。不過過幾天，他的低潮就會過去，然後又開始拿鈔票瘋狂下注。

但我不是那種人。我偶爾會跟著玩幾手，小賭兩萬美金，只是為了陪他，但說實話，我根本沒那個意願去賭。首先，無法徹底研究透澈的賭注會讓我焦慮，為什麼我要讓自己難受？再來，球賽對我來說沒那麼重要。誰贏了超級盃，我不在乎。我也不是那種為了尼克隊「流著藍橙血」的球迷。所以，這些賭注對我來說根本沒有情感依附。

唯一的例外是拳擊。當我押梅威瑟贏的時候，我還賺了不少。但後來，二〇一九年我賭阿德里恩・布羅納（Adrien Broner）能打敗帕奎奧（Pacquiao），結果輸了兩萬美金，從那以後，我對賭博就差不多收山了。

到頭來，我還是喜歡押在「穩贏的事情」上。而這世界上唯一能一〇〇％確定穩賺不賠的賭注，**就是——賭自己**。

Ch.3

頂尖玩家的基本功：組團隊

Constructing Your Crew

如果你身邊沒有對的人，
而你又在以每小時百萬英里的速度前進，
你可能會迷失自己。

——戴夫・查普爾（Dave Chappelle，美國單口喜劇演員、製片人）

問任何一位成功的企業家，他們最重要的能力是什麼，你可能會對答案感到意外。

並不是談判技巧、策略規劃，或是對新技術的理解能力。

不，他們都會告訴你同一件事：最重要的能力是準確判斷一個人的本質。

沒有人能單打獨鬥成功，即便是饒舌歌手也一樣。我雖然在錄音室裡是獨自錄製音樂，但在錄音室外，我身邊有一支小型軍隊支援著我。經紀人、律師、經紀代理、錄音工程師、製作人、巡演團隊、助理、造型師、公關，以及一些能對我說實話的朋友（這些人可能是我團隊中最寶貴的成員）。

人們喜歡拿饒舌歌手的隨行團隊來開玩笑。（我承認，有專門負責幫你捲大麻的人確實有點荒謬。我不抽大麻，但如果我抽的話，我肯定也會自己捲——為什麼要讓別人舔我即將放進嘴裡的東西？）但你必須被那些能幫助你發展、壯大並實現你願景的人所圍繞。

選對了人，你的團隊就能帶你登上巔峰。

選錯了人，可能會讓你的夢想還沒起步就胎死腹中。

如果你錯過了一筆大交易、沒有察覺市場的變化，或是沒能及時升級你的業務模式，這些都會帶來損失，但如果你有拚命三郎之心，你還是能夠東山再起。

然而，若你在一個重要職位上選錯了人，後果可能是毀滅性的。這個道理適用於任何行業。

我過去販毒的時候，團隊裡會有個關鍵角色叫「引導員」（steerer）。這個人身上不帶錢也不帶貨，只負責把客戶引導到有貨的人那裡。很多毒販對這個職位毫不在意，隨便找個人來做——只要不是臥底警察，就能上崗。

但這種做法卻埋下了極大的隱憂。引導員通常是團隊裡資歷最淺的人，對組織的忠誠度也最低，所以一旦被捕，他們最有可能出賣我們。

明白這點後，我便不再隨便找人，而是挑選那些性格可靠、在壓力下能保持冷靜，且相信我會幫他們解決問題的人（稍後會談到這點）。

結果證明，我的引導員確實經常被捕，但因為我在挑選時考慮了他們的性格，所以他們通常不會供出我。而那些不加篩選就隨便找人的毒販，往往撐不了多久。

這種判斷人的能力，在企業界同樣重要。

假設你是某家《財星》（*Fortune*）五百大公司的CEO，僱用了一名新的財務長（CFO）。幾年過去，一切似乎都很順利，你對這個人非常放心。他的財務能力甚至比你還強，你還參加過他女兒的十六歲生日派對。因為有了他的支持，你能更專注於公司大局，比如併購案或大型品牌活動。

然而，有一天早上你醒來，卻發現這位CFO捲走了公司所有資金，帶著新交的女友飛往杜拜了。你的傳奇事業瞬間化為泡影，甚至可能丟掉工作。

當然，一個真正的企業家能承受這樣的打擊，因為他們知道如何在起起落落中求生存。但如果可以提前預防，何必要經歷這種背叛呢？

這種「看人眼光」在婚姻中更為關鍵。

翻開《財星》雜誌，看看那些億萬富翁的財務損失，通常最大的原因不是市場競爭或技術變革，而是離婚。

億萬富翁不是因為競爭對手或新技術而失去大部分財富，而是因為前妻。

例如，亞馬遜創辦人貝佐斯在與前妻瑪肯西（MacKenzie）離婚時，據報支付了三百八十億美元的分手費。我敢保證，無論亞馬遜未來遭遇什麼危機，都不可能讓貝佐斯損失這麼多錢。

人們因各種原因離婚，但許多富有的人在結婚時，並沒有真正了解伴侶的動機。

我可以肯定，每一位因離婚而賠掉大筆財富的百萬富翁，都曾希望自己在說「我願意」之前，能夠更準確地判斷對方的本質。

關係的「新舊平衡」

我從來沒有經歷過離婚，但我必須坦承，我的私生活有很多問題，而信任問題絕對排在首位。

幾年前，我跟一位曾在大學修過心理學課程的女性聊天。我當時正在說，有個親近的人可能會在背後捅我一刀。當我發洩完情緒後，她看著我問道：「你聽過『信任恐懼症』這個詞嗎？」

「沒有，那是什麼？」

「就是你這樣的人。你查查看。」

我在手機上打開搜尋，找到這個詞的定義：「因過去的經歷與錯誤的關係，而產生對他人不信任的恐懼。」

老實說，這句話就是在說我。

我認為每個人或多或少都會害怕太過信任別人，但我肯定比大多數人更嚴重。在我的人生中，我感覺自己曾經被許多本該對我更好的人背叛——我給過他們金錢、機會、愛，甚至是生命。但換來的卻是傷害。也因為這樣，我曾經只信任一樣東西：金錢。我唯一信任的就是那張印著「In God We Trust」（我們信仰上帝）的紙鈔。

這也是為什麼背叛的主題，會在我製作的影集《權欲》中如此突出。這個問題一直縈繞在我的腦海裡，所以我甚至將最後一季命名為「The Final Betrayal」（最終背叛）。

說真的，我寧願被人拿槍搶劫，也不願意被背叛（當然，不代表我建議你嘗試）。至少被搶劫的時候還會有點刺激感！當有人掏出槍，惡狠狠地吼著「趴在地上！」，你會感受到一種腎上腺素飆升的衝擊。而當一切結束（只要你沒被開槍打中），你甚至還能回去跟朋友吹噓：「呦，我剛剛才被人搶了！」雖然少了錢，但你從這個經歷中變得更強大。

但背叛就完全不一樣了。你不會得到什麼值得炫耀的故事。我從沒聽過有人興奮地對朋友說：「你絕對不會相信的，我剛剛才被我兄弟出賣了！」被搶劫可能還算是一種「戰績」，但被出賣？那只是純粹的痛苦。如麥爾坎・X（Malcolm X）曾說過：「對我來說，比死亡更可怕的東西，就是背叛。因為死亡我能理解，但背叛，我無法接受。」

也正因為我對背叛的痛苦如此深刻，我對選擇親近的人非常謹慎。在我成名之前，我曾犯過一個錯誤，就是把「忠誠」和「相同出身」劃上等號。這是很多人都會犯的錯——天真地以為，因為某人和你來自同一條街上，就會永遠站在你這邊。可惜，現實並不是這樣。確實，當你和某人有共同的經歷時，忠誠的機率會提高，但並不代表是必然的。

如果你想要成功，就必須在組建團隊時取得平衡。**如果你只圍繞在過去的朋友之中，那你的未來很可能就停滯不前**。但如果你拋棄那些曾與你並肩作戰的人，轉而信任一些剛認識的新人——那些看起來很有魅力，卻沒有真正證明過自己的人——那你也很可能會被傷害。

看看我今天的團隊，你會發現它由新舊成員組成。走進 G-Unit 唱片的辦公室，你會看到一些曾與我一起在南邊街頭打拚的老兄弟——他們曾經在槍林彈雨中證明過自己的冷靜與忠誠。

有些人是在學校、運動或軍隊裡建立這種羈絆的。當你身處生死一線，子彈在你周圍飛時，你和那些保護你的人會建立起最深厚的關係。

這也是為什麼，我相信在街頭上相處兩分鐘，比在會議室裡共事二十年更能看清一個人的本質。

在商業領域，你需要很長的時間才能真正了解一個人的本性。你無法像在街頭那樣，看著某人在極端壓力下如何反應。相反地，你必須依靠直覺來判斷。一旦你確認某人的**忠誠和工作態度**，那就是你該留住的團隊成員。這兩項特質的組合在商界非常稀有，並且極為寶貴。

因此，除了我的老兄弟們，我也努力招攬我信得過的商業夥伴。例如我的首席法律顧問史提夫，他負責監督我的法律和商業事務；我的公關亞曼達，她不會因為我發了一條爭議性的社交媒體貼文就崩潰，還能幫我收拾爛攤子；還有我的書籍經紀人馬克，他幫我策劃了這本書。他們從沒踏足過皇后區南邊的街頭，但他們對於我品牌的成長與發展至關重要。

還有一個重要的人物，就是 Starz 頻道的前 CEO 克里斯・阿爾布雷希特（Chris Albrecht）。他曾打造了今天的 HBO，然後接管了 Starz。他教了我很多電視產業的知識，同時也讓我能夠保持自我。更巧的是，他也是皇后區出身，所以我們的合作幾乎是命中註定。

克里斯的電話號碼我絕對不會刪除。不管他去哪裡，我都會想辦法跟他合作。對我來說，電視事業是我繼音樂之後的第二職業，而如果沒有克里斯，我不可能發展到今天這個地步。雖然我們來自皇后區的不同地方，背景也不一樣，但我們一拍即合，彼此扶持，一起成長。

如果我沒有開放心態，去接納克里斯這樣的新朋友和他們的專業知識，那麼我的職業生涯就不會有第二階段——甚至也不會有任何後續的可能性。

如果我只是困在原本的圈子裡，那麼我的事業早就停滯不前，成為另一個「兩張專輯之後就銷聲匿跡」的饒舌歌手。或許我會上上節目，發牢騷說現在的年輕饒舌歌手不懂嘻哈；又或者，我會去上一些真人秀節目來蹭熱度。

但我避免了這種命運。**關鍵就在於找到新舊平衡，讓自己持續向前邁進，而不會失去根基**。

在這一章，我將分享我的策略，告訴你如何打造一支資源豐富、忠誠可靠的團隊，讓它不僅能夠穩固你現有的基礎，還能夠幫助你開創全新的機會。

帶著羈絆／放下束縛

在皇后區南區長大的我一直有個信念：一旦成功了，我一定要帶著我的街區一起前進。在街頭生存，從小就會被教導：**你的團隊越強，你就越強**。街頭就是一片叢林，你最好被視為強大狼群的一員，而不是獵物。

這也是為什麼，一九九〇年代幾乎所有頂尖的饒舌歌手都會特別強調自己的出身。納斯出道後帶著皇后橋（Queensbridge）一起走紅；聲名狼藉先生拿到合約後也帶著貝德福德—斯泰弗森特（Bedford-Stuyvesant，布魯克林區的一個社區）一同崛起。在洛杉磯，N.W.A. 把康普頓（Compton）推向全國舞臺，幾年後史努比狗狗則代表了長灘（Long Beach）。

我也下定決心要為南區做一樣的事。在我饒舌生涯的最初幾年，無論走到哪裡，南區都跟著我一起出現。G-Unit 的湯尼．亞佑（Tony Yayo）和洛依．班克斯（Lloyd Banks）不是我在某個業界會議上認識的夥伴——他們是從小一起長大的街坊兄弟。我的 MV 和現場演出裡能看到南區的影子，而最重要的是你可以從我的音樂中聽到它的出現。我希望這股能量一直圍繞著我。我現在把這股能量稱為「兄弟情結」（homeboy complex），就是一種總覺得要把兄弟留在身邊的心態。

兄弟情結也是我買下麥克．泰森（Mike Tyson）位於康乃狄克州豪宅的主要原因。當我結束《要錢不要命》（*Get Rich or Die Tryin'*）專輯的第一輪巡演時，突然間我口袋裡有了三千八百萬美金，有錢了就想花。那時候，我接受了一場訪談，記者隨口提到泰森正在出售他的房子。我當下回：「喔，我要買下來。」

當時我只是隨口說說，但幾週後，我真的跑到康乃狄克州哈特福市（Hartford）。對我來說，哈特福是個音樂重鎮，離紐約不遠，但又有獨特的能量和品味。我發現，如果一首來自紐約的歌曲能在哈特福引起轟動，那它就很有機會能夠紅遍全美。所以，我會時不時地來這裡感受當地的音樂氛圍。

那次過去時，我發現泰森家就在附近，於是找人聯絡房仲，然後去參觀了一下。一到那裡，我就覺得氛圍和規模都很適合我。錢不是問題，我在下一週就直接電匯買下了它。

當時我並沒有家人跟我同住，所以其實我根本不需要一棟有十八間臥室、二十五間浴室的豪宅（更別提裡面還有一間電影院、室內外游泳池、室內外籃球場、一間名為「TKO」的夜店，以及十七英畝的土地）。但我買下它，就是為了讓南區的兄弟們都能住在同一個屋簷下！

有時候，在這片鄉間（最近的城市哈特福還有十英里遠），如果閉上眼睛，你會以為自己站在南區街道（Sutphin Boulevard）的某個角落。音樂放送、大家在跳舞、骰子在地上滾動。我過去那些坐在門口臺階上吃中餐外賣的朋友，現在在我的餐桌上享受侍者服務。而那些曾經擠在沙發上看盜版DVD的夥伴，現在可以在我的私人電影院裡看首映電影。能為這些一起長大的人提供這樣的機會，對我來說，比賣出數百萬張專輯還要有成就感。

當時，我覺得這是必須做的決定。但現在回頭看，我才意識到這並不是非做不可的事。

首先，這棟豪宅的維護費實在是太貴了。光是維修和水電費，每個月就要花掉將近七萬美金。無論你多有錢，每個月看到七萬美金的帳單，心裡都不會覺得舒服——尤其是當你大部分時間都在外地工作時。即便是比爾・蓋茲（Bill Gates）看到這種帳單，可能也會問：「我們真的每晚都要開冷氣嗎？」

有十八間臥室是很酷沒錯，但一次我只能睡一間。我不得不承認，我沒有好好地利用這個家。

在許多方面，這棟豪宅成為了我與街區關係的隱喻。沒錯，它在某個時期確實對我有幫助。我從自己的根基中獲得了很多支持，我也為許多人提供了原本不可能擁有的機會。

但該是時候割捨過去的羈絆了。

並不是所有人都被我放棄——我之前提到的核心團隊依然是我生活和事業的一部分。但很多和我一起走過來的老朋友，我最終還是放手了。

現在，十八間臥室的豪宅縮小成了一間公寓（雖然是一間相當豪華的公寓）。我每天的通勤時間，也從兩小時縮短到了二十分鐘。

我不確定為什麼我等了這麼久才做出這個決定。一開始，金錢確實是一個因素。有段時間，有人說服我以超過一千五百萬美元的價格掛牌出售這棟房子，但這完全是不切實際的數字。當有人在你腦中植入一個數字後，每當你偏離這個數字時，都會感覺自己像是虧損了。但你不能被這種想法欺騙。

我或許沒有以理想的價格賣掉這處房產，但最終我並不在乎是否虧損（反正我把所得都捐給了慈善機構）。真正的勝利是我能夠繼續前進，擺脫過去的束縛，專注於未來。

遠離「桶子裡的螃蟹」

人們經常犯的一個錯誤是，在獲得成功後，仍覺得自己對出生地有所虧欠。這種現象在非裔美國人社群中尤其明顯。當來自貧民區的黑人達到一定的成功後，他們往往覺得自己有義務維持與根源的聯繫。

在其他族群中，這種情況並不那麼普遍。如果一名華裔移民經過多年努力，建立起自己的連鎖商店，他很可能會在第一時間搬到郊區的大房子裡。他不會覺得自己虧欠唐人街的同胞什麼，而是會選擇做所有人都會做的事——搬到最安全、學校最好的社區，享受自己打拚來的成果。

對於從貧民區長大的墨西哥女性來說，如果她憑藉努力和拚搏成為了一名房地產大亨，她也不會選擇繼續留在舊社區。她一定會搬到更安全、更高級的地區，毫無愧疚地享受自己的成功。

愛爾蘭人、義大利人和猶太移民在賺到錢後，第一件事就是搬離原來的社區，前往更好的地方生活。但在非裔美國人社群中，似乎只有我們難以割捨與過去的掙扎。我們害怕離開這種掙扎，會讓我們失去讓我們成功的某種特質。

我對這種感覺再熟悉不過了。當初我買下泰森的房子，就是因為我不敢割捨與街區如臍帶般的連結。但至少我還有點理智，選擇讓街區來找我，而不是繼續待在街區裡。我認識許多犯過這個錯的人，而有些人為此付出了生命的代價。

最悲慘的例子之一就是我的朋友和導師詹姆．馬斯特．傑伊（Jam Master Jay）。他來自紐約皇后區的霍利斯（Hollis）。作為Run-DMC的成員，傑伊是我們社區成功的顛峰代表。他賣出了數百萬張唱片，巡演遍及全球，從歐洲到亞洲。他所屬的團體是嘻哈界首批走紅的團體之一，啟發了皇后區乃至全美的數百萬黑人青年。

當Run-DMC爆紅後，其他成員都離開了皇后區，再也沒回頭。雷夫．朗姆（Rev Run）和DMC搬到了紐澤西，而他們的經紀人羅素．西蒙斯（Russell Simmons）則在曼哈頓建立了自己的地盤。但傑伊卻一直留在皇后區。他在牙買加區開設了一間錄音室，教授當地有抱負的饒舌歌手（包括我自己）如何製作歌曲。

這故事聽起來很勵志：一位當地ＤＪ成名後，環遊世界，然後回到家鄉培養新一代的音樂人。

但現實卻是，這成了死刑。

傑伊沒有把自己與嘻哈圈內的負面元素分開，尤其是在我們的社區裡。在皇后區，最早賺到真正大錢的是毒販。嘻哈當時只是人們閒來無事在門口臺階上或公園裡玩的東西，真正的金錢來自販毒。傑伊那一代人之所以會對時尚潮流感興趣，是因為毒販已經開始穿著那些時尚的服裝、開著炫酷的跑車、身邊圍繞著美女。

當年 Run-DMC 讓長大衣和「教父帽」（godfather hats）流行起來，因為那是當時毒販的穿著風格。同樣，Run-DMC 和後來 LL Cool J 讓粗金項鍊成為標誌性的時尚單品，而這些飾品在嘻哈文化之前，就已經是毒販的代表了。

如今情況則完全相反——現在的饒舌歌手比毒販賺得更多，而這在很大程度上要歸功於像傑伊這類先驅者所開闢的道路。但傑伊犯下的錯誤是，**他沒有繼續前行**。如果他像朗姆、羅素、ＤＭＣ那樣搬到紐澤西、長島或曼哈頓，他今天很可能還活著。

但他卻選擇待在原地，與錯誤的人為伍——這些人不僅沒有為他的成功感到高興，反而因為嫉妒而恨他。他們不會因為傑伊留在社區幫助年輕人而感激，反而是因為他的成功而憎恨。最終，這種仇恨不可避免地釀成了悲劇。

尼普賽・哈斯爾（Nipsey Hussle）也遭遇了類似的命運。我雖然和尼普賽交情不深，但我覺得他是一個很正派的人。當年我為ＹＧ的歌曲〈玩完就閃〉（*Toot It and Boot It*）拍攝ＭＶ，而尼普賽也參與其中。我告訴唱片公司的人：「嘿，記得帶上那個長得像史努比的小子。」這就是我們第一次見面。他是一個好人，對自己的社區和家人都很關注。

然而，尼普賽也因同樣的垃圾行為而喪命。當尼普賽遇害時，很多人開始把矛頭指向各種陰謀論。在推特跟ＩＧ上有人說：「政府殺了尼普賽！」因為當時尼普賽正在拍攝一部紀錄片，主角是宏都拉斯的知名草藥醫生賽比（Dr. Sebi），有些人認為他因為批判西方醫療體系而被關進監獄，最後甚至被殺——因為賽比的理論對製藥產業造成威脅，所以必須殺死尼普賽以防他將這些觀點擴散至全世界的陰謀論甚囂塵上。

其他人說，尼普賽對政府構成威脅，是因為他教導貧民窟的人經濟賦權以及社會正義。如果太多人因尼普賽的努力而被啟發，將會對現今的洛杉磯造成威脅，因此他必須死。

毫無疑問，尼普賽在他的社區做了很多了不起的事情，特別是Vector90——一個共享工作空間兼STEM[1]培訓中心，教授科技技能。至於賽比的理論，我並沒有特別強烈的看法，但如果製藥產業中確實有人想要刻意隱瞞他的研究，我也不會感到驚訝。

但事實上，政府沒有殺尼普賽，而是據稱一個叫爛咖（Shitty Cuz）的小人害死了他。這才是殘酷的現實。

他殺了尼普賽不是因為尼普賽是什麼社會威脅，也沒有人付錢讓他幹掉尼普賽來保護瑞輝藥廠還是嬌生公司的利益。他殺了尼普賽，只是因為他是個充滿嫉妒的魯蛇，就這麼簡單。他是個抓耙子，而尼普賽戳破了他，爛咖則以暴力還擊。他無法忍受像尼普賽這麼成功又受敬重的人，竟然不想要自己這種失敗又不值得信任的人待在身邊。

殺死尼普賽的，是「螃蟹心態」（crab-in-the-barrel mentality）[2]——它奪走了傑伊的生命，也毀了許多其他在家鄉成功的黑人。這也是為什麼當我開始賺錢後，我選擇離開貧民窟，永不回頭。當然，我還是會回去看看，但我永遠不會搬回去住。如果我搬回去，絕對會受到負面影響拖垮。

因為我了解這種螃蟹心態，所以絕對不會永久住在過去的街區。我會透過慈善事業回饋社區，幫助年輕人擁有比我當年更好的機會。但我不會天真地以為自己能在那裡立足。因為在街頭，成功與嫉妒無法共存。越早理解這個道理，你就越能真正掌控自己的人生。

紀律，才是你的品牌護身符

我並不是告訴你們，一旦嚐到一點成功的滋味，就該把那些「第一天就陪你打拚」的兄弟全部拋棄。這些人才是最了解你的人，如果他們是真正的朋友，他們會對你說最真實的話。他們會告訴你，你寫的歌詞很爛、你的衣服太幼稚，或者那個承諾要給你大機會的網紅，其實根本就是個騙子。

---

1 編按：跨領域、科目整合的教學方式，核心著重於科學（Science）、科技（Technology）、工程（Engineering）及數學（Math）。

2 編按：又稱桶子裡的螃蟹，指在一個充滿螃蟹的桶子裡，雖然牠們能輕易逃出，然而在下面的螃蟹往往會互相抓住來防止其他螃蟹逃出，確保牠們遭受同樣的下場。

這些是你的老朋友能帶給你的一些正面影響。但同時，他們也可能帶來來自街頭的負面影響，例如仇恨、爭執和自負的衝突。為了確保這些問題不會發生，你必須先**在團隊中建立紀律**，然後再堅持要求大家遵守。

我很早就意識到這點，當時我本來要和納斯一起在中央公園的演唱會上表演。能跟他同臺對我來說意義重大，作為來自皇后區的超級巨星，納斯一直是我很敬仰的人。

當我到達場地時，納斯已經在那裡了，而且看起來他把整個皇后橋的弟兄都帶來了。後臺站滿了二十幾個來自橋區的兄弟，他們喝酒、抽麻，為納斯的演出瘋狂打氣。我當下就察覺到，他們不知道該怎麼處理自己正在累積的能量，就像他們正在點燃一場無法控制的火災。果不其然，他們開始打起來了——是皇后橋自己人互打，不是別的幫派，而是自己人對自己人。即使他的團隊已經內鬨，納斯依然無法或是不願意控制場面。很快，警察來了，演唱會還沒開始就被取消了。

在我看來，納斯沒處理好情況。我可以理解他為什麼帶了這麼多人來——畢竟中央公園算是無主地，你永遠不知道會遇上什麼人。可能是布魯克林來的某個幫派，或是來自布朗克斯的某些人，甚至可能是皇后區其他區的敵人。確保身邊都是自己人，這是明智的選擇。

但問題在於，他沒有控制住這些人。因為無法掌控他們，他失去了那天演出的機會，甚至可能因此損失了未來的收入。當主辦單位聽說你在中央公園這樣的大型場地鬧出問題，他們下次就會三思要不要再找你表演。所以，雖然帶上皇后橋的人是可以理解的選擇，但最終這些人的影響，卻妨礙了他的成長。

看到皇后橋的兄弟們自己打起來後，我心裡就下定決心：當我的團隊開始巡演時，我絕對不能容忍內部的衝突。我很清楚，如果我無法控制自己的人，我的品牌發展就會受到很大的限制。

此外，我明白，如果你們是一起巡演、住在一起，那根本沒有「小打小鬧」這回事。舉個例子，假設兩個人因為一個女生吵架，一個人扇了另一個人巴掌。那個被打的人就算當下忍了，但心裡絕對不會忘記這件事。每當他在巴士、後臺、飯店大廳、飛機候機室看到對方，他都會想找機會挽回自己的尊嚴。這種積怨會慢慢累積，最後就會爆發。而這種爆發，可能會毀掉整個巡演。

因此，當 G-Unit 開始巡演時，我立刻制定了明確的規則：「我們在巡演過程中，會遇到很多嫉妒我們成功的人。如果你有怒氣要發洩，就去打那些人。我無論如何都會支持你。甚至就算你去打個陌生人，我都會挺你。但如果你們彼此之間打起來，你隔天就得回家。」

剛開始，大家都很遵守這個規定。當然，有時候場面會變得有點緊張，像是隨時會爆發衝突，但每當這種時候，我都會馬上提醒那些準備動手的人：「我沒在開玩笑。如果你敢動手，你就準備滾回家！」

等到情況冷靜下來，我會私下找當事人聊聊，讓他們知道我的用意。我不是在控制他們，而是希望大家能夠成功：「我們正在打造 G-Unit 的品牌，這次巡演以及它帶來的關注，將成為我們偉大事業的基石。但如果這些基石不穩，任何我們想建造的東西都會崩塌。到時候，我們就不是住豪華飯店、吃龍蝦、到處認識女生，而是又回到街角混日子！」

這種說法通常能讓大家冷靜下來，所以我一直沒有真的送人回家。

直到我們到了費城。

問題的起點來自於 Mitchell & Ness，這間傳奇的費城運動服品牌。他們送了一批復古球衣到我們的飯店。當時，Mitchell & Ness 球衣已經成為嘻哈界的標誌性單品，大家都想擁有，甚至有些限量版價值上千美金。

雖然這批衣服是送給我的，但包裹最後落到了我們的巡演經理馬可斯手上。他知道我平常也有在買，所以他決定自己先拿幾件。他覺得，身為巡演經理，這些「戰利品」他應該有份。

但黑輪（Bang'Em Smurf）可不這麼想。黑輪是我從皇后區南邊帶出來的一個兄弟，我當時正在考慮讓他加入 G-Unit，所以帶他一起巡迴演出，給他一些曝光機會。他很有潛力，但他的問題是，還沒成功就開始自我膨脹。他沒有發行任何單曲，沒有聲量，女生不會看著他說：「那個帥哥是誰？」對所有人來說，他只是站在舞臺上幫我搭幾句詞的路人，而這樣就讓他覺得自己已經成功了，自己已經不需要遵守規矩。

在費城演出的隔天早上五點，我們要搭巴士去下一個城市。但鬧鐘都還沒響，我就被樓下的打鬥聲吵醒。我拉開窗簾一看，直接嚇呆了——馬可斯和黑輪在街上為了一件球衣打得不可開交！

黑輪一邊打，一邊吼：「這是我的！」

馬可斯回擊：「屁啦，你那件旁邊有黏到口香糖，這件才是我的！」

很顯然，黑輪認為其中一件球衣是他的，而當馬可斯不願意交出來，他就直接動手搶了。我一點也不想在天都還沒亮的時候處理這種事。我立即衝下去，並把他們分開，然後質問黑輪：「你到底在搞什麼？」黑輪仍然試圖辯解：「不，小五，他搶我的衣服，我不能讓他得逞！」我根本不想聽他們吵：「我不是早就說過，這次巡演不准內鬥嗎？」然後我轉向馬可斯，指著黑輪說：「幫這蠢蛋買張車票，他馬上滾回家！」

直到這一刻，黑輪才意識到我不是在開玩笑。我說「零容忍」，就是真正的零容忍。如果你要管控你的團隊，就必須讓他們尊重違規的後果，即使這意味著結束一段關係。

黑輪當下就被送回家了，這樣他也會有很多時間可以處理自己的事；黑輪認為自己比團隊還更重要，但結果他根本不懂怎麼經營自己。他開始跟一些在地的饒舌歌手合作，有時候也會尋求我的協助，但我沒聽到什麼令我驚豔的歌。沒有我的支持的話，根本沒人想給他工作。他原本有機會跟著我巡演、賺正當的錢、環遊世界，但他回到皇后區沒多久就被捕，最後甚至被遣送回千里達（Trinidad）。直到今日，他還在怪我讓他陷入這樣的處境，而不是怪自己。

無論你在生活中取得多少成功，總會有人認為其中的一部分應該屬於他們。黑輪就是這樣的人。當你把這種人從生活中剔除，他們不但不會自省，反而會對你發脾氣。

如果當時我只是給黑輪一個警告，那麼我就會失去我的權威。巡演上的其他人——那些自視甚高的藝人們——很快就會開始滋生矛盾。不只是爭奪的球衣，接下來他們會爭吵誰能上臺表演更久、誰能吸引更多女生、誰的酬勞更高。這種內部紛爭曾讓許多巡演提前終止，無論是在過去還是現在。我不會讓這種負面能量影響我們的勢頭。

將近二十年過去了，我仍然在全球巡演。我曾在無數個國家演出，吸引了數百萬名觀眾。最近，有人付了我幾百萬美元，邀請我搭乘私人飛機飛往海外，進行一場演出。對於只有一天的工作來說，這可不算是一筆小費。但這種酬勞，只有當你確立了自己作為一名成熟、能創造收益且值得信賴的巡演藝人後，才會出現在你的面前——而這正是我多年前在費城努力建立的聲譽。

這類決定未必需要像把人送上巴士回家那麼戲劇化。如果你是一家公司的主管，可能只需要把他們調到另一個部門。如果你是零售店的經理，也許可以把這種人調去另一個據點。而如果你經營自己的小生意，那大概就意味著你得直接炒掉他們。你無法承受讓任何一個表現不佳的人拖累你的事業。

無論你處於什麼樣的位置，**當你制定了對整體有利的規則，就必須執行它們**。不要讓那些只關心自己利益的人毀了整個團隊。這些規則可能會很難遵守，但長遠來看，絕對是值得的。

打造班底的教科書：Jay-Z

無論你的事業有多麼成功，如果你的內部管理一團亂，那麼帝國終究會崩塌。就像我當年對黑輪說的那樣，如果底部的地基不夠穩固，遲早會有垮掉的一天。

一個典型的例子就是布魯克林的饒舌歌手六九大魔王（Tekashi 6ix9ine）。六九是一名擁有墨西哥和波多黎各血統的饒舌歌手，五顏六色的頭髮和誇張的風格，讓他在全美贏得了數百萬粉絲——尤其是白人小孩。他們或許無法像米戈斯（Migos）那樣留起髒辮，但他們絕對可以把頭髮染成彩虹色，就像六九一樣。從一個默默無名的饒舌歌手到炙手可熱的明星，他幾乎只用了不到一年的時間。

六九的形象是一個狂妄、不怕事的狠角色，但其實他內心是一個善良的孩子。他更像是一名WWE摔角手，在舞臺上扮演另一個角色，而不是真正的黑幫分子。為了強化這個形象，他也開始讓一群街頭混混圍繞在自己身邊。

但那些人並不是在「扮演角色」，他們是來真的。他們一察覺到六九只是個裝狠的演員，就開始把他當成「食物」。而你絕對最不想這樣被真正的街頭兄弟看待的。

隨著他的聲勢越來越大，我和六九也建立了友誼。我欣賞他的直率，欣賞他無所畏懼的態度。許多人甚至說六九讓他們想起年輕時的我。

有一天，他打電話給我，問能不能來我的辦公室聊聊。他最近惹上了一些官司，演出商開始不願意再找他表演，他需要一些建議。

當他到達時，我看到的不是一個狂妄的年輕人，也不是一個傲慢的饒舌歌手，而是一個害怕的孩子。

「五角，我該怎麼辦？」他坐下後，直接開門見山地問道。

我得稱讚他這點。雖然在公開場合表現得狂妄不羈，但在我面前，他願意展現自己的脆弱。他了解到自己已經陷得太深了。我們之前從未談論過他的問題，但作為一個有經驗的旁觀者，我大概能猜到問題的根源。

「你最大的問題來自內部，」我告訴他：「你身邊的人太多了，他們並不是真正在支持你。那些人應該要是協助你的團隊，但他們並不為你的利益著想。如果你不趕快解決這個問題，遲早會出大事。」

我之所以這麼說，是因為我聽說他經常換身邊的人。這個月和一群人在一起，下個月又換成另一群人。他對待團隊的態度，就像有些人對待汽車一樣——開一陣子就換新車。

他可能認為這是人設的一部分，但其實這是一個嚴重的錯誤。作為一名饒舌歌手，當你帶著一群人混時，他們會預期你給自己機會——幫助他們成為藝人，或者在幕後發展，甚至介紹一些品牌讓他們分一杯羹。

但如果你在有限的時間內遲遲沒有兌現這些期望，懷疑和不滿就會開始滋生。而如果他們發現你給了別人機會，卻沒有給自己，那麼他們就會覺得自己是可以被隨時丟棄的。你永遠不該讓身邊的人有這種感覺。

一旦有人覺得自己是「可丟棄的」，他們的忠誠就會消失。他們不會再等待機會，而是**會開始主動從你身上討回他們認為「應得」的東西**，不擇手段地向你討債。

六九是個聰明的孩子，他聽得懂我的建議，也承認自己處境危險。他甚至開始想辦法擺脫那些對他圖謀不軌的人。但已經太晚了。

沒過多久，他就因RICO[3]法案和槍枝犯罪被逮捕。根據起訴書，政府甚至指控他的團隊成員密謀殺害他。我相信，這對於一個一直以為自己只是在「演戲」的孩子來說，肯定是個驚人的事實。這不是摔角比賽，而是真正的生死遊戲。在我寫下這些話的當下，六九剛剛控告了自己的團隊，並被判了兩年刑期。

我認為六九和傑魯會陷入這種困境，是因為他們都來自「街頭的邊緣地帶」。他們並不是在貧民區長大的，但他們見識過那個世界，這讓他們誤以為自己可以應付那些真正來自街頭的局面，事實上他們並沒有那種能耐。

相比之下，看看德瑞克（Drake）。他連街頭的邊緣都不算，完全是來自另一個環境。我從來沒見過他和自己捧紅的藝人走得太近。他總是保持一定距離，因為他很清楚自己的性格，知道有些力量不是他能駕馭的。

六九很了解白人小孩會想聽什麼音樂來氣他們的父母，但他不擅長判斷人的性格和動機。更可惜的是，我覺得他其實是個很有觀察力的人。如果他能慢下來，花點時間好好了解自己身邊的團隊，他就會發現這些人並不適合自己。但他太急了。社群媒體上的點讚和轉推來得太快，他可能把社交媒體當成了現實生活。

在社群媒體上，在你身旁舉起幫派手勢的人看起來像是挺你到底的真兄弟，但現實生活中，並沒有那麼簡單。**嫉妒和羨慕會迅速滋生，特別是當他們開始嚐到一點成功的滋味時**。如果你把一群狼帶進你的圈子，你最好確保自己能餵飽牠們。否則，狼群很快就會反噬你。

如果你想知道如何正確地**換掉舊班底、打造新團隊，傑斯的做法就是教科書式的範例**。當年他擔任 Def Jam 唱片公司總裁時，很多人不明白為什麼像他這樣成功的藝人，會選擇坐到辦公桌後面工作。

我必須承認，一開始我也不太明白為什麼他會這樣做。隨著我經營了 G-Unit 唱片一陣子，我感受到龐大的壓力。不論你多努力替自己的藝人做事，他們總是不滿意，傑斯一定也懂。

但隨著我觀察他在 Def Jam 的工作，我開始意識到他所盤算的是什麼。他接那份工作不是為了去管理公司，而是去組建一個新的團隊！以前他簽下並培育的藝人主要是費城出身的，包括班尼・席格、富力威、克里斯與尼夫、米利奧・斯帕克斯（Beanie Sigel, Freeway, Chris and Neef, and Omillio Sparks），都隸屬「國有財產」（State Property）這個子廠牌。

這些人在過去和現在都絕對是受敬重的藝人，但從未達到他所期望的商業高度（我知道那種心情，當初我也希望湯尼・亞佑能成為下一個五角，但就是沒辦法）。

所以，他轉身接觸肯伊（Kanye）和蕾哈娜（Rihanna），直接升級到國際級別。而且，不像他在經營 Roc-A-Fella 唱片那樣需要從頭做起，這些藝人早就被 Def Jam 打造成明星，他不需要再花時間和資源

3 譯按：美國用以打擊組織犯罪的法律，全名「反勒索與受賄組織法」（Racketeer Influenced and Corrupt Organization Act）。

培養，這就像直接搬進裝潢好的豪宅一樣。更厲害的是，就算傑斯不再擔任管理職後，肯伊和蕾哈娜仍然將他視為老闆——這就像搬家房子還可以把傢俱全都帶走一樣，賺翻了。

我敬重傑斯這手高明的戰略，沒有違背道義。他在 Roc-A-Fella 唱片曾經給過那些費城饒舌歌手許多機會，但當他們沒有達到預期，**傑斯很精明的選擇了前進**。許多人會對這些做法遲疑，這些人會寧願選擇和同一群人保持關係，即便他們沒有邁向成功的徵兆。傑斯沒有陷入這樣的陷阱，至今仍是如此。這就是成功者的思維方式。

激勵喊話的重點——讀空氣

除了要維持團隊的紀律與穩定，作為一個真正有效的領導者，你還必須能夠用鼓勵來激勵人心。雖然我對那些越界的人會嚴厲對待，但我也以能在關鍵時刻給予發自內心的激勵為傲。如果你以紀律嚴格而聞名，那麼當你偶爾跳出這個角色，表現出自己真正關心某個人時，那一刻將會格外有分量。

我最棒的精神喊話之一，發生在拳擊比賽前的更衣室裡。這種場景最能激發我的鼓勵本能。有一次，我記得在布魯克林的巴克萊中心（Barclays Center），迪昂泰．魏爾德（Deontay Wilde）在與伯曼．斯蒂文（Bermane Stiverne）的重賽前，我就在他的更衣室裡。

要讓激勵講話產生影響，關鍵在於讀懂房間裡的能量。而當時，我能感覺到現場的能量並不對勁。迪昂泰的整個隨行團隊都在那裡，但每個人都在笑鬧、講垃圾話，像是在開派對，完全沒有專注力。迪昂泰之前已經打敗過斯蒂文，現場的每個人似乎都認為這場比賽在開打之前就已經結束了。但這種心態極其危險。沒錯，迪昂泰曾經贏過他，但那場比賽打滿了十回合，這在迪昂泰的職業生涯中還是頭一次。他需要全神貫注於眼前的任務。太多拳擊手因為輕敵而被對手擊倒。

等到我們倆能單獨聊聊時，我才對他說：「你還沒進入狀態。」我語氣平靜地告訴他：「我看到你在打拳靶，但你還沒進入狀態，兄弟。」迪昂泰沒有反駁，因為他知道我說的是實話。「別再鬧了，斯蒂文這人又擋在你與你的目標之間。這是第二次了，你打算讓他這麼做嗎？」

「不，我不會。」迪昂泰回答道。

「很好，那就讓他為自己的錯誤付出代價，」我的語氣開始強硬起來。突然，我們身邊的每個人都察覺到能量發生了變化，整個房間都靜了下來。

「聽著，兄弟，」我繼續說，語氣變得更加嚴厲：「你要讓他知道，他根本不該再踏上這個擂臺。你要把他拖進深水，然後讓他溺斃。」

這時候，迪昂泰眼神變了，他完全進入狀態了。他回到場上打拳靶，但這一次，他的每一拳都帶著企圖心。接著，我在他登場時演唱〈許多人（希望我死）〉（*Many Men*），整個氛圍從派對變成了戰場。

比賽開始沒多久，迪昂泰在第一回合內就三次擊倒斯蒂文，裁判不得不終止比賽。甚至裁判在試圖讓他住手時，還不得不跳上他的背來制止。

這場比賽結束得太快了，快到我還沒來得及從擂臺回到貴賓包廂。賽後，迪昂泰說他在比賽時感覺自己像是「被附身」了一樣。「我感覺自己站在身體外面，看著自己擊敗這個人。」他在播客節目上這麼說道。我知道，這是因為我幫助他進入了這個狀態。在我跟他談話之前，他可能會以一種不夠集中的心態走進擂臺。而在我們的對話之後，他進入了一種雷射般專注的狀態，這正是當你的對手試圖摧毀你時，你所需要的心態。

我也曾在梅威瑟與維克多．歐提茲（Victor Ortiz）的比賽前，給過類似的鼓勵。當我進入更衣室時，我立刻感到不安，因為梅威瑟顯得太過放鬆了。他和他的團隊似乎都認為這場比賽會是一場輕鬆的勝利。但我不會讓他掉進這種陷阱。

不只是我察覺到這一點，當梅威瑟緩緩走向擂臺時，電視播報員也說道：「看起來他就像是在自己的辦公室。他完全不擔心，沒有任何恐懼或緊張。」

有自信當然很好，但過度自信會讓一個拳擊手變得脆弱。在比賽前，拳擊手應該保持緊張，應該感覺自己正要面對一個試圖將自己置於死地的對手，因為這正是比賽要發生的事情。即使是像梅威瑟這樣史上最偉大的防守拳擊手之一，也絕對不能讓自己認為對手沒有能力把他的頭打飛。

我需要讓梅威瑟擺脫這種狀態。如果我無法讓他感到害怕，那我至少要讓他感到憤怒。在比賽前，歐提茲並沒有對梅威瑟表現出敵意——如果要說有什麼的話，他的能量更像是在說：「梅威瑟，謝謝你給我這個機會。」我擔心梅威瑟會因此對他產生一種友善的態度。我必須讓他進入更具攻擊性的心態。

如果你有看那場比賽的影片，在我們走向擂臺時，你會看到我在梅威瑟耳邊低語了一句話。鏡頭沒錄到我說的話，但我告訴他的是：「讓這垃圾死，他想讓你不能養家餬口。」

「你說什麼，小五？」梅威瑟回應道。

「這王八蛋想讓你的孩子餓肚子。別讓他得逞。」

當我說出這些話時，他的眼神變了。他開始跺腳，然後衝進擂臺，像是一個準備完成任務的男人。

梅威瑟在第四回合就擊倒了歐提茲。

比賽結束後，我們一群人擠進廂型車，準備回梅威瑟的飯店。一上車，他就興奮地大喊：「喂，小五剛才噴垃圾話激勵我！」他很開心，因為他知道我幫助他進入了正確的心態。在我對他說話之前，他可能還對歐提茲心生同情，不想太過分。但我修正了他的心態：擊倒對手，確保自己的生計不受影響。梅威瑟也真的做到了。

當我為《權欲》選角時，我認為主角「鬼魂」（Ghost）只有一個人能演——奧瑪瑞．哈威克（Omari Hardwick）。我在電影《明日空氣》（*Next Day Air*）中看到奧瑪瑞時，立刻就知道他有在熱門電視劇領銜主演的潛力。

雖然電視臺有其他人選，但我堅持要奧瑪瑞。對我來說，他完美地融合了智慧、男子氣概、不可預測性和暴力的特質，這些正是鬼魂這個角色所要的。我只需要讓 Starz 也看到這一點。

當我們開始選角時，首先讓約瑟夫．斯科拉（Joseph Sikora）試鏡湯米（Tommy）這個角色。毫無意外，約瑟夫完美演繹了他。從試鏡的第一頁開始，他就完全融入了角色。當他唸完臺詞後，房間裡的能量滿滿。他一離開，所有人都心照不宣——他拿到這個角色了。

下一個輪到奧瑪瑞。我很興奮，因為這段時間我一直在向電視網高層大力推薦他。現在是他證明我慧眼獨具的時候了。

但是，和約瑟夫不同，奧瑪瑞的表現非常平淡。他雖然唸出了臺詞，但能量不足，顯然沒有真正融入角色。有些地方不對勁。奧瑪瑞試鏡結束離開房間後，其中一位高層看著我說：「抱歉，但我們不確定這個人是否合適。」

我理解他們的感受，但我依然相信奧瑪瑞出演鬼魂的構想一定會成。我只需要讓奧瑪瑞也能看到這點。所以當晚我打電話給他。

「喂，你還好嗎？」我問他：「今天試鏡時感覺你沒有投入。」

「我還好。」

「好吧，但現在他們告訴我，他們不確定你是不是對的人。我們該怎麼辦？」

「如果他們這麼覺得，那應該去找別人演吧。」

這不是我想聽到的答案，這表示我們的對話正在往錯誤的方向發展。我必須讓奧瑪瑞調整心態，讓他準備好為這個角色而戰，而不是輕易放棄。

我決定不拐彎抹角，直接對他說實話。

「你說『就讓給別人吧』，但接下來你打算怎麼辦？」我問他：「你對自己的職業生涯已經很滿意了嗎？可以讓你在沒有盡全力的情況下就放棄這個擔任主角的機會？你有一個強而有力的備案來應對失去這個機會後的未來嗎？如果有，那也沒關係。但如果沒有，那你最好回去，好好演繹這個角色。我知道你能做到。」

奧瑪瑞一直說他不在乎有沒有拿到這個角色，但我知道他並不是真的不在乎。這只是他的自尊心在作祟。他因為高層對他的反應不如預期而感到失落。奧瑪瑞知道自己能演好，但他只是把這個角色內化了，而沒有真正展演出來。

「聽著，你之所以排在試鏡名單的第一位是有原因的。」我告訴他：「我堅持要把你的名字放在最前面。因為我看過你在《明日空氣》裡的表現，我知道你能把這個角色演好。我們在寫這個角色時，就是以你為藍本的。你將會是這部劇的主角。**別讓自尊心阻礙了你的成功**。如果那些高層認為你不適合這個角色，那就回去向他們證明他們錯了。」

最終，他開始理解我的觀點。我們接著討論鬼魂的動機和未來的故事發展，他的能量也一下子提升了。「你說得對，五角。」他告訴我：「我可以成為這個人。」通話結束時，他充滿信心，已經準備好再次把握機會。我幫他安排了隔天的試鏡，而這一次，他完全進入了狀態。他的表演充滿自信、陰狠，但眼神中又帶著深度。他完全抓住了這個角色。他就是鬼魂。

如今，幾乎沒有人能想像鬼魂這個角色會由別人來演。但確實有那麼一刻，奧瑪瑞差點就輕易放棄這個機會。如果他真的放棄了，那不僅會影響《權欲》的成就，也會讓奧瑪瑞錯失因主演這部熱門劇而帶來的無數機會。現在，他已經家喻戶曉，還有多部電影即將上映，而這一切都源於他在《權欲》中的表現。

如果你想讓身邊的人發揮最佳實力，有時你必須清楚且有力地告訴他們「眼前的機會」。你不能假設他們能自然而然地理解自己的潛力。如果有人沒有意識到，或者沒有好好把握你為他創造的機會，那你**就必須引導他們走向正確的方向**。這才是真正的「領導」。

你不能只是組建一個團隊，然後指望每個人都自動知道自己該扮演什麼角色。這樣只會導致混亂，最終變成挫敗。**如果某個人還沒進入競爭模式，那麼身為領導者的你，必須幫助他們啟動這個模式**。從你的得力助手到團隊裡最基層的人，你都需要清楚闡明自己對他們的期望，以及達成目標的具體步驟。

大多數時候，讓人們走上正確的道路，意味著要壓低他們的自負與傲慢。就像黑輪的例子，我幫助他更現實地看待自己的能力和處境。但偶爾，你需要做相反的事情。例如奧瑪瑞的情況，你需要鼓舞他們，提醒他們自己有多麼強大。當他們對自己產生懷疑時，你必須堅定地相信他們，直到他們開始相信自己。

關鍵在於，你必須了解不同的人需要不同的激勵方式。你不能用相同的方法去指導每個人。如果我像對待黑輪那樣對奧瑪瑞咆哮，奧瑪瑞可能永遠無法打開自己。同樣地，如果我像鼓勵奧瑪瑞那樣去吹捧黑輪，他可能當場就會膨脹自爆。接受這個事實：你的團隊成員各有各的障礙、問題和不安全感，而你要用適合他們的方式來應對。當領導者不能一視同仁地管理所有人，而是要根據每個人的特點量身打造策略，才能真正發揮他們的潛力。

學會重新信任

二〇一二年八月三十日，我正在辦公室忙著為我剛和艾莉西亞・凱斯（Alicia Keys）合作的單曲〈全新的一天〉（*New Day*）制定宣傳計畫，這時我接到了一通緊急電話。朋友傳來了令人心碎的消息：克里斯・萊蒂，我的摯友兼經紀人，去世了。

當我聽到「克里斯死了」這句話時，原本熱鬧的辦公室瞬間變得寂靜無聲，彷彿周圍的所有噪音都被關掉了一樣。「我不敢相信你剛剛對我說的話，」我對電話那頭說道：「再說一次，讓我確保自己沒聽錯。」

然而這不是誤會，也沒有搞錯。克里斯・萊蒂，那個陪我度過低潮、帶我攀上顛峰的人，真的走了。

更讓人震驚的是，他是開槍自盡的。我無法相信，克里斯——那個最聰明、自信、上進的人，居然會選擇結束自己的生命。

直到今天，我依然無法接受這個事實。

克里斯的離世對我造成了多層面的打擊。最讓人心碎的，當然是想到他的孩子們失去了父親，尤其是他的女兒蒂芬妮。我們關係很親近，我知道她有多麼崇拜她的父親。當得知克里斯過世的那一刻，我就發誓一定要照顧好蒂芬妮，彌補她失去父親的缺憾。我一直努力兌現這個承諾，甚至重新修改了我的遺囑，把她納入其中。我對蒂芬妮的愛有多深？就連她開我的藍寶堅尼跑車，把後照鏡撞壞了，我都沒發火。這就是真正的愛！

然而，除了影響克里斯的家人之外，我也擔心他的離去會對我造成重大影響。在所有的商業夥伴中，克里斯無疑是和我最親近的一個。我在事業剛起步、還在街頭發行混音帶時就認識了他。雖然他比我年長幾歲，來自布朗克斯，但我感覺自己像是認識了他一輩子。我們的背景相似，性格也很接近。

克里斯當年外號「寶貝克里斯」，是來自布朗克斯的團體「違規者」（Violators）的一員。他從在夜店裡搶別人的金項鍊起家，後來成了傳奇 DJ「紅色警戒」（Red Alert）的助手，幫忙搬運唱片。這層關係讓他逐步成為探索一族（A Tribe Called Quest）和德拉魂（De La Soul）的巡演經理，接著進入 Def Jam 擔任高層，最後與莫娜．史考特（Mona Scott）共同創立了違規者經紀公司。

就像我一直在五角和柯蒂斯．傑克森之間尋找平衡，克里斯也有著截然不同的兩面。作為業界高層，他能夠坐在董事會辦公室裡談下一筆數百萬美元的合約；但身為來自布朗克斯的寶貝克里斯，如果有人對他不敬，他還是會毫不猶豫地動手。我們都在街頭文化與企業世界之間小心翼翼地走鋼索。因此，我們彼此深深理解。

克里斯是我人生中第一個真正信任的人（「家人」以外）。我把我的財富、夢想，甚至未來都交給了他。這份信任，如我之前所說，對我來說非常難以建立。

直到他去世後不久，我在一場關於我某家公司的聽證會上，才真正意識到自己有多依賴克里斯。當律師詢問我公司營運的各種問題時，我發現自己的答案幾乎都是：「這部分是克里斯負責的。」這讓我更深刻地體會到，他對我事業的重要性。

自從克里斯過世後，我一直在努力填補這個空缺。我知道世上再也找不到另一個像克里斯一樣的經紀人，但我仍然相信，一定還有某個人擁有類似的特質，能夠幫助我、為我分擔壓力，讓我能更專注於全局。他能給我建議，推動我達成更高的成就，並且理解五角和柯蒂斯．傑克森這兩個不同的身分。

我在這一章開頭時說過，成功的企業家最重要的特質之一，就是能夠準確判斷人的性格。所以，我得問自己：「我是否已經失去了這種判斷能力？或者，我只是害怕再一次讓人進入我的生活和事業，像當初對克里斯那樣？」畢竟，要讓一個經紀人發揮最大作用，你必須讓他深入了解你生活的所有面向。

我相信，答案是我自己設下了太多防備，在尋找「下一個克里斯」的過程中變得過於謹慎。現在，我必須重新建立對自己判斷力的信心。

我一直都對自己的眼光很有自信，所以我需要擁抱這項能力，重新開始建立信任的過程。向新的人敞開心扉確實令人害怕，但只要找到對的人，它也能帶來無限的價值。

| CH.4 |

價值，用在取得最佳位置

KNOWING YOUR VALUE

「了解自己的價值，然後開口要更多。」

——佚名

如果每次應徵新職位、談加薪或爭取獎金時，你都能獲得應有的報酬，而且不用討價還價，那該有多好？

當然，現實生活通常不是這樣運作的。事實上，情況往往正好相反。

只要你為別人工作，他們就會試圖付你比你應得更少的薪水。這和他們是好人、朋友，甚至是家人無關。只要能省點錢，所有人都會試著在你身上省下來。你也沒必要生氣——這就是商業的本質。

但你可以做的是**制定策略，確保自己不會被忽視、被邊緣化或被占便宜**，而是能夠讓自己的努力獲得最大價值。

這其實沒那麼難。更令人驚訝的是，很多時候，獲取最大價值的最佳方式並不是拚命討價還價。

「給我錢！」

「我把心思放在錢上，錢也全在我的心思上。」

「去你的，給錢就對了！」

這些經典的嘻哈歌詞，以及許多類似的作品，改變了人們對爭取自身價值的態度。這種能量是嘻哈文化最偉大的貢獻之一。艾斯禮兄弟合唱團（Isley Brothers）的音樂很帶勁，但他們不會唱出「去你的，給錢就對了」。我也喜歡球風火合唱團（Earth, Wind & Fire），但他們的音樂不會讓人燃起爭取加薪的決心。

而嘻哈帶來的能量——就像打了類固醇再配上一罐紅牛一樣猛烈。我們讓「拿到全額報酬」成為文化的核心之一。許多批評者不願承認這點，但**嘻哈確實讓人們以一種其他藝術形式做不到的方式，勇敢為自己發聲**。

作為嘻哈歌手五角，我無疑是最積極推廣這種心態的人之一。從拿起麥克風的第一天起，我的饒舌就在講如何賺錢。如果你在網路上搜尋「付我錢」（pay me）的GIF，我的臉幾乎一定會出現在前幾張圖裡。我很自豪自己能幫助傳遞這種能量。

但作為企業家柯蒂斯．傑克森，我對這件事的看法變得更細膩了。

多年來，我學到了一個道理：儘管「付我錢」的態度非常有力量，但我必須謹慎運用它。如果我在每個場合都帶著「給我錢！給我錢！」的氣場，這雖然符合五角的人設，卻可能讓很多機會在開始前就胎死腹中。

如今，當我面對新的機會時，我會採取極為謹慎的策略。我不會只關注最初的報酬有多豐厚，而是會全面評估這個機會能帶來的所有價值——**包括那些不是以金錢形式出現的回報**。

如果說我的音樂事業之外有什麼標誌性特點，那就是我擅長在意想不到的情境中發掘價值。如果我只是按照一般饒舌歌手的「標準劇本」走，那麼我的事業可能早就止步於音樂圈，拿幾個代言，然後就被送去嘻哈界的養老院。

但我一直有更遠大的計畫。我決定要讓自己的才華獲得應有的報酬，即使這意味著我要走上一些非傳統的道路。

等待對的機會──與超級大痞子合作

許多人認為我是個侵略性跟行動力極強的人，但其實，我在談判時最強大的武器之一，是耐心。無論談判桌上的數字有多大，外界給的壓力有多重，或者我上一個計畫的成績如何，我永遠會等到最適合的交易才會點頭答應。

最好的例子，就是我當年選擇與阿姆的痞子唱片（Shady Records）和新視鏡唱片（Interscope）簽約的決定。現在回頭看，這似乎是個毫無懸念的選擇，但當時的情況並不那麼明朗。許多人（甚至包括一些音樂界的大人物）都覺得我瘋了，因為我拒絕了更早送到我面前的其他合約。

要理解這一點，我們得回顧當時的背景。

我的第一份唱片合約是與詹姆·馬斯特·傑伊的JMJ唱片簽的，那時我大概二十一歲。傑伊教會我如何真正創作一首歌。在遇見他之前，我只是毫無方向的在節奏上饒舌，但他培育了我，叫我慢下來，並教我如何加入旋律和結構，打造一首完整的金曲。

這對我來說是一個重要的學習過程，但說到底，JMJ不是一家真正的唱片公司，它更像是一間製作公司。傑伊有一間錄音室，會幫藝人錄音（很可惜，這也是他日後遭謀殺的地方）。等到他覺得藝人的養成足夠了，他就會拿著作品去找真正的唱片公司，比如大西洋唱片（Atlantic Records）或 Def Jam，看看他們是否願意投資發行。如果他們有興趣，他才會幫 JMJ 簽下發行合約，然後理論上，藝人可以從這個合約中分到錢。

一開始，我並不知道這一點——我以為和 JMJ 簽約就代表我「成功了」。我不會說我是最聰明的那個人，但我很快就能搞清狀況。當我發現 JMJ 不會直接發行我的唱片。我當時就決定：「不行，這不是我要的。」於是，我要求解約。但傑伊不願意輕易放人，最後我花了五萬美金買回我的自由身。

接下來，我與製作二人組（Trackmasters）合作，透過他們拿到了一份「真正的」合約，與哥倫比亞唱片（Columbia Records）簽約。我錄製了一堆歌準備發行我的首張專輯，但事情卡住了（這背後的故事我們之後再談）。在專輯發行前，我遭到了槍擊。隨著關於槍擊事件的各種傳聞四起，哥倫比亞也開始慌了，最後決定和我解約。

當時，我已經接近二十五歲了。以老師、醫生，或是律師這些行業來說，我還算年輕，但在主打「年輕文化」的嘻哈圈，我的年紀就不小了。更糟的是很多人認為我已經「壞掉了」——我強行解約過一次，被大廠解約過一次，還被槍擊過。業界大部分人都認為我是個麻煩人物。

換作其他饒舌歌手，這時候可能已經開始焦慮不安，害怕夢想要破滅了。如果這時有哪家公司願意給合約，他們大概都會立刻簽下去，深怕錯過最後的機會。

但我並沒有這樣想。我不在乎過去發生了什麼，也不會讓它影響我的判斷。我告訴自己：除非這是對我最有利的合約，否則我不會簽——不論是當時或是之後。我的過去，不會遮蔽我對未來的視野。

第一個給我合約的唱片公司是環球唱片（Universal），他們表示想簽下我。但當我的律師審查合約後才發現，這其實是一份聯合投資（joint venture）的合約，內容包含一百三十萬美元的預算，供我製作一張個人專輯以及一張 G-Unit 的專輯。我立刻看出這不過是他們的一種風險控制策略，想要和我合作，但又不願意全盤押注。

我不打算和那些沒有準備好全力支持我的人合作，所以我放棄了 Def Jam 的合約[1]。

接著，來自國會唱片（Capitol Records）的 3H 聯繫了我，他特地請我搭飛機到洛杉磯，那是我第一次造訪西岸。當我到達時，讓我驚訝的是，這位 3H 居然是個白人小子。他這麼年輕，卻已經擁有這麼大的權力，這讓我感到不可思議，同時也覺得很酷——他能夠靠自己的手腕爬到這個位置，這種飢餓感和自信，讓我產生共鳴。

然而，他在國會唱片的老闆卻開始退縮，他告訴 3H：「這傢伙太可怕了，我不希望有保鑣在我家門口站崗。」他的擔憂並非毫無根據——當時的我，的確帶著一股危險氣場，而且不論去哪裡，身旁都跟著保鑣。但我不可能去說服一個看不見我價值的人，所以，儘管我欣賞 3H，但我知道國會唱片也不是對的選擇。

那時我的經紀公司是違規者，經理人克里斯一直是我仰賴的顧問。當我拒絕那些合約時，他支持我的決定，但我看得出來，這對他來說並不容易。

克里斯當時肯定在擔心，對我的投資到底能不能為他帶來回報？沒錯，我的混音帶已經在街頭傳遍

1 譯按：Def Jam 是環球唱片的子公司。

了，但與此同時，我也背負著不少包袱。對於克里斯來說，最保險的選擇，應該是讓我趕快簽約，發行我的出道專輯。

後來事情變得更加複雜，因為托德・莫斯科維茲（Todd Moscowitz）（當時在違規者工作）幫我爭取到J唱片公司的合約。托德說這是一個完美的機會，因為我將與業界的傳奇克萊夫・戴維斯（Clive Davis）[2]合作，這能讓許多對我有疑慮的人安心。托德極力推動這筆交易，希望我和J唱片簽約。

就在這個時候，我收到消息，阿姆有興趣將我簽入他的痞子唱片，這是他在新視鏡旗下的廠牌。當下我就知道，這才是我的機會。阿姆的《超級大痞子》（*Marshall Mathers LP*）剛剛賣出了兩千兩百萬張，**他讓無數白人粉絲開始接觸嘻哈文化**。這種機遇一生可能只有一次，而且你得夠幸運才會遇到。

那時我必須做出困難的決定，即便今日很多人可能覺得，我那時無論簽哪間公司都會成功。如果你去論壇或留言板，還會看到有人說：「五角那時候超紅，他就算跟Koch（一家獨立音樂廠牌）簽約也能賣翻天。」

沒錯，我當時的確很紅，但就算我自信心爆棚，也清楚如果不是新視鏡唱片，我的事業絕對不會有同樣的高度。無論是Koch、Def Jam、J唱片，都無法提供我新視鏡給的資源。這不僅僅是因為阿姆，更重要的是新視鏡讓我接觸到德瑞博士（Dr. Dre）——史上最偉大的製作人之一。沒有任何其他合約能夠匹敵這組王牌搭檔。

在經歷過去的失敗與失誤，我知道自己已經準備好迎接這一刻。當機會之門打開，即便只是小小的縫隙，我自己就知道要走進去。

然而，還有一道障礙。托德不願意放棄J唱片的交易，因為如果我簽了，他的公司就能賺錢，但如果我選擇阿姆，那筆錢就泡湯了。於是，我和我的團隊前往違規者，準備和托德好好談一談。

在辦公室裡，托德表現得非常強勢，他聲稱我們有法律義務簽下他的那筆合約。我看向克里斯，希望他能幫我，但克里斯只是聳聳肩，像是無能為力的樣子。他夾在我個人的最佳選擇和公司利益之間，處境相當為難。

當時的場面十分詭異——一個穿著運動外套、皮鞋的人，試圖說服我放棄一生一次的機會，改簽一份明顯不如新視鏡唱片的合約。

這番話，不僅我聽不下去，我的團隊也忍不住了。我們表達了強烈的不滿，甚至可能有點過於直接了。最後，我記得托德倉皇跑出辦公室，朝樓梯狂奔，皮鞋在樓梯上叩叩叩地響著，一路衝到街上……結果很明顯，J唱片的討論到此為止。從此，我的新家便是新視鏡。

我們都知道這筆合約的結果如何，它讓我成為嘻哈歷史上最具影響力的藝人之一。但我必須再次強調——當時，這個決定並不是那麼明顯的選擇。

拒絕違規者並不容易，雖然我才不鳥托德怎麼想，但克里斯是我的朋友，拒絕J唱片的合約讓他很為難。他在很多人放棄我的時候，仍然選擇支持我；也在大家對我阿諛奉承的時候，給我逆耳忠言。比較簡單的做法是簽入J唱片，我能拿到一筆不錯的錢，大家也能皆大歡喜，這是種妥協——也是大部分人都能接受的一種妥協。

2 編按：前哥倫比亞唱片公司總裁，他簽下的許多藝術家都取得了巨大成功，如史普林斯汀（Bruce Springsteen）、惠妮．休斯頓（Whitney Houston）等巨星。

但我無法接受。

當你為了自己的願景奮鬥時，無論如何都不能妥協。**你必須準備好與大多數人意見相左、拒絕擺在桌上的錢，甚至陷入人際關係危機**——直到你確認自己找到好的機會。

你會因為某個男人向你求婚，就輕易結婚嗎？你會因為朋友都說某個對象很好，就娶一個女人嗎？我希望你不會。你不該因為某人希望你這樣做，就做出如此重大的承諾。我不管你是單身，三十七歲未婚，還是你媽每次看到你就在吵著要抱孫子。你該等到自己百分之百確定他就是對的人，才該考慮答應。

你會因為房地產經紀人厭倦帶你看房、只想快點拿到傭金，就隨便對一間房子出價嗎？當然不會！你會換一個經紀人，然後一間一間地去看，直到找到一間你負擔得起，而且真的興奮期待能住一輩子的房子。

當你將就時，其實是在表現出你對自己的價值沒有信心。如果你的旅程一直不順利，你可能會開始質疑自己做的事情是否值得。或許你會覺得，最好趕快接受眼前的選擇，因為說不定再也不會有機會了。但一旦你開始這樣想，就已經失去了拼命三郎的精神。

最近，我有個朋友正為了這種信心的問題而掙扎。他白手起家創立了一間公司，投入了所有心血。經過多年努力，他終於獲得成功，甚至開始吸引一些大公司的收購提案。他分析產業趨勢後，決定是時候出售公司了，於是開始與其中一家企業談判，過程持續了好幾個月。他花了數萬美元請律師來處理合約細節。然而，就在他準備簽約的最後一刻，對方突然撤回了提案，交易告吹。

這對他來說無疑是一大打擊，甚至嚴重影響了他的情緒。他原本已經開始幻想自己會用這筆錢買下夢想中的房子，帶孩子去度假，甚至想像銀行帳戶裡的零變得越來越多，結果現在全都化為泡影。

他陷入低潮，覺得自己浪費了太多時間和金錢。重新談判的念頭讓他焦慮不已。他告訴律師們，趕快幫他找到一個新的買家，他不再關心這個交易是否適合自己，也不考慮長遠發展，他只是想快點把事情解決。他已經對自己的價值失去了信心。

這時候，我知道是該給他打一劑強心針了。他必須重新找回當初創業時的拚命三郎之心。於是我對他說：「記住，如果有一家公司對你感興趣，那就代表你的想法是有價值的。別慌，別因為害怕錯過機會就隨便接受不適合的選擇。有些公司專門針對你這種狀況下的人下手，別掉進他們的陷阱。回到工作崗位，繼續努力，等待真正適合的夥伴出現。」

我能直接回應朋友的不安，因為我完全理解他的感受。當你為某件事傾注一切，卻沒有成功時，不安全感就會開始侵蝕你。這時候，你最容易受到傷害。而**那些「獵食者」能嗅到你的自我懷疑，然後想辦法利用你**。

我在被哥倫比亞唱片解約後，也曾經有過這種脆弱的感覺。自我懷疑開始削弱我的能量。雖然我的粉絲可能察覺不到，但它確實存在。幸好，我的拚命三郎之心比任何負面情緒都還要強大。我有信心，也有耐心等到真正合適的機會出現。我相信自己的價值，最終，我得到了應有的回報。

短短幾年內，我從被解約的低潮，走到發行了史上最暢銷的嘻哈專輯之一。那些曾經跟我一起在街上討生活的兄弟，看到新視鏡唱片公司找上我，會說我是「運氣好」。但正如我奶奶常說的：「這是上天的祝福。」

這或許是顯而易見的道理，但人們並不總能看清「強而有力的連結」的價值。特別是對於藝術家們來說，他們有時候會太沉浸在自己的光環裡，以至於覺得自己不需要別人的認可。他們認為單憑自己的熱度就足以讓事情成真。

擁有自信當然很好，但千萬別讓自負蒙蔽了你的雙眼，忽視那些能帶你更上一層樓的合作機會。

我曾親眼見過這樣的情況，主角是一位費城的饒舌歌手吉利小子（Gillie Da Kid）。我是經由費城傳奇 **DJ** 宇宙凱（**Cosmic Kev**）聽到他的名字的。當時我正處於事業顛峰，每天都有無數人向我推薦新人。但凱很有經驗，知道要怎麼吸引我的注意。他低調地對我說：「兄弟，我從來沒要求過你什麼，這次我只請你幫我一個忙：聽聽吉利的作品，這首歌一定會炸翻。」

我很尊敬凱，所以就去聽了。結果，他說得沒錯，那首歌真的很有潛力。我非常喜歡這首作品，甚至決定要幫吉利「喬」（walk in）進新視鏡唱片。我的意思是，我會親自帶著他的音樂去見高層，而不是讓他從底層的 **A&R**（藝人與製作部門）慢慢往上推銷。

對一位藝術家來說，被人「喬」是最理想的狀況。這能讓你直接跳過低階主管，直接和決策者對話。而當這個「喬」的人剛幫唱片公司賣出兩千五百萬張專輯時，那更是無可比擬的機會。

我把吉利的歌放給一位高層聽，他一開始不像我一樣那麼有感覺，直到我向他解釋我的計畫：「聽著，我不覺得讓吉利加入 **G-Unit** 會是個好選擇，他的風格可能和我們當時的路線不太搭。但如果你們願意簽下他，我會全力支持這個案子，幫他打響聲勢。」這番話立刻改變了局勢。高層點頭說：「好吧，這樣就不一樣了，我們來搞吧。」因為他們知道，只要我掛保證，這個計畫就一定會賣。

我們很快就傳訊息給吉利，告訴他新視鏡已經準備好簽他。我記不太清楚當時的報價，但我知道這是一個很不錯的數字。然而吉利顯然不這麼想。當凱把數字告訴他時，他直接回應：「不行，去他媽的！他們至少得給我一百萬我才會簽。」

這讓我有點吃驚，但出於對凱的尊重，我還是回去和高層談了吉利的要求。然而，他們認為這個價碼對一個還沒什麼市場成績的新人來說，根本不合理。他們願意給他機會，但不可能開始就開價一百萬。然而吉利完全不肯讓步。很多人試著跟他溝通，告訴他應該順勢而為，趁著這個機會進場，但他就是堅持非一百萬不可。最後，因為新視鏡唱片不願意滿足他的要求，這筆交易就此告吹。

這是個慘烈的錯誤。他的問題在於，**他把眼光完全放在眼前的金錢上，而沒有看到更大的機會**。另一個影響他的因素是環境。雖然費城是一座大城市，但饒舌圈子很小，大家都知道彼此的合約金額。吉利可能聽說班尼・席格簽了多少，或費城嘻哈雙響炮（Philly's Most Wanted）拿到了多少，於是他覺得自己也必須拿到一樣的數字。

這是一種錯誤的談判方式。他不應該關心別人拿了多少，而應該專注於這個機會的長遠價值——而這個價值來自於我的支持。當時，我正處於事業的黃金時期，如果我幫他推廣，他不但能拿到這筆錢，還能賺得更多。我完全相信，如果吉利選擇新視鏡唱片，最終他賺到的一定會遠遠超過一百萬。

結果，他選擇了另一家唱片公司。幾年後，他發行了一張專輯，但沒有得到足夠的資源和宣傳，最後就這樣消失了。他的饒舌實力毋庸置疑，但他始終沒能迎來應有的成功。

現在，吉利在費城仍然是一位受人尊敬的ＯＧ[3]，並且經營著一個很受歡迎的播客節目。但作為一名饒舌歌手，他從未達到應有的高度，這是個可惜的遺憾。

3 譯按：Original Gangster，意指幫派元老，後引申爲因資歷長久而受敬重的人。

別看第一張支票的數字

回顧我當初如何評估與阿姆簽約，你會發現我關注的重點在於許多「正面因素」：能與頂級人才合作、內部競爭少、能接觸到全新的粉絲群。

但你有沒有注意到我沒有提到什麼？——錢。

我知道，無論我們當時談定的數字是多少，相較於長期收益，最終都會變得微不足道。當初，我和痞子唱片的簽約金「只有」一百萬美元。但最終，這筆交易帶給我的收益遠遠超過了這筆簽約金，以至於它幾乎變得無關緊要。

這可能聽起來有些反直覺，尤其這章的主題是「明白你的價值」，但事實是，**你拿到的第一張支票，永遠不該是你最關心的問題**。相反，你應該專注於長期的潛力。

這正是我人生中做過最成功的商業決策之一背後的原則——二〇〇四年我與維他命水（Vitamin Water）的合作。如今，這被視為一個經典的成功案例，但當時，很多人對此感到疑惑，甚至不看好。

其中一個不太確定這筆交易的人就是我的經紀人克里斯。當我告訴他，我想投資一家賣水的公司時，他很懷疑：「賣水？賣給誰？」當時，很多饒舌歌手都在透過代言軒尼詩或拿破崙干邑這類烈酒來賺錢。從克里斯的角度來看，酒類市場顯然是一個更明智的投資方向。

但我的瘋狂想法是有來由的。根據我的親身經驗，我知道並不是每個人在音樂活動上都會喝酒。有些人還沒滿二十一歲，或者他們不想花二十美元買一杯難喝的啤酒。但無論什麼場合，「水」永遠都是銷量最高的飲品。

有天，我走進超市的飲品區，發現一些「高端品牌」的瓶裝水要價三美元，而一些無牌子的瓶裝水卻只賣七十五美分。我心想：「如果把我眼睛蒙住，根本無法分辨這些水的區別。」差別只是行銷與品牌包裝做得更好而已。這讓我意識到一件事：水，和酒一樣，也可以**透過品牌運作來提高價值**。

更重要的是，水更能代表我的生活方式。我不太喝酒，但我每天都會喝大量的水。而且，光喝純水有時會覺得無聊，所以我開始喝一些有風味的水。有一天，我在洛杉磯健身時，教練給了我一瓶維他命水。我喝了一口，立刻喜歡上了這種口感，我在腦中記下「這是間我該投資的公司。」為了確保不忘記，我甚至把那個空瓶扔進了我的健身包裡。

回到飯店後，我打電話給克里斯，告訴他這款飲品多麼棒。他調查後發現，這家公司（Glacéau，格拉索）的居然總部就在皇后區——也就是我的家鄉。經過我的堅持，我們決定要跟這個品牌合作。

當克里斯也接受了我的想法後，我們擬定了一個計畫。在一支愛迪達球鞋廣告裡，我特意安排了一個畫面，讓自己在拳擊館訓練時小小地喝了一口維他命水。這個畫面只有半秒，但足以讓人注意到它。很快，格拉索的一位內部人士看到這則廣告後便聯繫我們，想邀請我為品牌代言。他們當時剛開發出一款新產品，名為五角配方（Formula 50，因為它含有七種維生素和礦物質，每種都達每日建議攝取量的五〇%）。還有誰比我更適合來賣五角配方？

我同意合作，但我提出了有別傳統的代言合約。我沒有選擇簽一張五位數或六位數的支票來幫他們打廣告，我選擇投資這間公司。與其跟他們拿錢，我比較想要這家公司的股權。

這是一個非常大膽的要求，讓格拉索公司感到意外。他們並不反對這個想法，但他們對於和我發展這樣的緊密商業合作有點緊張。他們只知道我是個被開過九槍的饒舌歌手，所以不確定想不想與這樣的能量有連結。

為了打消顧慮，我安排了與CEO的會面。我沒有帶著一大群人，只帶著克里斯一起。我向CEO表達了我對品牌的尊重，也告訴他們，我已經是這款產品的忠實消費者，並且願意為品牌努力推廣。我沒有表現出任何傲慢或侵略性的態度，而是以一個認真看待這次商業機會的企業家身分來溝通。這是我的真心話。

這種方式讓他們對我改觀，最終我們成功達成了一筆股權交易。接下來，我們重新設計了五角配方。在我看來，維他命水就像是更高級的「二十五美分水」（quarter water，這是在街頭便利店裡會出現的風味飲料）。在街區，最受歡迎的永遠是葡萄口味。沒有人會想喝荔枝或百香果口味的水——格拉索原本設計的就是這些口味。我堅持五角配方必須是葡萄風味，這樣才能真正吸引我的粉絲群。他們接受了我的建議，將配方改成葡萄。

當所有事情敲定後，我開始全力推廣維他命水。我的廣告牌和公車站廣告遍布全國。我還拍攝了一支經典廣告，影片中，我指揮著一支交響樂團演奏〈嘻哈大舞廳〉（*In Da Club*），同時喝著五角配方。

隨著品牌影響力的擴大，飲料業界也開始關注格拉索。最終，在二〇〇七年，可口可樂以四十一億美元買下了這家公司。

當然，我也在這筆交易中分了一杯羹。我想告訴你確切的數字，但當時簽了保密協議，不能公開金額。但可以確定的是——這筆交易讓我賺得非常非常多。

這是我人生中最成功的一次投資，後來我在〈我有錢〉（*I Get Money*）中也提到了這次商業決策：

我把二十五美分的水裝進瓶子裡賣兩美元

然後可口可樂來了，花幾十億買下它，這是三小？

I took quarter water sold it in bottles for 2 bucks

Coca-Cola came and bought it for billions, what the fuck?

「這是三小？」這大概是整個嘻哈圈在聽到我賺了多少錢時的第一個反應。在這之前，嘻哈界當然有過一些突破性的商業合作，比如 Run-DMC 和愛迪達，或是 LL Cool J 和 FUBU[4]，但從來沒有人做到這個層級。當大家都在尋找下一筆大交易時，我卻發現了一個**明明擺在眼前、卻沒人看見的機會**。

我對自己的遠見夠有信心，所以從來沒有被眼前的短期收益所困住。當時，我的音樂事業正值顛峰，並不急著再賺十萬美元。我知道不是每個人都會處於像我這樣的財務狀況，但無論你的經濟條件如何，如果你真的相信某件事，我永遠建議你選擇「股權」，而不是一次性的酬勞。

當你要求股權時，本質上是在**對自己下注**。我對維他命水做的這個決定，在當時還算是一個相對罕見的選擇。但現在，隨著新創公司崛起，股權已經成為許多人（尤其是科技和媒體產業）追求的一種報酬方式。選擇股權當然是一個聰明的做法，但你必須聰明地判斷你拿到的是什麼樣的股權，因為公司分

4 譯按：創立於一九九〇年代的非裔美人街頭服飾品牌，FUBU 一詞代表”For Us, By Us.”。

給你的蛋糕大小並不一定公平。

如果你正要和某家公司談判，可能涉及股權，那麼第一件你必須做的事情就是請一位律師。不管你多窮，這筆錢都不能省。如果真的沒錢，那就借錢也要找律師！但請確保這位律師熟悉企業管理，千萬不要因為省錢就請你的親戚，或是幫你處理過房地產或離婚案件的律師。這個階段多花點錢，未來可能替你省下一大筆錢。

你自己也應該掌握一些基本概念，這樣在談判時才不會像個門外漢。大多數人不會像我當年那樣，能夠直接獲得公司的一部分股份。

相反的，你更可能遇到的是：公司給你較低的薪資，但用「股票選擇權」（stock options）來補償。在你判斷這是否划算之前，你首先要知道這家公司的整體估值是多少。如果這家公司已經上市，你可以透過「股票價格 × 已發行股票數量」來計算它的市值。但如果它還沒上市，那估值就比較難確定，你可能需要直接問創辦人他們是如何評估公司的價值。如果他們不願意告訴你，或者給你的答案模糊不清，那你最好乾脆放棄這個交易。

你還需要弄清楚股票是否有「歸屬期」（vested）。大部分的股票選擇權都有歸屬期，也就是說，你必須在公司待滿一定時間才能行使權利。如果你的股票要等四年才能解鎖，你得問問自己：你願意待這麼久嗎？如果答案是否定的，那這份股權可能沒什麼價值。

很多人聽到「股權」或「股票選擇權」，就覺得自己中了樂透。的確，股票和股權是最快累積財富的方法之一，但你絕不能盲目地跳進新創圈。你必須提前做好功課，並在談判初期就問清楚所有棘手的問題。這樣一來，如果這間公司真的起飛，你才能處於最佳位置，享受到最大的回報。

我見過太多人因為急著拿現金支票，而錯失了巧妙取得資產權利的機會。其中最離譜的例子，莫過於我以前的合作夥伴夏錢ＸＬ（Sha Money XL）。

我剛踏入音樂圈時就認識了夏錢。在我簽約新視鏡唱片之前，我的大部分混音帶歌曲，都是在他位於長島家中地下室的錄音室裡完成的。那裡可稱不上是什麼專業設備——差遠了——但至少能讓我順利錄音。更重要的是，當時很多大型錄音室都不願意讓我進去，而夏錢給了我一個安全且穩定的空間。因為他在我低潮時的忠誠和穩定，我一直把夏錢當作夥伴。雖然我們之間沒有正式的合作協議，但在我心裡，這件事已經是非常明確的——當我簽下下一份大合約時，夏錢也一定會分到一杯羹。

然而，當我和新視鏡簽約後，夏錢做的第一件事，竟然是給唱片公司開了一張五萬美金的發票，要求報銷我在他家錄音的費用。這件事讓我大吃一驚，原因有很多：首先，我們從來沒說過他要收錄音費。再來，就算他真覺得應該收費，這個數字也未免太誇張了——在地下室錄音要收五萬美金？這簡直是種侮辱。

我決定試著讓夏錢理性一點，我對他說：「兄弟，我本來沒想過你會跟我算帳，但如果你真的覺得應該拿點錢，那我給你三萬美金，加上我專輯的一趴（point）吧。」

雖然現金少了兩萬，但這其實是一個超級划算的交易。「趴」在音樂產業裡，是指唱片銷售的一％版稅收入。在這行，大家都在搶這種版稅分潤，因為如果專輯大賣，這個收入是沒有上限的。而當時整個市場都知道，我的專輯絕對會賣爆。

但夏錢對這一趴完全沒興趣。就連他的律師都勸他：「拜託你趕快拿這一趴！我要是能拿這一趴，我現在就給你兩萬美金！你他媽的有什麼毛病？」

可是夏錢連自己的律師都不聽。他只要那五萬美金，不願退讓。最後，他如願以償，拿到了那筆錢，但這個決定卻讓他付出了慘痛的代價。因為那一％的版稅，最後價值一百三十萬美金。

但他錯失的不只是這一百三十萬。當《要錢不要命》專輯大賣後，新視鏡立刻開了一張一千五百萬美金的合約，要跟我成立 G-Unit 唱片。簽了合約後，我發現夏錢開始頻繁出現在我的辦公室，我猜想，他覺得自己也能拿一部分的預算。我直接告訴他：「這筆錢，你一毛都別想拿。你當初選擇拿五萬美金，而不是版權，我已經付清你工作內容的帳了。」

我們的關係從此改變。短短幾個月，夏錢從一位我願意分享數百萬美金的夥伴，變成一個普通的「外包承包商」。

因為夏錢不懂談判的藝術，導致他自貶了身價。他死死盯著那五萬美金不放，完全無法跳脫這個數字。在談判時，死守著一個數字不肯讓步是最嚴重的錯誤之一。**你可以讓對方「以為」你很執著，但當時機來了，你必須懂得靈活調整**。這不是低估自己，而是懂得「成功的談判來自雙方的讓步」。如果你死不退讓，談判根本不會有進展。

如果夏錢當時理解這個道理，他其實有一條完美的道路可以走，甚至可能取得更多利益。讓我示範一下夏錢應該怎麼做：

當我提出三萬美金加上一％時，他不該馬上拒絕，而是應該先表現的謙虛點，說：「小五，我當時的請款單確實有點太鬧了，那五萬就算了吧。」即使他心裡不服，起碼該發現我在不爽了，並且將身段放軟點。

當他讓我降低了一些防備心，他就可以順勢提出一個更高但不過分的要求：「我知道拿帳單給你太急躁了，但我真的花了很多時間在這張專輯上，我們是共患難一起拚完這張的，我真的很感謝你願意給我一%。但小五，我可以拿二%嗎？」

如果他這樣說，我不會生氣，因為他確實曾與我共患難，而且他也表現出他的忠誠與價值。我可能會說：「讓我想想看。」然後給他「一．五%」的回應。

假使他這麼做了，夏錢就能從這個交易中拿到近兩百萬美金。而且，我們的合作關係還能繼續，他很有可能還可以在後續的專輯裡拿到趴數。

然而，他只拿到上述的一小部分。我原本在給他發大財的機會，但他卻因為自尊心、不安全感、缺乏信心，甚至可能是純粹的貪婪，害得自己只賺了蠅頭小利。這不是慧眼獨具，這是短視近利。

我想夏錢之所以沒能在這筆交易裡體現自身價值，是因為他在談判時夾帶了私人情感。也許他的自尊告訴他不應該開口跟我要東西；也許他不信任我；又也許，他只是單純貪心。

不管原因是什麼，很顯然夏錢沒有**客觀看待這筆交易**，這也是人們常犯的第二種重大錯誤。人們會因對方的出價而感到被冒犯，是因為他們認為這個價碼與自身所付出的不符。

千萬記住這點：**談判不是個人恩怨**。不管你是跟長期合作夥伴、朋友，甚至是家人談判——對方絕對不會一開始就開出你覺得「公平」的數字。這就是談判的本質：他們一定會先壓低價碼，然後看你怎麼反應。你能拿到多少，完全取決於你談判的技巧。但一開始絕對不可能出現你心中的合理數字。

相信我，我參與過成千上萬次的談判，沒有一次是從我理想的數字開始的。即使我是個成功的企業家和娛樂界人士，擁有強大的談判籌碼，到現在我依然需要努力爭取自己想要的價格。

關鍵是——我從不情緒化。即使我表現出一副快被激怒、隨時要翻桌走人的樣子，但內心仍然保持冷靜，只是在觀察對方如何回應我的情緒。我會不斷施壓，測試對方的底線。如果我不斷推進，對方還是一點都不讓步，那我才會真的離開談判桌。但在大多數情況下，只要多推幾次，我就能達到我的目標，然後順利敲定交易。一旦交易完成，所有的較勁、擺架子、威脅，都像從未發生過一樣。大家開始互相擁抱、舉杯慶祝，興奮地討論即將展開的合作。

當我剛開始踏入美國企業界時，說真的，這種文化衝擊讓我有點不適應。在街頭，有些話是說了就沒回頭路的，但在企業談判裡完全不同。在會議室裡，對方可能會罵你「離譜」、「騙子」、「混蛋」、「王八蛋」，但只要交易談成了，這些話就像從來沒說過一樣。在街頭，這些話如果對某些人說，可能會讓你送命。但在商業世界裡，這些話根本無關痛癢——這只是談判過程的一部分，為了達成共識，你必須學會接受這種遊戲規則。

你應該為自己的價值奮戰，但絕對不要因為你必須去爭取而覺得受辱。如果你開始覺得「這不公平，我不應該為了這件事而戰」，那麼你已經掉進情緒陷阱，這會讓你無法理性應對談判。

這個世界確實不公平，但如果你想得到你應得的東西，只能靠策略行動，而不是情緒反應。否則，你只會越談越輸。

取得最佳位置，讓一切成真

我談過最成功的交易之一，就是和 Starz 電視臺簽下《權欲》的合約。但有趣的是，這筆交易在剛開始時並不是最賺錢的。不過，這一點都沒有讓我動搖，因為**我的策略從來不是要拿到最大的一筆支票，而是要創造最大的機會**。

當我剛構思《權欲》時，我就知道這是一個特別的點子。我的目標不只是推出一檔熱門影集，而是要打造一個能夠延伸成多部衍生劇的 IP 宇宙。簡單來說，我想讓《權欲》成為電視界的漫威。我不只是想創造一個星球，而是要建立一個宇宙。

想讓這個宇宙真正成形，我必須放低姿態，調整自己的期待。即使我在音樂和電影界已經很成功，但在電視領域，戰績並不算亮眼。我唯一的電視節目經驗是在 MTV 推出的《錢與權》（*The Money and the Power*），那是一檔類似《誰是接班人》（*The Apprentice*）的真人實境秀，但只播了一季就被砍了。所以我得接受一個事實——我還沒有足夠的籌碼，去談一份超級巨星級的合約。沒錯，Starz 相信我的願景，但他們還沒有準備好砸大錢投資；他們給的預算很有限，如果我想讓這部劇成功，我必須讓這筆錢發揮最大效益。

這就是為什麼我願意接受第一季一集只拿一萬七千美元的合約。整季八集下來，我只拿了十三萬六千美元。而且這筆錢不只是我的演員費用，我還擔任執行製作人，投入大量時間在編劇會議裡，和節目統籌寇特尼．坎普（Courtney Kemp）討論劇情，確保整個項目順利運作。等到節目開始宣傳時，我更是親自上各大節目宣傳，上《早安美國》（*Good Morning America*）、call-in 廣播電臺節目，甚至親自去拉贊助商合作。我幾乎全身心投入這部劇，但酬勞就只有剛剛說的十三萬。

從純粹的財務角度來看，這根本是筆爛交易。我隨便去夜店走一圈、假裝喝杯香檳，都能輕鬆賺三倍的錢，更別說辦幾場十分鐘的演出。不要說獲得合理的酬勞了，光是看我投入的時間，我在第一季拿到的薪資基本上是我自己出的。

當某些人得知我答應拍一季的價碼時，他們都嚇傻了。這些人以為我會直接對 Starz 說：「你知道我是誰嗎？我是五角！隨便去個夜店裝模作樣喝杯酒，我都能領五萬美金。這種低價合約，老子不簽！」這可能相當符合五角的人設，不過卻是個極度短視的策略。這種思維方式，也許適用於夏錢或吉利小子，但絕對不是柯蒂斯．傑克森會選的路。

我不是在賭輸贏，我是在「投資自己」。接受這個遠低於市場價值的酬勞，是我再次下注在自己身上的策略。而這次的賭注，回報高得驚人。《權欲》播出後，迅速成為 Starz 史上收視率最高的節目，遠遠超過其他影集。過去五年來，這部劇幾乎單槍匹馬撐起了整個 Starz 電視臺。這樣的成績讓我在後續的合約談判裡，擁有極大籌碼。當初，我不得不謙卑行事，先穩住腳步。但等到劇集爆紅後，我就可以強勢出擊，重新掌控局勢。

憑藉充足的談判籌碼，我最近和 Starz 簽了一份一．五億美元的新合約。這份合約包括三部影集的製作權，以及一筆專門用來開發 G-Unit（我的團隊）專案的資金。等到所有衍生影集推出後，這份合約的最終價值可能會遠超一．五億美元！

即使當時我在片場、編劇室、宣傳活動上拚盡全力，拿的是每集一萬七千美元的酬勞，但我從來不覺得自己只值那個價碼。**這只是一個跳板，幫助我打開局面，為自己鋪路**，打造出一個可以延伸多部影集、帶來源源不斷收入的電視宇宙。我的真正價值，從來不在於當時的那點酬勞。我在第一季裡做的所有事，都是為了能**取得更佳的位置來讓這一切成真**。

當然，我能夠接受第一季的低薪，是因為我當時的財務狀況允許我這樣做。但我也明白，並不是每個人這麼幸運。對很多人來說，拿較低的薪水，可能意味著面對真正的困境：可能是需要兼職打工來維持生計、必須申請貸款來支撐夢想、甚至要搬離自己的公寓，與室友合租。這些選擇可能讓人心灰意冷，但我保證——長遠來看，這些犧牲都是值得的。因為確保未來的最大潛力，永遠比眼前的小利益更重要。

越過守門人——直接幹進市場

《權欲》開播不久後，我在洛杉磯參加了傑米．福克斯（Jamie Foxx）舉辦的派對。有一刻，我向傑米和他的團隊講述了和你們剛剛聽到的類似故事——我如何帶著願景去找 Starz，沒有過度糾結報酬，而是利用財務上的靈活性來完整執行我的構想。

傑米聽完後對他的團隊說：「你們看到沒？五角就是這樣做事的。他就是行動派的人。我們也該停止問東問西，直接開始行動！走吧！」

傑米當時只是想激勵他的團隊——事實上，他本身就是個行動派的人——但在那一刻，他完美總結了我創造成功的一個基本原則：幹就對了！（Just do shit!）

這聽起來或許很簡單，但事實上很多人往往會花太多時間「等待許可」，而不是直接去做。我們陷入這樣的誤區，以為那些所謂的「守門人」——老闆、主管、經紀人、評論家——必須為我們打開通往成功的大門。但很多時候，那扇門早已敞開，就等著我們自己走進去。

避開這些守門人的最佳方式，就是直接把你的想法帶給市場。我與企業高管相處的時間越長，就越發現他們其實對如何與公眾溝通一無所知。他們會組織焦點小組、委託市場調查、聘請網紅合作……所有事情都做，卻唯獨不直接與人們對話。

而我的策略則完全相反。我總是試圖**用最直接的方式與人們建立聯繫。**

以我進軍酒類市場為例。二〇一五年，我開始與艾氛（Effen）伏特加合作，而當時業界普遍認為銷售伏特加的最佳方式是讓它看起來具有「奢華感」，營造一種遙不可及的高端生活方式。

這或許是行銷部門認為的最佳方案，但我不這麼認為。我覺得，讓艾氛擴大市場占有率的最佳方式，就是讓我本人變得「觸手可及」。我決定用舉辦大量的推廣活動來達成這個目標。

在我剛進入音樂產業的時候，舉辦簽名會是販賣專輯最有效的方式。如果我在淘兒唱片行（Tower Records）、百思買（Best Buy）或維珍量販店（Virgin Megastore）辦活動，隊伍通常會排到店外、繞過街角。人們想要握我的手、和我合照——即便只有短短五秒，他們也想要與我建立某種聯繫。

但隨著MP3取代了CD，這種銷售模式逐漸消失了。見面會變得不再流行。

我能理解音樂產業拋棄這種模式，但我不明白為什麼酒類市場不能用它來推廣。雖然CD逐漸消失，但酒類市場依舊存在，沒有人能「線上下載」一瓶伏特加。我認為見面會仍然可以成為一種極為有效的銷售手段，因為人們對建立連結的渴望依舊存在。

為了驗證這一點，我決定在全美各地的酒類專賣店舉辦見面會。我特意選擇了密爾瓦基、匹茲堡和傑克遜維爾這類較小的城市，因為我知道，在這些地方，我的出現將成為一件大事。

這些見面會大獲成功。當人們聽說我要來到他們城市的某家酒類專賣店時，他們會像當年排隊買CD一樣湧來。但這次的效果甚至更好——當年排隊買CD的人通常只買一張，但如果有人在酒類店排隊兩小時來見我，他們絕不會只買一瓶酒。他們可能會說：「今晚喝一瓶吧，反正聖誕節快到了，朋友們也會來，乾脆多買幾瓶。」就這樣，一個人買了三瓶，而排隊的人則排到了街角。

我的現場推廣活動太成功了，以至於吹牛老爹也試圖效仿。他在布朗克斯和歌手法蘭奇．蒙大拿（French Montana）一起為詩洛珂伏特加舉辦了一場活動，但效果並不好。問題在於，法蘭奇本來就經常出現在布朗克斯。當地人本來就有機會隨時在街上看到他，那麼他們為什麼還要排隊去見他？吹牛老爹應該學我的做法，把活動辦到那些較小的市場，這樣才能真正提高銷量。

除了實體活動，我還利用社群媒體直接與市場互動。如果有人在 IG 上發布自己手拿艾氛伏特加的照片，我可能會轉發到我的頁面。這樣一來，這個人的粉絲數會迅速增加，進而對品牌產生更強的忠誠度。看到這一點，其他人也會跟風，在社群媒體上分享自己的艾氛伏特加照片。我用這種方式訓練自己的粉絲發現誘因來支持艾氛伏特加。而這也變成了一件很酷的事。這樣一來，我在沒有花一毛市場行銷預算的情況下，就創造了一股線上風潮。

我發現，過去我們在街頭經營毒品時的策略，和今天在社群媒體上的玩法其實非常相似——**人們是透過直接的互動來推動市場，而不是聽從某個穿西裝高位者的指示。**

網際網路正在讓守門人變得越來越無關緊要。過去，如果你有一個絕佳的電影構想，你必須向好萊塢的製片公司推銷，因為你需要他們的資金和行銷渠道來實現這個想法。而這些製片公司作為守門人，他們手握權力決定你的構想是否有價值。

但現在，如果你對自己的電影構想充滿熱情，你根本不需要電影公司來決定你的成敗。你完全可以用手機拍攝，自己剪輯，然後上傳到 YouTube。如果你的作品夠優秀，觀眾自然會找到你。這可能需要時間，但只要你的作品有價值，口碑就會傳開。

最終，電影公司會來找你合作，因為你已經證明了你擁有觀眾群。更重要的是，你已經證明了自己知道如何製作一部優質作品。這才是關鍵。

各式各樣的人都有想法，有些人甚至已經寫好了劇本。但真正能夠證明自己有能力從零開始打造一個作品的人卻少之又少。而這，才是電影公司最看重的。他們想知道，如果和你簽約，你會不會浪費他們的錢，最終卻交不出任何成果。當然，他們會希望作品不要太爛，但對他們來說，**最重要的是作品得完成**。

你是否曾經好奇，為什麼好萊塢有些導演多年來沒有拍出任何賣座作品，卻仍然能夠一再獲得工作機會？因為電影公司至少知道，他們會把片子拍出來。

如果你自己獨立製作了一部電影，你就已經通過了這項考驗。你向業界證明了自己有能力完成一部作品。如果電影公司給你一張支票，你真的能夠交出一部電影。而當你再加上自己的觀眾群時，砰！你就擁有了談判的籌碼！你不再是那種懷抱夢想、期待別人願意給你一個機會的人，而是**已經證明自己價值的資產，可以耐心等待最好的交易**。

我拿電影產業來舉例，但「直接行動」的心態能夠在任何領域幫助你。不要坐在那裡指望有人願意投資數十萬美元來支持你的餐廳創業計畫，先從一臺餐車開始，以更低的成本入門，確保你的食物美味到讓顧客排隊排到街角。如果你能做到這點，投資人遲早會自己找上門來，支票也已經準備好等著你了。

另一個讓我深受啟發的例子是旅行部落客。這些年輕人不會坐等大型旅行社或電視臺給他們發支票。他們自己買機票、帶上相機，飛往各地，開始創作自己的內容。

沒有聽從任何守門人的指導，他們直接打造一條自己想走的路。事實上，很多老一輩的人曾經對這種做法嗤之以鼻：「這些年輕人竟然想靠在度假時發影片賺錢？」那些懷疑論者甚至會說：「他們該去找份真正的工作。」但這些年輕人有遠見。他們堅持下來，最終開創了一個全新的產業。

如今，超過三〇％的旅客在規劃出遊行程時會參考旅遊部落格。正因如此，各國觀光局每年花費數億美元請部落客來推廣他們的旅遊景點；度假村會免費提供房間，航空公司免費提供機票。這也是為什麼這個行業成為了千禧世代最嚮往的工作之一。但如果當初那些年輕人沒有拿起相機，踏上旅程，對自己說：「我們就來做這件事吧！」這一切都不會發生。

免費實習生五角，讓自己紅起來

這些年來我買過很多奢侈品：數不清的手錶和項鍊，夠填滿整個停車場的藍寶堅尼、勞斯萊斯、瑪莎拉蒂和法拉利，還有全美最奢華的豪宅之一。

但花費最高昂的東西，毫無疑問，是**時間**。

那些珠寶，我後來大多都還給了珠寶商。我甚至曾經退回一輛法拉利，因為我根本搞不清楚怎麼發動它。而那棟豪宅，我也賣了。

但時間不一樣。我沒有一張收據，能讓我把曾經投入的時間拿回來。這就是為什麼你必須把時間視為最寶貴的資產，謹慎選擇如何運用這有限的時間。

真正讓我領悟這個道理的人是阿姆。多年前，我和阿姆一起待在錄音室裡，當時我萌生了一個念頭，想要籌辦一場超級世界巡演。「這場演唱會可以是我、你、德瑞博士和史奴比狗狗一起上陣！」我告訴他：「這場演出一定會場場爆滿，全世界沒有人不想看！」

當我對阿姆描述這個計畫時，我腦海中已經浮現畫面：巨大的體育場擠滿了興奮的觀眾，數百萬美元不斷湧入我們的銀行帳戶。那一刻，這場巡演對我來說就像夢境成真一樣。

「阿姆，我們一定要辦這個巡演！」我興奮得差點從椅子上跳起來。

阿姆靜靜地聽完，然後說：「這確實聽起來很棒，真的很棒……但我不想做。」

他的回答讓我一時間無法理解。他剛剛是說——不要，我不想賺這筆大錢？這不可能吧！

「為什麼？」我驚訝地問。

「因為我不想出門巡演好幾個月，然後等回家時才發現海莉（Hailie，阿姆的女兒）已經長大了。」

當下，我完全不懂阿姆的想法。我滿腦子只覺得這根本是錯過了一個千載難逢的機會。但後來，隨著時間過去，我開始慢慢理解他的觀點。

是的，賺錢當然重要，但它永遠比不上你真正重視的經歷。

當然，阿姆本來就已經賺了幾千萬美金，他不需要擔心怎麼養活海莉。他的財務狀況沒有問題，他唯一需要關心的是情感上的陪伴。

但我相信，即便當時阿姆依然窮困潦倒、還住在底特律的八英里路上，他依然會做出同樣的選擇。

阿姆之所以成功，是因為他從不盲目追逐任何東西。**他從來不讓外界來決定自己應該在乎什麼**。他始終清楚自己真正重視的是什麼，並且專注於那些事情。

事實上，不刻意追逐金錢，反而讓他賺到了更多。如果阿姆一開始就急於賺「快錢」，他可能會選擇讓自己變成低階版的香草冰（Vanilla Ice），或是按照業界建議去做搖滾音樂。但他對嘻哈文化充滿敬意，也知道自己的實力，他寧願先磨練自己，用作品證明自己是真正的ＭＣ，就算這代表短期內賺不到什麼錢，他也願意等。

金錢確實是目標，但要獲得金錢，你得先重新訓練自己的思維，學會**重視經驗**。尤其是，如果你並非含著金湯匙出生，沒有富二代的背景，沒有那些可以幫你打開成功之門的「企業人脈」，那麼你就得自己去找機會，創造突破口。而進入某個領域最容易的方法之一，就是免費工作——去當實習生。

當年，我就是這樣闖進音樂產業的。我第一次做這種免費實習，是在跟傑伊合作的時候。我當時很沮喪，因為我大部分時間都待在傑伊位於皇后區的錄音室，完全沒機會接觸更大的業界圈子。傑伊看出了我的困境，於是幫了我一把。

他認識一位名叫傑西．伊茲勒（Jesse Itzler）的音樂人、企業家，這傢伙寫過不少歌曲，比如唐．洛柯（Tone Loc）[5]的作品，還有紐約尼克隊的主題曲〈加油紐約〉（*Go New York Go*）。後來，傑西受聘負責尼克隊的街頭推廣活動，傑伊介紹我們認識，傑西也給了我一個機會：「如果你願意和我一起上街推廣尼克隊，我就教你音樂產業的門道。」

這聽起來像是筆划算的交易，所以每天我都會跟傑西一起開著印有尼克隊標誌的貨車，在紐約市到處發送手環和鑰匙圈。結束後，我們回到傑西的錄音室，我幫他挑選取樣、設計副歌旋律，或是處理其

5 譯按：來自加州的饒舌歌手，活躍於一九九〇年代初期，之後也轉往電視與電影產業發展。

他音樂製作的細節。我沒拿到薪水，唯一的報酬是免費的尼克隊周邊商品，但對於一個想學習音樂產業的年輕人來說，這是一堂超值的課程。

不過，我最有價值的「實習經驗」，發生在幾年後——當時我已經和哥倫比亞唱片簽約。當我發現哥倫比亞故意拖延發行我的專輯時，我面臨了一個選擇：我可以回到街頭，抱怨這間唱片公司如何耍我；或者，我可以利用這段時間，做點有建設性的事情。我選擇了後者。

在我看來，雖然哥倫比亞在拖延，但我仍然是他們旗下的藝人，我仍然擁有進入唱片公司辦公室的權利。既然如此，那我就要充分利用這個機會！

沒有人要求我去做這些事——我就是自己動起來。我曾經當過傑西的非正式實習生，雖然他當時只是在為自己工作，但我從他身上學到了許多寶貴的經驗。既然如此，為什麼不把這種精神帶到一家大公司裡呢？哥倫比亞會怎麼做？拒絕我嗎？我知道他們一定會讓我在那裡實習，因為這樣總比又來一場關於「為什麼我的專輯還沒發行！」的對話來得省事。

每天早上我都會從南牙買加（South Jamaica）搭地鐵前往曼哈頓中城的索尼大樓。當我到達辦公室，我不是像其他來訪的饒舌歌手一樣，在樓梯間抽大麻，或是在助理身邊瞎混調情。我不做這些，我是真的去上班。我會跑去各個部門盡力吸收各方資訊。

我會去找OJ，他負責街頭電臺**推廣**。我會向他請教，試圖理解他是如何讓一首單曲送到正確的DJ手中。接著我會去找蓋兒（Gail），我的**公關**負責人。我會坐在一旁，看著她如何透過電話向編輯、記者交涉，努力爭取雜誌版面。她雖然在處理其他藝人的案子，但我想學習宣傳機器是怎麼運作的。

然後，我會去跟著朱利安（Julian），他負責專輯美術**設計**。我會問他在設計專輯封面時，他的思考方式是什麼？哪些視覺元素能有效提高銷量，哪些又沒那麼管用？

基本上，我就這樣每天跑遍每個部門，不斷地提問，努力吸收所有資訊。直到有一天，我終於意識到了：唱片公司無法替我做好一切。

這句話聽起來像是老生常談，但在當時，很多饒舌歌手根本不懂這個道理。他們以為只要簽給一家大唱片公司，就可以開啟自駕模式，剩下的事交給辦公室裡的人去處理就好。那些藝人把唱片公司當成神，但我在公司裡轉了一圈後，我發現它們其實只是普通人組成的團隊。唱片公司確實能做到一些事，但也有很多事情超出了他們的能力範圍。

透過「自創實習」，我逐漸看清了一個事實：**我得自己讓自己紅起來**，這樣ＯＪ才會願意幫我推廣歌曲，蓋兒才能有素材去幫我爭取雜誌專訪。我了解到，唱片公司可以幫助延續聲勢，但對於創造聲勢，它們能做的很有限。

也就是因為這樣，我後來才會推出〈搶劫的方式〉（*How to Rob*）這首歌。我意識到，**我必須自己製造話題，讓整個公司被迫行動起來。我必須創造自己的能量，而不是指望別人幫我按下啟動開關**。

如果當初我沒有決定自己創造這場實習機會，我可能永遠不會領悟這些道理。沒有人付我工資讓我每天早上去公司報到，但我所學到的知識，價值遠遠超過金錢。最重要的是，這讓我對唱片公司的現實運作方式有了清楚的認識，而這種認識——很可能拯救了我的職業生涯。

在現在的社會，實習似乎變成了一件備受批評的事情。許多年輕人抱怨它充滿剝削，甚至有人主張應該禁止無薪實習。

但這種想法太短視了。如果你是在自己熱愛的行業裡實習，那麼你並沒有被剝削。

你要做的，是**讓自己從這段經歷中獲得最大價值**。實習就像一扇敞開的大門，而進去之後，你必須「自己去探索」這棟房子裡的每個房間。

假設你想成為一名球鞋設計師，經過一番努力後，你成功拿到愛迪達的行銷部門實習機會。即使你對行銷其實沒興趣，但你還是接受了這個機會。這是聰明的決定，因為，你現在「進得去」這家公司了。

你應該像對待設計工作一樣對待行銷工作，努力獲得主管的認可。接著，你可以利用這個機會來拓展人脈。找到設計部門的人，試著在公司餐廳和他們攀談，誇獎他們腳上的鞋子，逐漸建立關係，直到彼此熟悉後，你可以告訴他們：「其實我真正的熱情在於設計，不知道能不能找個時間去你們部門旁觀學習？」

如果對方感受到你真誠的渴望，他們很可能會說：「可以啊，隨時過來看看。」這樣一來，你就成功進入了設計部門的圈子。當四周有人在做你想做的工作時，你必須利用這個好機會。你可以觀察、提問、學習，即使最後這沒有直接讓你拿到工作（還是有機會的），你也會比競爭者更有優勢——你親眼見過自己的**熱情如何被落實成專業**，這就是你贏的本錢。

我之前提到的攝影師科倫汀．維爾默，就是真正利用實習機會翻身的人。科倫汀在法國長大，是一個狂熱的嘻哈迷。二〇〇六年，他決定搬到紐約，只為了更接近嘻哈文化。

到紐約後，他做的第一件事，就是找到 G-Unit 公司的聯繫方式，因為他是我們的忠實粉絲。他打電話過去，詢問是否有職缺，但我們回覆：「沒有工作機會。」然而科倫汀沒有就此放棄。幾天後，他直接來到 G-Unit 的辦公室敲門，想親自爭取這個機會。他向我們解釋自己剛從法國搬來，是 G-Unit 的死忠粉絲，願意做任何事，只要能加入我們；那天他遇到了妮基．馬丁（Nikki Martin），妮基對他的故事很感興趣，但由於真的沒有職缺，她只能說：「如果有機會，我們會聯絡你。」

通常這時候故事就結束了，但科倫汀依然不願放棄。除了是嘻哈迷，他還是一名厲害的電腦程式設計師。當時，我們剛推出 ThisIs50.com 網站，使用的是 Flash 技術。但科倫汀知道，如果改用 HTML，網站會運行得更順暢——當時，這門技術還很少有人掌握。

於是他再次打電話給我們，說道：「我知道怎麼讓你們的網站變得更好。」這次，他真正吸引了我們的注意。當我們確認他真的懂這些技術後，便給了他一個實習機會，讓他負責網站的技術優化。他沒有浪費這次機會，幾乎立即就讓網站變得更好，並因此確立了自己在團隊中的價值。

這讓他在團隊中的價值提升了。後來，我不僅讓他從實習生升職，還讓他負責 G-Unit 的所有網路平臺。此外他本身還是一名出色的攝影師，最終成為了我的專屬攝影師。從那之後，他和我一起環遊世界，從非洲到澳洲，用鏡頭記錄全球的嘻哈文化。

科倫汀能夠讓自己的夢想成真，主要靠兩個關鍵：首先，**他堅持不懈**。他沒有等 G-Unit 刊登招聘廣告，而是主動出擊，打電話、親自登門拜訪。雖然第一次沒有成功，但他因此與妮基建立了聯繫，從一封普通的求職郵件，變成一個有故事、有印象的人。

其次，他沒有回來請求實習的機會，而是**主動提供價值**。他研究我們的組織，發現我們的網站需要改進，並提出了解決方案。無論在哪個產業，不管是嘻哈、電影還是金融，**如果你能說服對方自己能帶來價值，他們一定會為你找個位置**。一旦你進入這個圈子，你就能不斷提升自己的價值，無論是在這家公司，還是在你累積了經驗與頭銜後去到其他公司，都是一樣的。

白紙黑字

最後，我想談談如何確保自己能始終獲得應有的價值。建立自身價值固然重要，但一旦確立了自己的價值，最重要的一件事就是把它寫下來。

將所有的協議、承諾和計畫以合約的形式記錄下來，這絕對是必要的。**永遠不要把你的價值寄託在別人的「口頭承諾」上。**

在嘻哈圈，太多交易都是靠握手或擊拳來「敲定」，而不是在合約上簽名。我聽過無數的承諾，但最終都沒有兌現。

給別人一個虛無飄渺的承諾很容易，說出「等我們發達了，我一定會照顧你」這句話很簡單，但當錢真正進帳時，這些承諾就會被拋諸腦後。口頭協議根本一文不值，當錢進來了，爭奪和算計也會隨之而來。

尤其在嘻哈圈，「家人」、「兄弟」、「一輩子」這些詞彙被隨意掛在嘴邊，但這些話根本毫無意義。你可以問問富力威、班尼．席格，甚至戴蒙．達什（Dame Dash），當年 Roc-La-Familia[6] 真的有多「親密無間」？答案是：根本不怎麼樣。

吹牛老爹最喜歡喊「Bad Boy for Life」，但你去問問薛尼或路恩（Loon）[7]，看看這個「for life」到底能維持多久？

更別說揚巴克（Young Buck）或洛依．班克斯，他們可能也會覺得我讓他們失望了。當然，我的看法和他們不同，這個話題我們之後再談。但重點是：承諾一點都不值錢。你必須把它寫下來，白紙黑字。

不管是合作製作專輯、寫電視劇本、開園藝公司，還是創立釀酒廠，在投入太多時間和資源之前，你都需要把條款和期望寫在紙上。

相信我，剛開始的時候，大家都親如一家人，那場握手協議看起來牢不可破。但嫉妒和貪婪是真實存在的，有時候可能潛藏在一個人內心深處，甚至要很多年才會顯現出來。但如果涉及金錢，這些東西遲早都會浮現。

保護自己，把一切寫下來。

---

6 譯按：饒舌歌手傑斯以及戴蒙．達什、卡里姆．柏克（Kareem Burke）三人創立了 Roc-A-Fella Records，在公司中的藝人團隊稱為 Roc-La-Familia。

7 譯按：兩人都曾是吹牛老爹唱片公司壞男孩唱片旗下的藝人。

| CH.5 |

市場不會錯，只會淘汰

EVOLVE OR DIE

環顧四周，一切都在改變。
這個世界上的萬物都處於不斷演變的狀態……
你來到這個世界，不該選擇停滯不前。

—— 史蒂夫・馬拉博利（Steve Maraboli，美國勵志演說家、作家）

一九七四年，體育經紀人大衛・福克（David Falk）當時還是喬治華盛頓大學法學院的學生。他下定決心要進入「專服」（ProServ）——一家位於華盛頓特區、專門代理職業網球選手的小型運動經紀公司。幾個月來，他不斷打電話到專服辦公室，試圖約見公司創辦人唐納德・戴爾（Donald Dell），但始終沒有得到回應。有一天，他甚至在三個小時內打了十七通電話。戴爾可能是被福克的毅力打動了，也可能只是被煩到受不了，終於接起了電話。通話結束時，福克成功說服戴爾，讓自己獲得了一個無薪實習的機會。

福克在實習期間表現優異，畢業後順利獲得了專服的正式工作。然而，他並不是網球迷，籃球才是他的最愛。在其他經紀人都專注於簽約網球明星時，福克開始將目光轉向大學籃球運動員。

他與北卡羅來納大學的傳奇教練迪恩・史密斯（Dean Smith）[1]建立了良好關係，成功簽下多位進入NBA的球員。

這層關係在他簽下一位來自北卡羅來納大學的年輕新星——麥可．喬丹（Michael Jordan）時，發揮了巨大的作用。在喬丹的新秀賽季開始前的夏天，福克開始為他爭取一份球鞋代言合約。[1]

當時，NBA球員的球鞋代言合約相當簡單：選擇一個品牌（喬丹個人其實更喜歡愛迪達），談妥合約，然後獲得一批球鞋在賽季中穿著。如果你是超級球星，或許還能獲得一張宣傳海報或一支電視廣告，就這樣而已。

當時的運動品牌不願對NBA球員投入太多，因為普遍存在一種潛規則——主流美國市場很難接受黑人運動員作為行銷核心。

然而，福克不想照著這個既定模式走。他注意到，自己辦公室裡的網球經紀人和品牌談成的代言合約，不僅是球鞋而已。如果一位網球選手與耐吉（Nike）簽約，他們除了球鞋，還會代言耐吉的網球拍、運動服、襯衫、長褲和襪子。這些網球明星代表的是一整套生活方式，而福克認為，NBA球員——尤其是像喬丹這樣的超凡球員——同樣可以做到這一點。

經紀人和品牌或許還陷在舊有的思維中，但福克敏銳地察覺到，公眾已經準備好支持黑人運動員，就像過去支持米奇．曼托（Mickey Mantle）[2]和喬．奈瑟（Joe Namath）[3]那樣。

於是，福克向耐吉提出了一項計畫，讓喬丹成為耐吉自家籃球生活品牌的代言人，這個品牌後來被

1 編按：在北卡執教三十六年，被籃球名人堂稱為「教練傳奇」。
2 譯按：美國職棒MLB紐約洋基隊傳奇球星。
3 譯按：美國職業美式足球NFL紐約噴射機隊傳奇球星。

命名為「Air Jordan」（飛人喬丹）。但福克還加入了一個創新條件：當時球員通常只會獲得固定的代言費，但他要求耐吉允許喬丹從每雙售出的 Air Jordan 鞋款中抽取分潤。耐吉接受了福克的條件，簽下了一份為期五年的合約，但附帶了一個條件：如果在前三年內，耐吉沒有賣出四百萬美元的喬丹球鞋，他們可以終止合約。他們仍然懷疑，一位黑人運動員能否真正打入美國市場。

但耐吉錯得離譜，而福克則完全正確。別說三年了，Air Jordan 上市後的頭兩個月，耐吉就賣出了價值七千萬美元的球鞋。

事實證明，黑人ＮＢＡ球員同樣可以支撐起一個運動生活品牌。福克後來成為ＮＢＡ歷史上最成功、最具影響力的經紀人之一，談下的球員薪資總額超過八億億美元。而 Air Jordan 則成為史上最具標誌性的運動品牌之一。二〇二〇年，該品牌的年營收預計將達到四十五億美元。

福克替喬丹達成的這筆交易，是幾乎每個創業家都夢寐以求的成功案例。那麼，是什麼讓他能夠實現這樣的願景呢？最關鍵的一點，是他突破了傳統角色和外界對他的預期，並創造了一個全新的模式來支撐他的客戶。

福克並沒有僅僅滿足於進入專服公司，然後按部就班地簽約網球明星。雖然當時網球的確非常受歡迎，但他敏銳地察覺到，ＮＢＡ即將迎來爆炸性的發展機會。他一腳踏進這個行業後，開始推動公司進行轉變。透過推動變革，福克不僅改變了自己的職業生涯，還徹底革新了整個運動行銷的版圖。

在任何行業中，**最成功的人，往往是那些拒絕安於現狀、不滿足於既有成就，並且不斷追求下一個目標或挑戰的人。**

相反地，過於安逸、無法適應變化的人，往往最終都會被淘汰。

遭槍擊九次卻沒死……但也會被淘汰

二〇〇九年，我與阿姆和德瑞博士合作發行單曲〈開一瓶〉（*Crack a Bottle*）。這首歌影響力巨大，在美國、英國和加拿大都登上了排行榜冠軍，後來還贏得了葛萊美「最佳饒舌團體／雙人組合演出」獎。

為了乘勝追擊，我展開了一場快速的世界巡演，足跡遍及克羅埃西亞、瑞士和印度等地。無論到哪裡，當我演唱這首歌時，現場觀眾都為之瘋狂。在異國舞臺上，面對五萬名觀眾，聽著他們跟著唱出你的歌詞，這種感覺是無法言喻的，彷彿電流在全身竄動。

然而，當我回到美國，在一些場地進行巡演時，卻發現美國觀眾的反應截然不同。國際觀眾的熱情彷彿能將場館掀翻，但美國的聽眾卻毫無生氣，即便這首歌是冠軍單曲，他們的反應卻十分冷淡。

我本可以為這種現象找一堆理由來合理化。也許是因為阿姆和德瑞博士沒有跟我一起演出，也許是因為這首歌在這座城市沒有得到適當的宣傳，或者是我們挑錯了演出場地。

但這些都只是藉口而已。我以前也曾單獨演唱沒有原唱嘉賓的歌曲，也曾在宣傳不到位或場地不合適的情況下表演，然而過去這些都沒影響到我，我仍然能讓觀眾嗨翻全場。

我對藉口沒興趣，我只在乎分析資訊，並得出結論。

當我仔細審視這個狀況後，答案其實很明顯——嘻哈文化已經開始對我產生抗拒。我曾經是這個圈子的「挑戰者」，但現在我已經功成名就，成為國際巨星，嘻哈文化無法再用同樣的方式看待我。我知道自己還是同樣的那個人，但嘻哈文化已經向前邁進。如果我想要在財務上和職業生涯上繼續成長，我必須進行多元化發展。

這個結論並不容易接受，但我理解其中的道理。身為一個時刻關注文化變遷的人，我清楚地意識到，我的職業生涯正走入一個不可避免的模式。

嘻哈文化天生偏愛「受損」（damaged）的事物。這一直是它的核心特質，從一九七〇年代布朗克斯的公園派對開始就注定如此，看起來直到這場遊戲結束之前，都不會改變。

想想看，每隔幾年，就會有一位新的「危險」且「受損」的饒舌歌手出現在這個文化裡，吸引所有人的目光。這個模式可以一路追溯到一九八〇年代早期布朗克斯的團體，例如「弗萊大師／速度與激情五人組」（Grandmaster Flash and the Furious Five）。雖然今天看來，他們穿著緊身牛仔褲、膝上長靴和鑲滿鉚釘的手環可能有些搞笑，但當時的美國社會從未見過這樣的團體。最重要的是，他們的音樂充滿了「受損感」——「Don't push me, 'cause I'm close to the edge. I'm tryin' not to lose my head.」（別逼我，因為我已瀕臨崩潰。我努力讓自己保持理智。）這句歌詞奠定了嘻哈文化對偶像的期待。

到了一九八〇年代末，像激情五人組這樣的團體逐漸被更新一代的藝術家取代，N.W.A. 便是其中最具代表性的一組。他們的形象比前輩更加「危險」和「受損」，讓那些曾經被視為叛逆的 OG 們在他們面前顯得毫無威脅性。

接下來的幾年，N.W.A. 牢牢掌控了嘻哈界的話語權，直到武當幫（Wu-Tang Clan）橫空出世，搶下了這面大旗。他們年輕、狂野、無法無天，文化圈無法自拔地愛上了他們。然後，吐派克（2Pac）讓西岸再次崛起。沒有人比加入死囚唱片（Death Row Records）後的吐派克更具「受損」特質。他對臥底警察嗆聲、在法庭上趾高氣揚、甚至經歷了暗殺未遂。如果他最終沒有被槍殺，他的影響力究竟能持續多久，無人能知。

在吐派克之後，輪到我登場。我將這個「受損」標準推向了新的高度——「他被槍擊九次卻沒死。」但最終，這文化還是開始不再以相同的眼光看待我。

我可能正逐漸被這個模式淘汰，但這個循環卻從未停止。最近一個掌握這股能量的饒舌歌手是六九大魔王，只是他無法駕馭。等這本書出版時，可能又會有另一位年輕饒舌歌手取代他的地位。也許下一個接棒的甚至會是一位女性，因為現在的女饒舌歌手，比如妮姬・米娜（Nicki Minaj）和卡蒂・B（Cardi B），也在不遺餘力地展現她們和男性一樣「受損」。

許多饒舌歌手犯下的致命錯誤，就是拒絕接受這種模式。他們仍然覺得自己是當年那個「受損」的新人，但正如我之前說的，一旦嘻哈文化見證了你的成功，就不再將你視為普通人。在公眾眼中，一旦你成功了，你就已經「被修復」了，觀眾會開始尋找下一個值得關注的人。

聰明的藝術家會接受這個現實，並且隨之進化。而缺乏觀察力的人，則會與現實對抗，直到最終被遺忘。如果你仔細看看過去的饒舌歌手，哪些人至今仍然有影響力？

除了我，還有冰塊酷巴（Ice Cube）、德瑞博士、方法人和史奴比狗狗。而他們之所以仍然活躍，並不是因為音樂——時代變了，沒人還在關注他們的新作品。而是因為他們三人意識到，自己作為饒舌歌手的黃金時期不會永遠持續，因此轉型投入了其他領域：方法人發展成為演員，冰塊酷巴也成為演員，並創辦了 Big3 籃球聯盟，而德瑞博士則靠耳機和蘋果（Apple）生意大發利市。

這些人聰明且謙虛，因為他們明白——**市場永遠不會錯**。當觀眾對你的作品不再有反應時，他們其實是在大聲告訴你，他們已經往前走了。如果你聽不見，那只是因為你不願意去聽。

我依然熱愛創作音樂，但這已經不再是我唯一的身分認同。

假設有一天晚上，我進錄音室，成功捕捉到了造就每一首偉大歌曲的那種魔力。氣氛對了，節奏炸裂，我寫下了幾段自己最棒的歌詞。當太陽升起時，我手上已經握有幾首未來的熱門單曲。

即便如此，我很可能不會自己發行這些歌。相反地，我會把這些歌全都交給一個有潛力的新世代年輕人——一個滿臉刺青，嗑著莫莉（Molly）和嗨嗨水（Lean）[4]，永遠一副喪屍狀態的年輕人。一個看起來真的「受損」的角色。

為什麼？因為我夠務實，知道大眾會更願意從這樣的聲音中接受這些作品，而不是從我這裡。那為何不把這些好歌給一個有才華、正處於上升期的年輕藝術家呢？我可以在這首歌中占一部分，他也能借這首歌一舉成名。對雙方來說，這都是一筆不錯的交易。

我已經接受自己在嘻哈文化中的角色發生了變化。但這不代表我無法繼續影響這個文化——我只需要用不同的方法來做到。

無論你身處哪個行業，你都必須接受自己在其中的角色會隨時間改變。當你剛踏入某個領域時，這種變化的必然性對你來說是一件好事。畢竟，如果公司或組織的成員永遠不變，你根本不可能有機會闖進去。**正是因為這種不斷的演變，才讓你得以找到屬於自己的位置。**

但當你工作了幾年，開始變得安逸後，你會養成習慣。如果你夠優秀，你可能會為公司賺到一些錢，甚至可能是大筆鈔票。於是，你開始覺得公司「虧欠」你，不只是現在的薪水，還包括你過去為公司做出的所有貢獻。也許你開始放慢腳步，相信你的功勞簿足以讓你永遠穩坐這個位置。

抱歉，這世界可不是這樣運作的。**當初讓你踏入這個領域的變化，也可能會把你掃地出門**——如果你不持續推動自己前進的話。不管你升遷了多少次，坐進了多少間辦公室，或是你的名字曾多少次出現在頭條新聞裡，你永遠不能滿足於現狀。你必須不斷尋找新的挑戰方式。

有個叫瑞．達利歐（Ray Dalio）的人，他是橋水基金（Bridgewater Associates）的創辦人之一，這家公司是世界上最大的對沖基金之一，而他的個人資產約一百八十億美元。他非常清楚是什麼驅動著持續的成功。以下是他對個人成長的看法：

「人們往往在得到自己所追求的東西後，仍難以感到滿足。這些事物只是誘餌，讓我們去追逐。真正重要的不是獎勵本身，而是這個過程讓我們不斷進化。對於大多數人來說，所謂的成功就是以最高效的方式去奮鬥與成長。」

我可以向你保證，達利歐非常清楚這其中的道理。我已經獲得了自己曾經渴望的一切，甚至更多。但我對現狀依然不滿足。

我已經賣出了將近三千萬張唱片——顯然，有那麼一些人喜歡我的饒舌。但即便如此，每當我走進錄音間時，我仍然會想寫出最炸的歌詞。我仍然想證明，自己的音樂是最強的。

4 編按：Molly 指 MDMA，與搖頭丸的核心成分相同；Lean 是一種將含有可待因成分的止咳糖漿，與軟性飲料混製而成的娛樂性用藥。

就像我仍然想製作更棒的電視節目，賣出更多書，推出更多酒類品牌。而再過幾年，我相信我會有一個新的計畫準備要推出，而那時候我的興奮程度，肯定不會比當初跟新視鏡唱片簽下第一張唱片合約時來得少。

當我關上自我成長的那扇門時，就是我該退場的時候。但就目前來看，我完全沒有關門的打算。

和「你的觀眾」一起成長

願意在自己的職業或崗位上進化只是戰鬥的一部分，你還必須願意隨著「文化」改變。

《權欲》能夠成為一部名副其實的熱門劇集，原因有很多。我得到了電視臺的大力支持，我的節目統籌寇特尼・坎普為我們帶來了精彩的劇本，還有奧瑪瑞・哈威克、約瑟夫・斯科拉、娜特莉・諾頓（Naturi Naughton）、拉拉・安東尼（La La Anthony）、蕾拉・蘿倫（Lela Loren）等演員，他們都以驚人的演技賦予了這部劇生命。

但其中一個最關鍵的成功因素是：我在打造這部劇時，**有意識地反映出觀眾的成長與轉變**。我創作《權欲》，就是為了我的觀眾，僅僅針對我的受眾。我不是為了迎合新的群體，也不是想吸引更廣泛的粉絲。我很清楚，《權欲》只會有一次機會做到位，而要做到這點，我必須直接對我的群眾發聲。

這方面，我對自己的能力非常有信心。我向來是個觀察力極強的人，多年來，我一直在仔細關注我的粉絲。當我剛出道時，我的核心聽眾是年輕人——大學生，或者剛開始夜生活、頻繁出沒夜店的二十幾歲年輕人。

所以我做了什麼？我創作了與他們生活方式高度契合的音樂。舉個例子，大家都熟悉的歌詞：「Go shorty, it's your birthday / We're gonna party like it's your birthday!」（來吧，寶貝，今天是你的生日／我們要像你生日一樣狂歡！）這句歌詞怎麼可能不產生共鳴？我的觀眾都在夜店，而每天晚上，總有人在過生日！這句話真實反映了他們的生活方式，所以它的影響力永不過時。

到了二〇一四年，我的觀眾已經不再每晚流連夜店了。他們的生日，可能在家裡與伴侶、孩子一起安靜慶祝。他們的年歲增長了。

這就是為什麼我將《權欲》圍繞著更能觸動成熟觀眾的主題來打造。當你年輕時的愛情突然再次出現在你的生活中，會發生什麼事？當夫妻雙方對未來的願景不一致時，會產生什麼後果？當兒子背叛了父親，又會帶來怎樣的衝擊？這些主題，都是成年人能夠有共鳴的。

但同時，我也需要在這部劇中，還原觀眾們過去的年輕活力與激情，他們以前的夜生活、爭執與混亂。所以，我堅持讓《權欲》的畫面足夠震撼、直接，尤其是性愛場面要夠大膽，因為這是它的燃點。

當年我剛進這行的時候，唱「I'll take you to the candy shop, let you lick the lollipop」（我帶你去糖果店，讓你舔舔棒棒糖）已經算很大膽了；但現在，甚至是女生們在唱「Eat the booty like groceries」（把屁股當食物吃）——尺度變得更加開放。所以，《權欲》必須跟上這股潮流。

要做到這點並不容易。星期六晚上的電視收視率，向來是災難級別的。除了《週六夜現場》（*SNL*）之外，過去四十年間，幾乎沒有哪部影集能在這個時段成為熱門；因為這是最少人待在家裡看電視的時段。Starz 把《權欲》排在星期六晚上，基本上就是給它判了死刑。

但我們徹底顛覆業界對這個時段的認知，震撼了 Starz，也震撼了整個產業——我們的收視率超強。Starz 的高層一開始無法理解這是怎麼發生的，但我清楚得很：「我的觀眾」已經習慣週六待在家裡了。我為他們帶來了過去那種夜生活的興奮感——不過是在家裡安全、舒適的環境中。接著，年輕觀眾聽到了口碑，他們開始瘋狂用數位影片錄影（DVR）錄製這部劇，好在隔天早上收看，或者直接用手機的 App 觀看。

結果，我們在所有平臺上都大獲成功。

這對 Starz 來說也是一次巨大轉變。我幫助他們接觸到了一個從未擁有過的觀眾群體。在《權欲》之前，Starz 缺乏明確的品牌形象，但現在，他們開始重新塑造自己，變成更年輕、更多元化的 HBO。而這一切，都是從《權欲》開始的。

但《權欲》的進化還沒結束。我們即將推出四部衍生劇，其中包括由瑪麗·布萊姬和方法人主演的影集，這讓我非常興奮。

除此之外，我們還準備推出以「黑手黨家族」（Black Mafia Family）為題材的影劇，這部劇自然融入了嘻哈音樂與文化的元素，而這些正是嘻哈的核心。我有信心，它可能會比《權欲》更加成功。

如果說上一個世代的人知道我是個饒舌歌手，那麼下一個世代的人，將會把我定義為電視產業的大亨。但這一切，都只因為我願意隨著時代與觀眾一起成長與變化。

然而，如果說《權欲》的成功是我最引以為傲的成就之一，那麼 G-Unit 團體的班克斯和亞佑未能實現自己的潛力，就是我最大的遺憾之一。

同樣模式不會有不同結果

《權欲》的崛起與 G-Unit 的衰落，證明了**成長往往是成功旅程中最關鍵的元素**。我一直覺得，如果當初我教班克斯和亞佑如何適應變化、調整自己的習慣教得更好，他們現在應該會處於更突出的位置。但相反地，他們選擇停滯不前，也因此錯過了他們渴望的成功。

班克斯的成長停滯，與他的性格有很大的關係。他跟我來自同一個街區，但我們的成長方式完全不同。當我在外面打拚（我甚至和他爸爸一起賣過藥）時，班克斯更喜歡待在家門口，坐在門廊上，看著外面的世界。

這沒什麼問題，但這個習慣也反映了他性格中的一個關鍵特質——他總是希望事情自己找上門，而不是主動出擊去爭取。這不是我在詆毀他的個性，畢竟他手臂上就直接紋著「Lazy Lloyd」（懶惰的洛伊），他是真的毫不隱瞞自己的懶惰。

他總是表現出一種內向又自負的矛盾個性——就像一條在小池塘裡耀武揚威的大魚。如果他在錄音室裡，身邊圍繞著一群名不見經傳的 MC，他便會自信心爆棚，享受成為焦點的感覺。但如果我一走進房間，他的氣場就瞬間消失了，因為他不再是最耀眼的人物，他會因此感到不爽和沮喪。

我能理解這種心態，畢竟我的存在感很強，可能會讓人感到壓迫。但真正的明星，應該要爭取自己的舞臺，而他並不這麼做。

我認為真正的明星，必須具備四種關鍵能力：創作優秀的作品、呈現高能量的現場表演、有獨特的外型、擁有強大的個人魅力。

吐派克具備這四種特質。瑪麗・布萊姬也具備這四種特質。克里斯小子（Chris Brown）也是。聲名狼藉先生可能沒有全部擁有，但他知道如何彌補自己的短板。他的外型不夠突出？壞小子唱片為他設計了全新的造型，給他換上昂貴的毛衣，讓他戴上太陽眼鏡，遮住那雙有點鬆散的眼睛。他的舞臺表現力不夠強？他的唱片公司老闆直接當他的舞者來轉移注意力。這些改變，成功幫助聲名狼藉先生塑造出明星形象。他原本就擁有頂級的作品，經過適當的包裝與管理，他成為了一個真正的巨星。

但說實話，如果我要評估班克斯，他頂多只具備其中一項特質：他是個優秀的作詞者。但也只是以「punchline 饒舌歌手」來說（這類饒舌歌手會在每句歌詞結束的地方說些好笑或是諷刺的妙語）。他自稱 P L K（Punch Line King，妙語霸王），雖然我不確定他是不是霸王，但我會說他絕對是候選人之一。

但除此之外呢？他不是一個優秀的現場表演者，他沒有特別吸引人的外型，也沒有極具感染力的個人魅力。所以問題來了——如果這三項他都不具備，他要怎麼成為自己心目中的大明星？

在我看來，班克斯的唯一解法就是改變他與文化的互動方式。所以多年前，我建議他：「拍一部你的日常生活影片，放到 YouTube 上吧！讓大家看看你的生活方式，鏡頭跟著你，讓世界看到你的個性。也許你的一句話、你的某個動作，會引發話題，讓你重新擁有熱度。」

我最不希望的，就是他繼續坐在那裡，一遍又一遍地寫著歌詞裡的梗，卻因為沒人關注他的混音帶而感到不滿。**他不斷重複同樣的事情，卻期待不同的結果——這樣的心態，才是所謂的「瘋狂」**。

在這裡寫的內容，我都跟班克斯當面提出過了。有一次，當 I G 剛開始流行時，我也曾找他聊過，想好好開導他。

「你一定要玩ＩＧ！」我鼓勵他：「你在面對面交流時可能有點尷尬，所以用ＩＧ反而是更適合你的方式。你只需要發一些你自己覺得放在個人頁面上酷的照片，這樣你不但可以控制對話的方式，也不會感覺不自在，對你來說簡直完美。」

結果，班克斯一口回絕：「不，我不想玩。」

「為什麼不要？你只要發照片然後寫些有梗的敘述不就好了嗎？你可以直接把那些妙語寫在照片下面耶，這是在運用你擅長的事來增加粉絲啊！」我說。

「那太遜了。」他回答，然後補充道：「因為聲名狼藉先生和吐派克當年沒玩這些東西。」

「兄弟，他們都已經掛了。」我接著說：「他們走的時候，這些東西還沒發明出來啊！你怎麼知道如果他們活著，不會玩ＩＧ？」但班克斯仍然堅持自己的看法。因為聲名狼藉先生和吐派克當年沒玩社群媒體，所以他也不會這樣做。

他的邏輯簡直讓我傻眼：他似乎覺得，如果吐派克還活著，他依然會穿著皮革背心、戴著紅色頭巾，給女孩們他的 call 機號碼。或者聲名狼藉先生依然會穿著 Coogi 毛衣，每天晚上打《真人快打 II》。這太扯了。如果吐派克和聲名狼藉先生依然健在，他們的音樂、風格、還有性格肯定會隨著進化。

聲名狼藉先生幽默風趣，他的ＩＧ可能是全世界最熱門的頁面之一。吐派克可能會回歸他的革命本質，透過社群媒體影響整個社會。

說真的，甚至連我自己也曾經對ＩＧ抱持著懷疑態度。二〇一四年，我接受英國《衛報》（*The Guardian*）訪問時還說過：「我覺得ＩＧ讓一切變得很奇怪，人們開始拍一堆自己根本不喜歡的東西。」

當時我是那樣想的，但我並沒有因此封閉自己的思維。隨著時間過去，我開始意識到，其實只是因為我對這個平臺還不夠了解。我不懂得發文的節奏，也不明白什麼樣的內容能引起共鳴。最重要的是，我沒能體會到它在直接觸及受眾方面的強大影響力。所以，我決定全心投入，完全擁抱這個新潮流。而現在，它已經成為我手邊與大眾溝通的最佳工具之一。

但班克斯對這種進化充滿抗拒。他的思維依舊停留在一九九〇年代中期，絲毫沒有要從這個框架裡跳脫的打算。公平地說，這其實是一種很自然的本能。科學家發現，青少年時期聽的音樂，對我們的影響比人生其他階段的音樂都來得更深遠。我們的大腦在十二到二十二歲之間發展最快，而在這段時間內接觸到的音樂，往往會深深烙印在我們的記憶裡。

班克斯大概十四歲時，正好是聲名狼藉先生和吐派克風靡全球的時期，所以他對他們有深厚的情感連結，這很合理。我完全能理解，畢竟我自己也依然熱愛年少時期聽的音樂。但不同的是，我並沒有讓自己的事業模式模仿救世王（KRS-One）和饒舌酷基（Kool G Rap）[5]。

那樣做有什麼意義呢？他們在自己的時代確實是無可取代的存在，但我更關心的是如何創造屬於我自己的時刻，而不是單純模仿他們的輝煌。當班克斯對我說出那番話時，我瞬間明白，他已經走到了他的極限。當下我腦中閃過的念頭就是：「這個人再也不值得我浪費任何時間和金錢在他身上了。」

我們每個人身邊都有一個像班克斯這樣的人。他們只尊崇某個特定時代的東西，覺得其他一切都是垃圾。這種態度可以體現在音樂、電視、電影、運動或時尚領域。一開始，他們對過去輝煌的執著看起來或許有點酷，但時間久了，就只會讓人覺得厭煩。

大多數人都不想一直被人說教，聽對方不斷強調「現在的一切都不如從前」。尊重過去當然很好，但絕不能讓它阻礙你迎向未來，甚至剝奪你活在當下的樂趣。

那些困在過去的人，其實是在讓自己提前老去。他們的身分證可能寫著三十歲，但心態卻比許多五、六十歲的人還要老。年齡從來不只是出生年分的數字，而是取決於**你如何面對當下的這一年**。如果你願意接受新事物，敢於嘗試，對未知仍充滿好奇，那麼你依然年輕——這才是關鍵。反之，如果你死守著自己的舊習慣，對新鮮事物毫無興趣，甚至認為自己已經學會了所有該學的東西，那麼你就已經老了。事實上，你正在走向衰亡。

我鬍子裡或許已經長出幾根灰白的毛髮，但我依然年輕。我感覺自己依舊充滿活力，外表看起來也一樣精神煥發。這並不是因為我還有六塊腹肌，或是還在穿很酷的球鞋，而是因為我的內心依舊年輕。我對於今年即將發生的事情，仍然懷抱著與二〇〇二年、二〇一二年時相同的熱情。

如果明天有人向我介紹一位全新的饒舌歌手，我會興奮不已，就像當年第一次聽到納斯那樣。就像我可以看一部新的情境喜劇，依然笑得和當年第一次看《桑福德和兒子》（*Sanford and Son*）[6]時一樣開心。我絕對不會讓自己停止體驗新事物。

我真的很努力嘗試幫助班克斯，但如果一個人被困在某個時代，或者某種固有的思維模式裡，那麼無論你怎麼說，他們都不會改變。如果你覺得自己也陷入了類似的困境，那麼你必須鼓起勇氣，自己破繭而出，去體驗這個世界絕對能夠提供給你的所有精彩與刺激。

湯尼．亞佑的問題有些不同。和班克斯一樣，亞佑來自我的街區，但與班克斯不同的是，他從來不

5 編按：兩者皆為一九八〇年代活躍的饒舌歌手。
6 譯按：一九七〇年代的美國電視劇，由非裔美人演員主演。

會待在自己家的門廊上，而是整天在街頭闖蕩，追逐各種刺激，遇到什麼動靜就往哪裡衝。

從我認識亞佑那天起，他就是個瘋子。在我們的世界裡，這樣的性格反而對他有利。他隨時都可能做出任何事情，這讓人們對他敬而遠之。而當時，我也助長了亞佑這種瘋狂的行為。作為一個團隊，我們需要這種侵略性和不可預測的能量。

即便在剛開始嚐到成功滋味時，我們依然過著那樣的生活方式。我們不覺得有改變的必要，這意味著我們會毫不猶豫去奪取我們認為屬於自己的東西。如果有人不尊重我們，或擋了我們的路，我們的反應就是把那些人從路上移開——不惜任何代價。

我與眾不同的地方，在於吸收和處理資訊的速度比大多數人快。因此，即便當時我們在全美的體育場、夜店和飯店裡橫衝直撞，我已經開始察覺到一些信號，顯示自己的行事風格需要改變了。

最明顯的跡象就是無論我們走到哪裡，警察總是如影隨形。體育場的通道、飯店大廳、夜店門口——到處都有警察。看他們的陣仗，就好像我們所到之處都沒有別的犯罪活動可管了一樣。

還有一些跡象則較難察覺。圍繞在我們身邊的，是一種緊張不安的氣氛。當一切都在高速運轉時，這種情緒很容易被忽略，但如果你仔細觀察，會發現這些人雖然表面順從，內心卻充滿恐懼。我能從廣播DJ、錄音室的錄音與混音師、電視主持人、夜店經理、經紀人、節目主管身上讀到這種情緒。他們想和我們做生意，但前提是不會隨時爆發槍戰。

意識到這一點後，我接受了必須改變處理爭端和衝突的方式。我不能再用過去的方式來表達不滿，而是得透過經紀人和代理人來爭取我想要的東西。我必須學會與律師對抗，運用更多元的策略，才能把成功帶來的機會轉化為真正的利益。

我也明白，我們必須改變對時間管理的態度。在街頭，如果你想在下午一點開始賣毒品，那你就一點開始。如果你五點想休息，那你就休息。想整整兩天不做事？沒問題，只要確保貨能賣出去就行。這種生活方式讓你習慣隨心所欲，只要最終貨能賣掉就好。

但這樣的工作態度，根本無法適應與大公司打交道的規則。如果電臺要你早上八點到，你不能下午一點才晃過去，然後還指望他們播放你的歌曲。同樣的，如果唱片公司幫你預訂了兩週的錄音室，你不能等到第十天才出現開始錄音。

從街頭小子轉變為公眾人物，需要一種全新的心態。但亞佑顯然沒有意識到這一點。如果我和另一位藝人發生爭執，亞佑的第一反應就是：「我們直接幹掉他們吧。」因為這正是他在街頭會做的事。

如果我們收到十萬美元的夜店巡演費，亞佑想的不是把錢存進銀行，而是「嘿，這筆錢可以買三．五公斤的古柯鹼，賣掉之後，我們就能賺上一大筆。」

一次又一次，我不得不對他說：「亞佑，我們不能這樣做。如果我們還是像以前那樣亂來，那一切都會完蛋。我們進來得有多快，就會多快被踢出去。」

在亞佑看來，我變得太拘謹了。我們一直以來都是想做什麼就做什麼，怎麼做都行，什麼時候做都行。這種態度讓我們紅了起來，那為什麼現在要改變呢？

回過頭來看，問題的一大部分在於，亞佑起初得來的成功太輕鬆了。《要錢不要命》這張專輯爆紅的時候，他正好在坐牢。等他一出獄，我就立刻把他帶上舞臺。他根本沒有體驗過新人MC需要經歷的適應期——沒有從零開始慢慢累積經驗，沒有學習如何與業界人士打交道，也沒有熟悉與企業環境相處的規則。

相反地，我直接把他推進了全國矚目的聚光燈下，並且同時讓他手上握有大筆金錢。我本該意識到，在這樣的情況下，突然要求他改變從小養成的習慣並不現實。事實上，我更應該知道，這些習慣只會在這種情境下對他產生更強的束縛。

我學到了一點：**當事情發展得非常快，人們不斷被置於新的環境和情境時，大多數人不會發展出新的習慣，反而會更依賴過去的模式**。

在經年累月的勸說、懇求，甚至威脅之後，我不得不接受一個事實——亞佑和班克斯根本無法跳脫他們習慣的模式。「你可以把馬牽到水邊，但你沒辦法逼牠喝水。」這兩個傢伙站在水井邊好幾年了，卻還是會渴死。

這讓我極為失望，但我只能接受現實。他們的主要性格特質——衝動、怨懟以及缺乏紀律——註定會阻礙他們的發展。他們就是這樣的人，無法改變。

或許聽起來不是這樣，但其實我真的非常努力想確保他們能成功。就像我說過的，我其實很希望亞佑能成為下一個五角。如果亞佑能夠充分利用那些機會，那將為我們開啟無數的大門，甚至能讓我更快地往前邁進。我本可以更早地轉向其他機會，但結果卻是，我不得不繼續扮演五角，甚至比我原本計畫的時間還要久。

但我不只是希望亞佑成功而已，我的構想是讓 G-Unit 內的每一個人最終都能成為自己的老闆。他們所要做的只是效仿我的模式。我已經幫他們鋪好了成功的道路——讓他們參與我的專輯，和我一起上臺巡演。等到他們的地位穩固後，他們只需要用相同的方法發掘新藝人，然後將這個模式複製下去，一代接一代地延續。然而，他們從來沒有這麼做。不是不願意，就是根本不知道該如何發掘可以投資的新人。

我的目標是讓 G-Unit 成為一棵家族大樹的第一批枝幹，以我為根基培養出一代又一代的饒舌歌手。然而，這棵家族樹只存活了一代就枯萎了。我孕育出了兒子，但他們卻沒有為我帶來子孫。一切都終結在他們手上。

面對串流時代襲擊

在《舊約聖經》時代，巴比倫有一位國王名叫伯沙撒（Belshazzar）。他的生活極其奢靡，即使以古代的標準來看也是如此。他的後宮裡充滿了美麗的女子，還經常舉辦連續數天的狂歡雜交派對。

有天晚上，他決定突破王室的界限。平常他的宴會都在宮殿內舉行，但這次，他選擇在城裡最神聖的廟宇裡開派對。國王喝得爛醉，在派對的高潮時刻，竟然開始用從耶路撒冷帶來的聖杯喝酒。這些杯子原本只有聖殿的祭司才能使用，但伯沙撒當時的心態就是要證明，這世上沒有他不敢踐踏的禁忌。

然而，就在他喝完酒後不久，他突然看到一隻沒有身體的手出現在廟宇的牆上，並寫下了以下這句話：「*Mene, mene, tekel, upharsin*」

一開始，他可能以為自己只是喝太多看錯了，但仔細一看，這些字的確真實出現在牆上。這讓他瞬間清醒過來。他趕緊召來智者，想弄清楚這到底是怎麼回事，但沒有人能解釋這些字的意思。最後，他請來了希伯來先知但以理（Daniel），但以理成功解讀了這句話的意思：「神數算你國的年日到此完畢。你已被秤在天秤上，顯出你的虧欠。你的國歸給瑪代人和波斯人。」

這是一個嚴重的警告，但伯沙撒並不在意。畢竟，他可是巴比倫的國王，怎麼可能讓一個希伯來人的神來指揮他的命運？於是，他繼續狂歡，繼續喝酒，完全無視警告。然而，他應該聽話的。因為那位希伯來人的神對他的褻瀆已經忍無可忍，於是就在當天晚上讓伯沙撒暴斃，並使他的帝國走向毀滅。

我講這個故事，是因為這正是「牆上的字跡」（the writing's on the wall）這句話的由來。在當時，這句話代表著一位藐視神的國王；而今天，我們用它來形容某個局勢即將惡化的時刻，應該很明顯地察覺到危機將至。

在商業領域，你可以說：「當 iPhone 出現時，黑莓機的末日已經寫在牆上了。」或者：「當大家開始用網飛來看電影時，百視達的倒閉早已成定局。」

當然，事後回顧時，我們可以輕易地指出黑莓機和百視達走下坡的關鍵時刻。但當你真正身處其中，尤其是當危機發生在自己身上時，就沒那麼容易即時察覺了。

因為——**牆上從來不會真的有警示字跡**。

如果真有那麼明顯的預警，那麼我們就能輕易判斷何時該改變商業計畫、開始尋找新工作，甚至及時結束一段糟糕的感情。

但百視達的總部上空，並沒有飛機拖著一條橫幅寫著：「嘿，CEO！租借 DVD 馬上就要成為歷史了！未來大家都會用串流平臺看電影！」

就像你走進公司時，也不會在桌上看到一張便條寫著：「提醒你一下，我們公司明年會裁員，而你的職位會被取消。建議你趁現在還有機會時趕快找新工作。」

又或者，你回到家時，絕對不會在冰箱上發現一張便條寫著：「親愛的，我只是想讓你知道，我正在跟你最好的朋友偷情。」

這些警告是不會直接出現的。

如果你是百視達的 CEO，你必須有足夠的遠見，在網飛搶占市場之前，將你的商業模式轉型為串流服務。

如果你是那名員工，你必須對行業的動態保持敏銳，察覺公司不如以往穩定，然後趁自己還有選擇權時，提前開始尋找新機會。

如果你是那位妻子，你應該馬上與那位朋友斷絕來往，並且和你的丈夫進行一場嚴肅的對話，甚至直接把那個男人趕出家門。

我們都希望在面對困境之前，能夠提前收到警訊。但很可惜，我們永遠不會像伯沙撒那樣，清楚地看到命運的預警。

不過，我們雖然無法從牆上的字跡讀懂未來，卻可以讀懂我們周圍的能量與氛圍。如果我們願意細心觀察，並保持警覺，我們就能從這些訊號中得到與伯沙撒警告同樣清晰的訊息。

舉個例子，回到二〇〇九年，當時我正在為〈開一瓶〉這首歌巡演。我明顯感覺到觀眾對我的音樂反應已經不像以前那麼熱烈，而我的專輯銷量更進一步證實了這點。同年我發行了《自我毀滅》（*Before I Self Destruct*）這張專輯，全球銷量僅達到一百萬張。這對一般歌手來說仍然是個了不起的數字（尤其是現在這個時代），但對我來說，這卻是個巨大的下滑。

相比之下，二〇〇三年的《要錢不要命》在全球銷量達一千四百萬張，二〇〇五年的《街頭大屠殺》（*The Massacre*）也賣出了一千一百萬張。而我的銷量數字，顯然正朝著錯誤的方向發展。

但當我造訪新視鏡唱片公司的辦公室時，人們對我說話的方式，卻仍然像是我還可以賣出一千萬張專輯一樣。

「我們愛你，五角。」某位高層可能會這樣對我說。另一位則會摟著我的肩膀說：「五角，我們希望永遠和你一起做這門生意。」

這些話聽起來很動聽，但卻不是事實。

事實是，整個唱片業都在走向衰亡。

不只是我的銷售數字在下滑，是所有人的銷售都呈現雪崩。隨著串流時代到來，沒有任何唱片公司能夠再從音樂串流獲取和過去販售 CD 相當的利潤。

不過，與其他一些業內人士不同，新視鏡唱片的 CEO 吉米・艾歐文早就嗅到了這場即將來襲的風暴。他意識到，未來人們將主要透過隨身設備來聽音樂，而耳機將會成為市場上的一個重要商機。基於這個直覺，他開始從「賣唱片的人」轉型為「賣耳機的人」。

這樣的遠見為吉米帶來了巨大的收益，但對於他旗下的錄音藝人來說，這卻不是什麼好事。畢竟，對於一個不再真正專注於賣唱片的唱片公司來說，旗下的歌手自然也不再是核心關注點。

這也是為什麼，如果「牆上的字跡」真的存在，那麼當我來到新視鏡唱片辦公室時，我應該會看到外牆上掛著一條大橫幅，上面寫著：「抱歉，五角，我們不想鳥你了。」這才是真正的現實，但沒有人會把這種話直接告訴我。

我必須**從周圍的能量變化去解讀這些訊息**。我必須注意到，當我還是新視鏡唱片搖錢樹時，他們是怎麼對待我的，而當我對他們來說不再那麼重要時，他們的態度又發生了什麼變化。

當我的專輯還能賣出千萬張時，我被當作「看板球星」來對待。我的行銷預算無上限，提出的任何要求都會被滿足；我搭乘的航班全都是頭等艙，入住的飯店一定是總統套房；當我來到辦公室，所有人都會圍繞著我轉，從接待員到吉米・艾歐文，每個人看到我都興奮不已，對我阿諛奉承——那是當然的，因為我讓他們的口袋裡都裝滿了錢。

但當銷售開始放緩時，我能感覺到能量正在轉變——一開始是微妙的變化，然後愈來愈明顯。簽合約的過程開始變得緩慢。我的電話和電子郵件回覆速度也變慢了。我開始發現，和我開會的大多是公司裡的基層主管，而不是決策層的大佬們。

與許多藝人不同，我一直抱持學生的心態來看待這個行業。我閱讀《告示牌》（Billboard）、《綜藝》（Variety）和《好萊塢報導》（Hollywood Reporter Hollywood Reporter）等媒體，關注產業趨勢。我知道，在一九九九年到二○○九年這十年間，音樂銷售總額從一百四十六億億美元暴跌至六十三億美元，跌幅超過50%。沒有人賣的跟以前一樣多。

當我把這些行業數據與新視鏡辦公室裡感受到的能量變化結合起來時，我知道是時候採取行動了。與其坐以待斃，我決定先發制人。我主動安排了一場與吉米・艾歐文的會議，直接告訴他，我準備離開了：「你們現在其實已經不是在做音樂生意了。我認為自己獨立發展會更好。此外，我也要開始積極地投入電影和電視領域，因為這才是我真正的熱情所在。」

吉米聽完後，問了我一句：「哦，你想要兩邊都做？」他表現出一副驚訝的樣子，但我從他的語氣裡聽得出來，這其實讓他鬆了一口氣。他們早就想擺脫我了。

在那一刻，我本來可以選擇心懷怨恨，因為吉米從來不是我的「老闆」，他是我的合夥人。我們曾經一起創造了巨大的成功。原本我可以當場質疑他：「為什麼我們明明一起賺了這麼多錢，你卻沒有一直站在我這邊？」「為什麼你沒有更支持我的最後幾張專輯？反而還投入大筆資金去推動那些明顯更差的案子，例如吹牛老爹那張《到巴黎的最後一班列車》（*Last Train to Paris*）？」（不過，其實我很清楚這背後的原因……這個話題就留到下一本書再說吧。）然而，當時的我已經把目光放在未來——一個屬於影視行業的未來。

相反地，我選擇去感受辦公室裡的能量變化，洞察整個產業的發展趨勢，並掌控自己的未來。這永遠比坐等牆上的字跡出現來得更明智。

接受「跟我不一樣」，才能打開視野

每當我聽到有人說「金錢沒有改變我」，我總是會想：那只是因為他們還沒賺到足夠的錢！相信我，當你開始賺到真正的錢時，很多事情都會發生改變。其中最重要的之一，就是你周圍的交友圈。

過去十五年來，我結交了許多新朋友。其中有不少只是「業界朋友」，也就是那些在活動上碰到、拍張自拍、瞎扯幾句，然後就各走各的那種。但同時，我也遇到了一小群真正對我人生有益的朋友。他們透過分享自己的經驗、見解和人生哲學，極大地改變了我看待世界的方式。

其中一位我最喜歡的新朋友就是羅伯特．格林，我們曾共同撰寫過《想生存、先搞定遊戲規則》。

羅伯特絕對不是我以前生活圈裡會出現的那種人——他是一個中年白人，完全沒有一點「街頭」氣息。他是一個歷史迷，最開心的時候就是埋頭研究與閱讀。

在認識羅伯特之前，我根本沒接觸過像他這樣的人。我身邊的朋友可能偶爾會讀幾本書（包括他寫的經典著作《權力的48法則》），但我不認識任何真正的學者，也沒有人能像他一樣對歷史的各種時期和議題都瞭若指掌。

在跟羅伯特建立友誼之前，我從來不會對那些看似跟自己無關的事情產生興趣。我總覺得，古羅馬或中國帝國時代發生的事情，怎麼可能對我的人生有任何影響？

但羅伯特分享的故事讓我意識到，原來自己是如此封閉。其實，歷史中蘊藏著無窮無盡的策略與技巧，我甚至可以從中取材。羅伯特告訴我，當你讀關於拿破崙（Napoléon）或俾斯麥（Bismarck）的故事時，不應該只把他們當作老舊歷史書裡的白人老頭，而應該視他們為擁有卓越戰略頭腦的天才，他們深諳如何**將策略與時局相結合**。而這，**才是真正掌控權力的關鍵**。

當然，我跟羅伯特的關係是雙向的。我向他分享我的人生經歷，幫助他從書本的世界走出來。跟著我混，他能夠親眼看到某些策略如何在現實生活中被執行，我認為這對他來說也是一種令人興奮的體驗。

我記得有一次他對我說：「你知道嗎，在美國，我們不應該是朋友。人們希望我們之間有一道高牆，因為我們來自完全不同的世界。歷史和嘻哈本來不該交會。但為什麼不行呢？我們在彼此身上都有很多可以學習的地方。我們的友誼，就是在打破這道牆。」

我特別欣賞羅伯特的一點是，儘管他花了一輩子研究權力的運作方式，他本人卻並沒有被權力迷住。每年，他都會被邀請到世界各地與國王、總統和國家元首（我不能說是哪些人）見面，這些領袖都想向他請教戰略。但他只是分享自己的見解，然後回到書本世界裡。

說實話，他甚至有點太溫和了，特別是在私生活中。有幾次我還得告訴他：「有時候，你完全可以對某些人無情一點。」但這根本不是他的性格。他雖然懂得操縱權力的技術，但內心卻是個慈悲的人。而這對我來說反而是一種很好的影響。因為他的個性，讓我在某些情況下也能變得更有同理心。

另一個與我建立起「不太可能的友誼」的人，是暢銷書作家兼身心靈專家迪帕克・喬布拉（Deepak Chopra）。如果說羅伯特是我的歷史老師，那麼迪帕克就是我的靈性導師。他所教我最寶貴的一課，就是如何讓自己的思緒保持清晰與放鬆。

對我來說，這一直是個難題。我是那種大腦永遠停不下來的人，總是不斷地思考、規劃、制定策略。我一直認為，如果我稍微放鬆一下，別人就會趕上並超越我。

但迪帕克幫我理解了一點：**想讓頭腦保持敏銳，最好的方式就是給它喘息的空間**。他教我如何透過冥想來達到這個效果。他告訴我，冥想有很多種方式，但他最推薦的，是一種「咒語式的冥想技巧」。

如果你沒嘗試過，這種方法的原理是——在腦海裡反覆默念一個詞或短語，直到你的大腦開始平靜下來。傳統上，這個詞可能是一個梵文單詞，但迪帕克告訴我，我可以使用「I am」這個短語。他說，每當感覺思緒開始混亂、不受控制時，我可以找個安靜的地方坐下，閉上眼睛，然後反覆在腦中默念：「I am, I am...」直到腦中的雜音消失。

我試著按照他的指導去做，但剛開始並不順利。我發現，當我默念幾分鐘後，腦子裡會突然冒出一堆亂七八糟的想法，讓我完全分心，甚至忘了自己正在做什麼。我不想放棄，所以我打電話給迪帕克求助。他告訴我：「這是正常的。**冥想的目的不是讓你完全停止思考，而是幫助你降低思緒的音量**。當你的腦海中開始充滿混亂時，冥想就是一個可以讓你慢下來、重新獲得清晰思考的工具。」

這番話讓我醍醐灌頂。因此，我甚至在家裡專門設立了一個冥想空間。每當我感覺壓力過大時，我就會坐在那個房間裡，花十到十五分鐘重複我的咒語。這是一個非常簡單，但極其有效的方法，可以幫助我重新掌控自己的思緒。

擁有一個安靜的空間固然很好，但我發現自己最能靜心冥想的地方其實是在飛機上。當我知道自己將在同一個座位上待上好幾個小時，我總會利用部分飛行時間來冥想。當然，打開筆電看部電影或電視劇是個誘人的選擇，但這對我來說並沒有真正的益處。因此，我會逼自己至少持續半小時念誦我的咒語。

剛開始的十分鐘左右，我的思緒總是會飄走。但如果能堅持下去，過一會兒就能進入狀態。我或許無法完全擺脫雜念，但至少內心會變得更加平靜。當冥想結束後，我的思緒會變得更清晰，決策能力也會更穩健。這讓我能將原本單調的飛行時間，轉化為一段有建設性的時光。

如果有人在我成長的皇后區跟我說，將來我會和一個熱愛歷史的白人或是一個沉迷冥想的印度人成為朋友，我一定會笑到不行。因為當時的我根本不會與任何「跟我不一樣」的人往來。

但現在，我無法想像自己的人生裡沒有像羅伯特和迪帕克這樣的朋友。他們以不同的方式，徹底重塑了我對世界的看法，也影響了我與這個世界的互動方式。

我承認我的處境肯定和大多數人不同。你或許不太可能有機會見到自己最喜愛的作家，或者與世界知名的療癒師交流。但這並不代表你無法主動尋找更有深度、更全面的人，並把他們帶進你的世界。**你的朋友不一定要和你有完全相同的興趣**。

例如，如果你每次和兄弟們出去，話題永遠只圍繞著嘻哈音樂和ＮＢＡ，那你真的該做點調整了。

如果你的兄弟們每次出席活動還是只穿牛仔褲和運動鞋，那麼你在這方面也可以多開拓一下。

我以前也是這樣。在我的成長環境裡，西裝只會在葬禮或出庭時才會穿。但隨著年齡增長，我學會了適應。我明白，總有一些場合，我需要穿上一套剪裁得體的西裝，搭配一雙皮鞋。我仍然會聽到有人問：「你為什麼穿成這樣？」但我不會因為他們的舒適圈而讓自己停滯不前。即使我的本能還是想穿搭棒球帽、牛仔褲和球鞋，我依然欣賞那些能向我介紹新品牌、推薦優質西裝店的人。

你身邊需要有人能帶你去平常不會去的地方、分享你不會主動閱讀的文章、讓你嘗試不會點的食物。你要找到能為你的生活注入新能量的人。因為如果你年復一年，總是跟同樣一群人談論同樣的話題，你的能量就會停滯，你的想法會變得陳舊，你的前進動力也會卡住。

我不僅在擴展自己的社交圈，也在拓展我的職業圈。

在幾乎每一個企業會議室裡，我周圍的人通常受過比我更多的教育，讀過比我更多的書，接觸過比我更多的文化。

在職業生涯的早期，這樣的情境可能會讓我感到不安，甚至讓我找藉口避免進入這些場合，因為我不想讓自己顯得無知或格格不入。但我最終克服了這種不安全感，因為我意識到，**這些人並不是比我「更有文化」，他們只是接觸了「不同的文化」**。

我在紐約皇后區的南牙買加成長時接觸的文化，與在比佛利山莊或曼哈頓上東區成長的文化一樣真實。它們的基礎和價值觀或許不同，但它們同樣擁有自己的意義和深度。

我也逐漸明白，就像我曾因為對他們的文化一無所知而感到不安一樣，他們或許也會因為不了解我的背景而感到不安。他們的孩子可能在比佛利山莊的私立學校上學，但開車送孩子上學時，車裡可能正播放著我的音樂。這意味著我們之間並不存在不平衡的狀態——在文化層面上，我們是平等的。

如今，我已不再感到膽怯，反而主動尋找那些比我更有學識、受過更多教育人們在的場合。我喜歡這樣的環境，不是因為我不珍惜自己的經歷，而是因為我知道，當我身處於充滿智慧的人之間，我可以從他們的見解中獲取真正的價值。當我將這些資訊與我的直覺和人生經驗結合起來，就能夠創造出令人驚嘆的成果。

只要你在累積資訊，你就永遠不是在浪費時間。因此，我總是優先選擇知識，而不是金錢。最近，我收到了來自以色列的一筆可觀報價，邀請我去表演。我本來可以只在演出當天抵達，但我告訴我的團隊幫我訂前一天的機票。「你想去觀光嗎？」他們問。「不是，」我解釋道：「我要見那個能開出這種支票的傢伙！」我不知道這個人是做什麼的，但我知道我一定能從他身上學到些什麼。

這不僅僅是我的職業態度，我真心喜歡與任何能提供新觀點、改變我思維方式的人對話。有時，我對某個議題的看法非常堅定，自認為不可能被說服。但如果遇到一個聰明人，從我未曾想過的角度切入，提出全新的觀點，那麼我的整個思維可能會徹底改變。

這種情況最近就發生過。我和一位朋友討論前美國副總統彭斯（Pence）的一則新聞，他表示自己不會在沒有妻子陪同的情況下與女性共進晚餐。許多人對此感到憤怒，但我卻不明白為什麼。「這有什麼不對？」我問我的朋友：「我能理解他，他找到了適合自己的方式，這沒什麼問題吧？」

但我的朋友不願就這麼放過彭斯，或者放過我這種受限的視角。

「聽著，五角，你得站在我的角度來看這件事，」他說。「我有兩個女兒，我不會再有其他孩子了，她們就是我的未來。假設其中一個學業優秀，想進入政界，她努力向上爬，做了所有正確的事情，終於有機會與副總統共進晚餐討論政策。然而，彭斯的辦公室卻告訴她，除非他的妻子在場，否則這個晚餐不會發生。這公平嗎？」

「為什麼不公平？」我問道：「他只是想保持專注，他知道自己的缺陷，我們應該讚揚這一點，而不是批評他。」

「不，他應該受到批評，」我的朋友回答：「首先，他是以副總統的身分出席晚餐，而不是作為一個普通男人。因此，當他說不能單獨與我的女兒見面時，這代表了什麼？這意味著他首先把她看作一個性對象，而不是一個遊說者、一名政策專家、一位參議員，或者其他任何她可能的身分。他首先看到的，是一個性客體。」

我開始理解他的觀點，但他還沒說完。

「還有另一個問題，五角。你知道，當兩個人單獨談公事時，氛圍是不同的。他們可以直截了當地談論敏感話題、交換情報、商討策略、甚至批評對手，聊那些在別人面前不能聊的事。在現實世界中很多生意都是這樣談成的。但是當一方的配偶在場時，對話的調性就會改變，話題會圍繞著孩子、假期，或者最近看的電視劇，而不是核心的業務內容。

「如果我的女兒要與副總統討論重要的事情，我希望她能夠直截了當地進入重點，與這位掌權者真正討論如何推動改變。我不希望她因為性別而被剝奪這樣的機會，或者不得不接受與一名男性同行不同的對待。去他的！」

「靠，我怎麼之前沒看到這點？」我驚訝地對我的朋友說。

當他這樣向我解釋時，就像一顆炸彈在我腦海中爆炸一樣。我原本的視角是黑白分明的，而他幫助我看到了更豐富、更完整的多彩繽紛畫面。

我的視野之所以受限，是因為我以單身男性的角度在思考這個問題。作為一個了解欲望的人，我能夠理解彭斯的立場。但我沒有站在女性的角度去思考，她在這個情境下所受到的不公平對待。

我熱愛這樣的時刻——當我發現自己的思維有錯誤時，我可以開始修正並進化。我不需要永遠是對的，也不想身邊圍繞一群唯唯諾諾的「應聲蟲」，在我說出蠢話時還附和：「沒錯，老大！」不，我希望自己的思維能夠被拓展，我希望自己的視角能夠被挑戰。我希望與那些比我聰明的人對話，讓我能夠獲得新的見解。

無論我走到哪裡，我都在觀察人們——他們的言談方式、態度，以及分享的資訊。我可能只是坐在火車上，但仍會留心周圍的人，記下值得學習的細節。**這就是我學習商業之道的方式**——透過觀察那些我欽佩的人，並研究他們如何行動與決策。聰明人總是在不經意間流露出許多寶貴的訊息，抓住這些機會，吸收所有有價值的知識。

嘻哈文化對這個國家帶來了許多積極的影響，改變了無數人的人生。然而，還有一個地方值得改進——我們太過注重「耍酷」了。

我們喜歡那些曾受過傷的饒舌歌手，卻不接受他們表現出不安全感或像個書呆子。這一點需要改變。我們應該讓人們知道，承認自己不懂某些事情是可以的；承認自己沒有所有的答案是可以的；承認自己在某些情境下感到不確定也是可以的。因為，**只有當你承認自己還有成長的空間，成長才能真正開始**。

有些人總是想讓自己成為房間裡最聰明的人。他們這樣做，是因為這能夠撫平自己內心的不安全感。相比真正讓自己成長，他們更願意營造出一種自己很重要的假象。

千萬別成為這樣的人。要時刻挑戰自己，讓自己身處那些擁有不同知識、經歷與視角的人之中，最重要的是，這些人不會害怕與你分享他們的見解。這些人才能夠加速你的成長、幫助你成為最佳版本的自己。

Ch.6

「形象」會在你開口前先說話

Power of Perception

你怎麼看待世界，世界就怎麼看待你；
你怎麼對待自己，世界就怎麼對待你。

——碧昂絲（Beyoncé）

當《要錢不要命》發行時，我仍然有一隻腳深陷街頭。這種與困境的連結讓人們對我感同身受。

然而，當我在最高層級獲得成功後，這種連結卻消失了。隨著名氣和財富的增加，我不再像個普通人，反而更像漫畫裡的角色，而不是一個擁有真實情感的人。人們對我的看法是，即使被砍了一刀，我也不會流血。

隨著時間過去，我學會放下對這種刻板印象的不滿，接受有些對我的假設是我無法改變的。但我能做的，是更聰明地利用這些刻板印象，把它們當籌碼運用，在遊戲規則裡搏出自己的路。

我注意到媒體報導我的方式其實有一個規律：當我的事業一帆風順時，他們稱我為「音樂大亨五角」；然而當我遇到挫折時，他們又改稱我為「饒舌歌手五角」。

對於這種不一致，我本可以產生負面的執念，但我看到了其中的機會。當媒體在我做出爭議行為時稱我為「饒舌歌手」，**其實是在給我某種自由**

——一種其他人無法擁有的自由。

如今，人們普遍害怕公開表達自己的想法，特別是那些有影響力的人。他們擔心在社交媒體或新聞上說錯話，可能會失去代言、角色、朋友，甚至整個職業生涯——他們可能會被「取消」。

但我從不擔心被「取消文化」[1]影響。打從一開始，我就對自己的問題保持透明，所以人們對我的期望與對我的同行不同。他們接受我本來就是個有缺陷的人。

當我說了一些瘋狂的話時，媒體稱我為「饒舌歌手五角」，這反而成為了我的保護盾，任何關於取消的言論都會直接彈開。即使是最嚴厲的批評者也會承認：「那只是五角本來的樣子。」

這種做自己、毫無保留的自由，變得無比珍貴。我手上最強大的工具之一就是我的ＩＧ，擁有三千四百萬粉絲。為什麼這麼多人關注我？因為它總是充滿話題！他們喜歡它的真實、不加修飾，因為這完全是由我本人親自經營的。沒有公關來管我發什麼，也沒有某個坐在辦公室裡的二十五歲社群媒體經理，試圖模仿我的語氣來發廣告文。這就是我每天最真實的反映，幾乎沒有哪個同行能做到這一點。

這裡有個有趣的轉折：我的ＩＧ熱度其實大大推動了《權欲》這部劇的成功，也間接促成了我和Starz簽下的數億美元合約。當媒體在報導這筆交易時，我絕對不是「饒舌歌手五角」，而是「企業家柯蒂斯・傑克森」。我的拚勁改變了人們的看法——是柯蒂斯・傑克森，這位商業大亨和娛樂界操盤手，促成了這筆合約。

現在我明白其中的優勢，所以我已經能夠自在地以「五角」和「柯蒂斯・傑克森」這兩種身分示人。

五角是人們眼中的形象。

柯蒂斯・傑克森是現實。

但這不代表五角是虛假的角色——絕對不是。我在音樂裡說的九〇％都是我親身經歷過的，而且還有許多體驗從未出現在我的音樂中。

現在，我可以利用五角這個形象——這個我用血汗換來的形象——來保護並提升柯蒂斯・傑克森。

許多人最大的恐懼，就是做自己。

可能有些人在讀這本書時，希望自己能成為「下一個五角」。如果這是你的想法，請放下這個念頭。你有屬於自己的旅程，模仿任何人都不會是適合你的道路。

當你過度模仿別人，你其實是在向世界釋放一種微弱、無效的能量。你正在逃避自身最取之不盡的能量來源——那就是做自己。

我希望你從這一章學到的，是如何展現最好的自己，並理解這將如何對你的成功產生巨大影響。影響他人對你的看法，並不代表你是虛偽的。這不代表你是個騙子。這代表你是一個**懂得如何利用能量，為自己創造優勢的人**。

試著把你的能量想像成水。數千年來，人們一直在嘗試駕馭水的能量。古希臘人建造水車，利用河流的力量來磨麥製成麵粉。中國古代使用「水車」將河水引入灌溉渠道。非洲與中東的伊斯蘭工程師則利用水力來驅動「提水機」。到了現代，我們建造了像胡佛水壩這樣的龐大工程，利用科羅拉多河的力量來灌溉土地、防止洪水，並為數百萬人提供電力。

1 編按：Cancel culture，一種社群抵制行為。

這些技術雖然改變了水的用途，但水的本質從未改變。唯一改變的，是人們如何聰明地利用它。

同樣地，試著用這種方式來看待你的能量和形象管理。你的本質不會改變——你只是用更聰明的方法發揮自己與生俱來的力量。

塑造觀感＝掌控關係

我第一次嘗試塑造別人對我的觀感，完全是出於不得已。那時我大約十二歲，剛開始接觸販毒。我很清楚自己會成為一個能賺錢的人，但我面臨一個問題：我根本沒有空閒時間去街頭擺攤。

當時我還在國中，奶奶不可能允許我輟學。我唯一能夠做生意的時間，是從下午三點放學後，到六點必須回家前的這段空檔。

那時候，奶奶習慣每天接送我上下學，這讓我根本不可能偷偷溜去做生意。我必須想出一個理由，讓自己可以獨自走回家。我當時的體型已經有一百五十磅，幾乎和一個成年人差不多大了，所以我告訴奶奶，附近的孩子開始取笑我，我對她說：「有些八年級、九年級的學生都比我瘦小，卻自己走回家，現在大家都覺得我是個遲鈍的傢伙，妳得讓我自己走才行。」

對奶奶來說，要答應這件事並不容易，因為陪我走路已經成為我們之間的習慣。在那段時間裡，我們會聊聊我的生活，或者我腦海中對世界的疑問。那些散步時光是我們真正培養感情的時刻。

然而，沒有祖母希望自己的孫子被欺負，所以她最終還是讓我開始自己走路。解決了這個問題後，接下來我還得想辦法解釋，為什麼放學後沒有立刻回家。我或許可以編個理由，比如說和朋友打籃球，或者去買點糖果，但這些藉口最多只能騙個一小時，沒辦法天天拖到門禁時才回家。

於是，我想到了一個辦法。學校有一個課後輔導班，學生可以在那裡做作業或參加活動，一直到晚上六點才結束。我報名參加了，還帶了學校的文件回家給奶奶看，告訴她我每天都會待到六點。她很高興我願意努力用功，於是簽了名。我去了輔導班幾天，之後就再也沒去過。學校對課後輔導的出席率沒有那麼嚴格，並不會像上課時一樣每天點名；如果缺席，也不會有學校老師特地來找我。我終於可以每天從下午三點到六點自由行動，去街上「哈搜」了。

我甚至還想出了一個方法，讓自己不用每個星期天都去教堂，這在奶奶家可是硬性規定。全家人都遵守這個規矩，直到有一年，她換了一間新教會。去了幾次後，很明顯發現那位新牧師有點像個街頭騙子。我的祖父本來就不喜歡去教堂，於是他抓住這個機會，對奶奶說：「我不用每個星期天去教堂，讓這個傢伙來告訴我上帝的事。我打算待在家裡，自己讀聖經。」奶奶沒有反駁他，而我也立刻趁機行動：「我想要待在家陪爺爺！」祖父聽到後有些驚訝，因為我從來沒表現過想要和他待在一起。

「這小子想陪我？」他問道。但他似乎察覺到我有點像他的同謀，很快就接受了這個提議，甚至還幫我說服奶奶：「不、不，就讓柯蒂斯跟我待在家，對這孩子會有好處。」

我們本來只是想找個藉口逃避去教堂，但最後，星期天早晨卻成為我們培養感情的時間。在那之前，祖父對我來說只是個總是忙於工作的陌生人。但從那時起，我們開始變得更了解彼此。不過我們一起看美式足球比賽，還是在家裡隨意聊天的時間，比真的坐下來研讀聖經多太多了——奶奶可不知道這些。我們建立起的關係延續至今。

這段時間，我祖父替我上了另一堂重要的課：**如何在關係中掌控觀感**。

他在當地的吉姆西（GMC）汽車工廠工作，每逢發薪日，他總有一個固定的習慣——每次進家門他都會立刻把薪水交給奶奶。奶奶不需要逼他、不需要爭吵，他會主動把錢交出去。

小時候，我完全無法理解這種行為。我心想：「你辛辛苦苦工作一個禮拜，結果薪水卻直接給別人？這是什麼奇怪的規定？」

直到最近，我帶祖父去旅行（每年至少帶他出去一次），我們聊起這件事。我問他：「爺爺，我一直不明白，你為什麼每次發薪水都直接交給奶奶？」

他解釋道：「你當時不懂，因為你還太年輕，但我這麼做，是為了讓她不要去想那些我無法給她的東西。與其讓她沉迷於不切實際的幻想，不如讓她掌握實際的狀況。讓家裡保持和平，對我來說，比多留幾塊錢在口袋裡更重要。」

我終於理解了爺爺的策略。如果他對自己的收入守口如瓶，那麼奶奶自然會懷疑他是不是藏了私房錢。她可能會纏著他要一件更漂亮的洋裝，或是一雙昂貴的鞋子。她可能會這麼想：「他應該買得起，只是太小氣罷了。」

但爺爺選擇直接把薪水全數交給奶奶，讓她親眼看到他賺了多少錢，這樣一來，家裡的氛圍就不一樣了。如果她真的想買昂貴的鞋子或洋裝，那她得自己決定是否值得花這筆錢，而不是要求爺爺負責。

此外，因為爺爺毫無保留地把錢交給奶奶，他成了她生活中最可靠的存在。大多數人都會選擇依賴確定的事物。當我用這個角度來看，爺爺的行為頓時變得完全合理了。

雖然我很高興能在週日和爺爺培養更深的感情，但我並不那麼喜歡對奶奶撒謊，尤其是關於我放學後在做的事。不過，我開始意識到，為了得到我當時想要的一切，我必須學會在奶奶對我的認知，與我在街頭逐漸成形的**身分之間取得平衡**。

我可以像許多住在附近的孩子一樣，乾脆輟學，然後說：「我他媽的才不在乎我家人喜不喜歡！」但我對奶奶的愛太深了，我不能那樣做。我必須讓她繼續保有對我的想像——繼續當她的寶貝。

儘管我試圖隱藏部分生活，奶奶仍是最了解我的人。在她去世後，我的阿姨翻閱奶奶的舊聖經，發現她曾經在小紙條上寫下禱告詞，然後夾在聖經裡。阿姨拿了一張給我看，上面寫著：「主啊，請保護柯蒂斯，別讓他傷害自己。他脾氣不好，但這不是他的錯，因為這個孩子經歷了太多事情。」

讀到這段話時，我淚流滿面。在當下，我願意以自己的生命將她換回人世間。這就是她對我而言的意義。

對奶奶的愛，也是我選擇維持雙重身分的原因。在家裡，我依然是「寶寶」（Boo Boo），那個遵守奶奶規矩、不在屋裡說髒話的乖孩子，喜歡吃奶奶做的豬肉燉豆香腸，懂得禮貌、尊重長輩。

但在家門外，我塑造了一個截然不同的形象。雖然那時我還沒有「五角」這個名號，但我已經開始成為一個不能被輕視、願意不擇手段達成目標的人。

在奶奶眼中我是她的乖孩子，但在街頭，我想要讓大家注意到我，讓人們敬重我。我知道有許多事情自己無法改變——我貧窮、沒有父母，長得有點奇怪。但有些事情是我可以掌控的，比如我的外表和形象，我決定要用這些來讓別人對我留下印象。

首先，我決心改變自己的體態。我曾是個胖小孩，你們記得我在〈二十一個問題〉（*21 Questions*）裡唱過「I love you like a fat kid loves cake.」（我就像個愛吃蛋糕的胖小孩一樣愛你）嗎？那個胖小孩就是我。我花了太多時間窩在沙發上，一邊看電視，一邊狂嗑起司三明治、喝蔓越莓汁。如果不改變，我遲早會變成一個肥胖、罹患糖尿病，甚至遭受各種健康問題的人，就像許多和我有相同背景的非裔美人一樣。

進入拳擊館改變了我的體態和形象。開始下定決心訓練後，我從一個肥胖的十二歲男孩，蛻變成一個精實、有力量的年輕人。最讓我驚訝的是，隨著訓練的進行，我竟然開始對拳擊的紀律產生渴望，甚至超越了我對蛋糕、餅乾和汽水的癮頭。甜食只會讓我短暫快樂，當那股快感消失後，我又回到原點。但訓練和保持健康，則讓我時時刻刻都感覺良好。

除了體能的提升，我也發現我的身材開始影響別人對我的態度。即便其他男人不會立刻被我嚇到，但他們確實更尊重我。而許多女性也被我吸引，不只是因為外表，而是因為我的肌肉所傳達出的訊息——它象徵著紀律、堅持，代表我願意持續努力去追求目標。這些特質，比起二頭肌或寬闊的肩膀，對女性來說更具吸引力。

從我踏進拳館，甩掉身上的贅肉後，健身就成為我生活的一部分。唯一的一次例外，是我在《要錢不要命》專輯巡演後的那段時間。那次巡演持續了一年多，我沒有事先為巡演的生活做好準備。結果在旅途中，我過度依賴客房服務和速食，漸漸回到童年時期的飲食習慣，什麼都吃，卻越來越少健身。

毫不意外，我的體重直線上升。一開始巡演時，我看起來還像個饒舌歌手，但到了最後，我看起來更像是歌手的保鑣。當時，我即將拍攝第二張專輯《街頭大屠殺》的封面，這成了一個大問題——確切地說，是我的胸肌出了問題。

在《要錢不要命》的專輯封面上，我赤裸上身，肌肉線條明顯，胸前掛著一條鑽石十字架項鍊。這張照片成為了我的標誌，也被證明能夠賣出唱片。

但當我要發行《街頭大屠殺》時，現實情況卻不一樣了。我並沒有變得肥胖，不過原本結實的肌肉已經變成了鬆垮的贅肉。我沒辦法放棄赤裸上身的封面風格，於是我想出了一個辦法：我還是用了一張沒穿上衣的照片，但這次，我拿起筆，在自己身上畫出了原本消失了的肌肉線條。為了讓人忽略我身上的贅肉，我特意強調了胸肌、肩膀和手臂的輪廓。我還戴上手套，讓整張封面呈現出一種漫畫風格。

這個轉移注意力的策略成功了——沒有人在討論「發福的五角」，大家只關注音樂。《街頭大屠殺》首週銷量達到一百五十萬張，最終在全球賣出了超過一千萬張。儘管如此，我發誓再也不會這樣妥協自己了。

這不公平，但「形象」會在你開口前先說話

自從在《街頭大屠殺》封面上妥協用筆畫出肌肉後，我就下定決心要一直維持貨真價實的體態。不過，我必須承認，有些時候我也會**刻意操控別人對我的觀感，來推進自己的目標**。

我第一次意識可以透過「展現成功的形象來吸引自己想要的東西」，是在我試圖從販毒轉向音樂的時候。

我在街頭混得風生水起，但沒有人真正把我當作饒舌歌手看待。我知道，如果想要有所發展，就必須結識對的人。懷著這個目標，一天晚上，我和幾個兄弟決定去曼哈頓的一家高端嘻哈夜店「賓麗」

（Bentley's）。

賓麗會在電臺直播他們週五派對的音樂，這吸引了大量饒舌歌手、運動員、名人和模特兒。如果想要打入這個圈子，賓麗無疑是個絕佳的場所……前提是你能通過門口的保鏢。他們的工作就是確保紐約五大區所有想要拿到唱片合約的街頭混混都進不去。

我們開著我的 400 SE 賓士抵達夜店，這是一臺極為拉風的車，當時沒多少人有。當我緩慢駛過夜店門口時，突然有個人衝上來，重重地拍了一下我的車頭。我這個人最討厭被人突然嚇到，我的不悅肯定寫在了臉上。

「欸，老兄拍謝！」那人連忙道歉：「我還以為你是我兄弟肯尼，他也開這臺車！」

等我平復心情，仔細一看，眼前這人竟然是 Run-DMC 的傑伊！他可是我的偶像！

我立刻把車停下，跳出來跟傑伊打招呼，並告訴他我來自南牙買加區，一直在關注他的音樂。他則笑著向我道歉，解釋說他原本以為我是來自皇后區的 NBA 球星肯尼．安德森（Kenny Anderson）。

我問傑伊是否準備要進去賓麗，他回：「對啊，我正準備進去玩玩。」我當機立斷，抓住這個機會：「喲，我們跟你一起進去。」傑伊看了我一眼，思考了幾秒鐘，然後說：「行啊，走吧。」就這樣，我們順利通過保鏢，走進了賓麗。如果不是因為傑伊，我們根本不可能進得去——他直接把我帶進了音樂圈。當晚我和傑伊成為朋友，這段關係最終讓我和 JMJ 唱片簽約，開啟了我的音樂事業。

但重點是：如果當時我不是開著 400 SE 賓士，傑伊絕對不會邀請我一起進夜店。如果我只是站在人行道上走過去跟他打招呼，他甚至不會停下來跟我說話，更別說帶我進去了。這並不是說他勢利或有偏見——傑伊走到哪裡都有人搭訕，他根本不可能有空搭理所有人。

但當他看到我的車，並誤以為我是肯尼．安德森，那一刻，我的形象瞬間變得強大且具影響力。即使後來發現我不是ＮＢＡ球員，我在他眼中依然是個「值得注意的人」。而一旦我成功吸引他的注意，接下來就要看我能否善用機會了。而我，成功做到了。

有些物質象徵——其中最具代表性的就是車子——**能讓別人認為你是一個值得重視的人**，一個與眾不同的人。尤其是在紐約市，你無法開著你的高級公寓或褐石屋在百老匯上招搖，但你絕對可以開著你的帥車，緩緩駛過人群。

想像一下：一個年長、富有的白人男子正開著勞斯萊斯在路上行駛，而我則開著一輛破舊的老車停在他旁邊。突然，我注意到他的車底冒出火焰。我示意他搖下車窗，但他只會瞄我一眼，然後繼續直視前方。我或許是在試圖救他一命，但他根本不會給我任何注意力。因為在他的認知裡，我不是他應該交流的人。

現在換個情境：假設我開的是法拉利，然後我注意到他的車著火了，示意他搖下車窗。這次，他會毫不猶豫地搖下窗戶，說：「有什麼事嗎？」這種情況十次裡有十次都會發生。我可能長得一模一樣，散發著相同的能量，但他只會在看到我開豪車時才願意理會我。我所駕駛的車子，完全決定了他對我的看法。

但這不僅僅適用於車子。我最近和一位非常知名的媒體人士聊天時，他提到自己總是會注意別人戴的手錶。如果他不認識這個人，但對方戴的是一款好錶，他就會產生興趣。「我會開始想，『這傢伙是做什麼的？』」他告訴我：「然後我會試著找機會跟他聊聊，因為他一定掌握了某些門道。」

有些人對球鞋也有同樣的感受。如果你穿著一雙對的球鞋走進房間，這類人一定會注意到你。你甚至還沒開口說話，他們就已經把你視為值得關注的對象。

對許多女性來說，名牌包包也有類似的影響。大多數男人分不清兩萬美元的柏金包和中國城賣的假古馳包，但對其他女性來說，一個人背的包包具有象徵意義。當你背著一個超狂的包走進房間時，很多人的眼睛都會亮起來。

你當然可以說：「那個開勞斯萊斯的老頭，不管你開什麼車，都應該一視同仁地對待你。」或是「你不應該因為別人戴了好錶就對他感興趣。」但這些話與現實完全不符。

每當你走在街上、開車出門、去超市、在健身房運動，甚至在社群媒體上發照片，你都在被別人評判——不僅是認識你的人，還有更多你甚至不會見到的人。**與其抱怨「這不公平」，不如接受這個事實，然後好好掌控自己的形象，確保自己呈現出最佳狀態**。

我坦白說，我會根據外表來評斷每一個見到的人。當我和你握手的時候，我的眼睛已經在掃描你的整套穿搭，從中獲取線索。特別是當我們第一次見面、準備談生意的時候。**在你開口之前，你的外表已經向我開啟對話了**，你應該確保它傳遞的是正確的訊息。

尤其是那些在我面前穿得很隨便的人，我會特別注意。假設你來開會時穿著 T-shirt 和牛仔褲，這代表你很自在。這未必是壞事——如果我感覺你很有能力，那麼這種自在就沒問題。但如果你沒能展現出專業度，那這種穿著就成了你的劣勢，表示你不夠重視這個場合。你可能會驚訝，其實有很多人都會犯這種錯。

有一次，GQ雜誌派了一名記者來訪問我。他穿著一件 T-shirt、一條牛仔褲，搭配一雙破舊的球鞋。這套穿搭或許在他朋友之間很潮，但在我眼裡，它暗示著他可能沒有完全投入這份工作。我們聊到「形象」這個話題時，那位記者問我對他這身打扮的看法。

我告訴他，也許他穿這樣來訪問五角沒問題，但我敢打賭，他的穿著已經影響了他在公司內部的形象。我跟他解釋：「GQ可能會派你來訪問我，因為你穿得很隨性。但如果是要去訪問演員喬治・克隆尼（George Clooney），他們一定會派一個穿西裝的人去。」

那位記者承認我可能說中了。為了驗證這點，他做了一個實驗：有一天，他決定穿上西裝去上班，而不是他平常習慣的T-shirt、球鞋和牛仔褲。結果，大家對他的態度立刻改變了。好幾位同事特地稱讚他的穿著，就連他的其中一位編輯還幫他拍照，並把照片發到GQ的IG頁面上。在GQ，這可是一個很大的肯定。我不知道他後來有沒有被派去訪問喬治・克隆尼，但毫無疑問的是，在他改變穿著後，也改變了公司內部對他的觀感。正如我告訴他的：當你精心打扮時，人們一定會注意到。

當我看到一個人花心思在自己的穿搭上，這代表他珍惜我們之間的關係。我喜不喜歡他的風格並不重要，重要的是他願意付出努力。前幾天，我和一位電視劇編劇見面，討論一個可能合作的專案。他穿著牛仔褲，但看得出來是剛燙過的；他穿的球鞋，看起來就像剛從盒子裡拿出來一樣乾淨；他搭配了一件寬鬆的純棉運動外套，戴著深色鏡框的眼鏡。他整體的穿搭散發出商務休閒風，完全契合我們要討論的內容。

聊了一陣子後，我覺得他人很不錯，於是問了他一個可能讓他意想不到的問題：「你今天特地這樣穿，是有特別的考量嗎？」這應該不是他在劇本會議中預期會出現的問題，但他回答得很坦然：「喔，我希望你能認真看待我，但又不想讓你覺得太正式。我想要讓你覺得我是一個好合作的人。」然後他補充說自己最近才開始戴眼鏡：「以前我不愛戴眼鏡，覺得它讓我看起來很老。但幾年前，我開始配戴，因為我覺得眼鏡能讓我看起來更聰明。如果我想讓別人願意花大錢買我寫的東西，這應該是個好主意。」

我告訴他：「你完全掌握到精髓了。你的眼鏡除了能讓你看清楚之外，還讓你看起來超級聰明！」

當然，他的穿搭風格不見得適合我。他的球鞋對我來說有點太樸素，運動外套我自己也不會穿。但這些都不重要，因為我不需要他穿得像我，我只需要確認他穿得符合這個職位的形象。

有些人可能覺得自己買不起那些時尚的衣服，也沒辦法每次開會都穿新鞋。但這不是理由。不管你的經濟狀況如何，你都買得起熨斗。即使你的衣服不夠時髦，但如果我看到你熨燙過它們，還在前一天晚上準備好，我會感受到你的用心。這表示，即使你沒有很高的預算，你依然帶著正確的態度來面對這個場合。這樣的人，我可以合作。

相反地，如果我看到一個人總是穿得邋遢，衣服皺巴巴、鞋子髒兮兮的，這對我來說是一個警訊。這表示這個人不看重自己，也不願意每天多花一點心思，把自己最好的一面展現出來。要燙一件襯衫、擦一下鞋子，真的不需要花多少時間。如果你連這種小事都不願意做，我憑什麼相信你會珍惜我的時間，或是尊重我？

主導對話的殺招：布魯斯．威利「低語策略」

我很清楚，企業界的大多數人是怎麼看我的——一個黑幫分子、惡棍、霸凌者。

如果他們安排跟我開會，他們的首要目標可能不是談成交易，而是確保自己能不被開槍，平安離開會議室。

我理解這種想法，而這其中有一部分確實是我自己造成的。我不會說我刻意塑造了一個「黑幫形象」——這聽起來太有計算心機了。但我確實非常誠實地描述了自己過去在皇后區的生活，而那些不熟悉這種背景的人，總是特別關注這些細節。

當我剛開始參加這些企業會議時，我很驚訝房間裡的所有人似乎都對我有點害怕。他們在怕什麼？我來這裡是談生意的，又不是來對他們開槍的。

後來，我意識到自己可以**利用這種緊張的氛圍來操控局勢**。如果我想要真正掌控會議，最好的方式就是展現出與黑幫形象完全相反的能量。當人們預期我會充滿侵略性和傲慢時，我反而展現出謙遜。我經常微笑，甚至顯得有點害羞。

這些企業高層原本已經做好心理準備，要迎接一場狂風暴雨，結果迎面而來的卻是清爽的夏日微風。這種「落差」瞬間瓦解了他們的防備心。

當我成功掌控了會議的整體氣氛，事情就會變得容易得多。他們對我的「友善」感到驚訝，潛意識裡也會變得更順從，對我的提案更容易接受。

即使在我微笑、表現得和善的同時，我依然會利用一些細微的方式來暗示自己是這場對話的主導者。其中一個技巧就是和對方交談時，輕輕觸碰他們的手臂。這種觸碰不會很大力，也不會讓人感到不適，只是輕輕地碰一下對方的前臂。這看似微不足道，但實際上是一種極其有效的方式，可以讓對方對你產生深刻印象。

這並不只是我的個人經驗，科學也證實了這一點。人格與社會心理學學會（Society for Personality

and Social Psychology）的一項研究發現，餐廳服務生如果在與客人互動時輕觸對方，獲得的小費會比那些沒有觸碰客人的服務生更高。另一項發表在《非語言行為期刊》（*Journal of Nonverbal Behavior*）的研究則顯示，輕觸可以讓陌生人更願意幫忙，比如幫忙找遺失物品，甚至更願意在街頭簽署請願書。換句話說，適當的輕觸能讓人更容易答應你的請求。

為什麼會這樣？科學家認為，當有人以「正確的方式」（即非侵略性）觸碰你時，你的大腦會釋放多巴胺、催產素、血清素等讓人產生快樂的化學物質。同時，壓力荷爾蒙「皮質醇」也會降低（相反地，侵略性的觸碰會讓皮質醇飆升）。結果就是——一個簡單的輕觸，能讓對方變得更放鬆、更願意接受你的提案。

關鍵在於如何正確地運用這個技巧。首先，你只能觸碰對方的前臂（肘部到手腕之間）。特別是如果你是男性，對象是女性，這條規則更是絕對不能違反。不要碰對方的肩膀、二頭肌、臉部，更不要觸碰腰部以下的任何部位。不要亂來，然後事後才來責怪道：「五角教我這麼做的！」你唯一能觸碰的地方，就是對方的前臂，沒有例外。

只有在你和對方的距離夠近時才可以使用這個技巧——如果你必須伸手越過桌子、或是繞過其他人才能碰到對方，那就不要做。這樣的觸碰會讓人感到不適，反而讓對方更抗拒你。動作必須輕柔、自然，就像是對話的一部分，而不是刻意為之。千萬不要用力抓住對方的手臂，更不能試圖「控制」動作。

下次你需要說服某人幫助你時，可以試試這個方法。譬如，你想請媽媽載你去商場，不要只是問：「媽，你可以載我去商場嗎？」而是在說話的同時，輕輕地碰一下她的前臂。無論她之前心情如何，我敢保證她的態度都會變得柔和很多，你更有可能得到那趟免費的車程。

或者，你在職場上想說服老闆讓你負責一個專案，在闡述自己的想法時，輕輕觸碰對方的前臂，讓你的話語更具影響力。記住：動作一定要自然，不能帶有任何曖昧或調情的意味。你的能量要保持冷靜、自信、可控。只要你掌握好這個技巧，無論你的老闆過去多麼難搞，你都能讓他們的態度轉變，最後把這個專案交給你。

另一個能微妙地掌控房間氛圍的方法，就是降低音量。可能你沒想到這招竟然會來自一位饒舌歌手，但這確實是一個極其有效的技巧。

而這個技巧，是由影壇傳奇——布魯斯·威利（Bruce Willis）親自傳授給我的。我和布魯斯·威利是在拍攝電影《黑幫教父》（*Setup*）時認識的。有一天晚上，整個劇組一起去吃飯，我正好坐在他旁邊。

那晚不斷有人過來跟布魯斯打招呼，每當有人和他說話時，我注意到：他總是用幾乎低到聽不見的音量回應對方。如果整桌人都在熱烈討論，他被問到意見時，回答的聲音也是幾乎像耳語般小聲。結果是什麼？整張桌子的人都不自覺地湊近，想要聽清楚他說的話。

吃完飯後，他邀請我一起到飯店大廳抽雪茄，我趁機問了他這個問題：「嘿，兄弟，為什麼剛才吃飯時，別人問你話，你幾乎都非常小聲地回應？但現在我們聊天時，你的音量又很正常？」

布魯斯聽了笑了起來，然後說：「你注意到了，對吧？你觀察力不錯。這是我多年前學到的一個技巧——當你身處一個充滿噪音、人們爭相發聲的環境時，最有效的方法不是變得更大聲，而是反其道而行——讓你的聲音變得更小、更輕。當有人這樣說話時，人們的本能反應就是『湊近』，想要聽清楚。而當他們這麼做的時候，他們其實正在『無意識地』把自己的力量交給你。」

「靠！」我驚訝地說：「我從來沒想過這一點！我一直以為，要掌控全場的人，必須是那種聲音最大、最有氣勢的人！」

布魯斯笑了笑，說：「試試看吧，你就會明白了。」

所以我試了一下，結果布魯斯說得完全正確。我講話越小聲，人們就越專注地聽我說話。在測試這個技巧的過程中，我發現**「給別人比他們預期的更少」，不僅適用於語言，也適用於肢體語言**。

例如，我注意到，當企業高層在與房間裡的人交談時，他們總會根據對方的非語言反應來調整自己的節奏。如果他們表達了一個觀點，他們會期待你有所回應。這個回應可能是一聲笑、一個點頭、一個挑眉，甚至只是換個坐姿。

這些動作都在向他們傳遞一個訊息：「是的，重要人物，我正在接收你的資訊。」即使我們沒有意識到這點，大多數時候，我們還是會不由自主地給予他們這種確認。所以，我決定做一個實驗。

我那陣子正在跟一群電視臺高層開會。這些電視臺的老闆們，比一般的企業高層更加自負，而且特別喜歡在會議上掌控全場。我想試試看，能不能在他們無意識的狀態下，無聲無息地把控制權從他們手中奪過來。我的做法很簡單：當他們發表意見、尋求確認時，我什麼都不給。不點頭、不微笑、不挑眉、不改變坐姿。我只是平靜地看著他們，沒有任何回應。

這完全打亂了他們的節奏，讓他們變得焦躁不安。這些原本掌控全場的電視臺高層，突然變得焦慮、困惑，好像失去了控制權。一旦我讓他們心神不寧，對話的主導權就落到了我手上。這時候，我更容易推動自己的想法，讓談話往有利於我的方向發展。雖然我紋風不動，但事實上哈搜的更高端，整場都被我牽著走。

下次在會議上，主管如果看向你想要點肯定，你就看著他，不要給予任何回應。不是要你滑手機或看向別的地方裝作沒聽見，你還是要保持眼神接觸，讓對方知道你在聽。但除了這點，不要有任何反應。這會讓對方開始注意你，因為他們的潛意識會產生疑問：「其他人都在給我回應，但這個人什麼都沒給。這是怎麼回事？」

你可能是會議上最資淺的人，但當這場會議結束後，你會駐紮在老闆的腦海裡的黃金地段。他會開始想：「這個人很聰明，我應該多關注他。」

你將會讓老闆留下深刻且長遠的印象，但接著你必須善用你替自己創造的優勢。如果你不能在會議後拿出令人印象深刻的想法，或展現強大的工作態度，那這個印象就不會有太大價值。但如果你能利用老闆對你展現的興趣，展露你在工作上一直以來的優秀表現，那將真正推動你的職業發展。

自己點火，讓盜版商成為發行通路

比爾．蓋茲（Bill Gates）和保羅．艾倫（Paul Allen）是兩位在西雅圖高中相識的電腦宅男，他們都對早期的計算機系統有著濃厚的興趣。高中畢業幾年後，艾倫在波士頓為航空太空系統公司漢威聯合（Honeywell）工作，而蓋茲則是哈佛大學的學生。

某天，艾倫與蓋茲碰面，向他展示了最新一期的《大眾電子》（*Popular Electronics*）雜誌。封面故事是關於他們從未見過的一樣東西——「個人電腦」。在此之前，電腦只屬於大型企業或政府機構，而這篇文章介紹了一款革命性的新產品——由新墨西哥州一間名為微型儀器和遙測系統公司（MITS）

的公司所發明的 Altair 8800 個人電腦。

今天來看，我們甚至不會把 Altair 看作電腦。它沒有螢幕，也沒有鍵盤，而是透過機箱前方的一排紅色小燈來「溝通」。然而，對於艾倫與蓋茲來說，這簡直像是來自未來的科技。

他們也看到了這個產品帶來的潛在機會。Altair 運行的是一個非常緩慢且不穩定的作業系統。而艾倫與蓋茲當時正在開發一款名為 BASIC 的程式，他們深信這將使 Altair 變得更加易用。

於是，他們決定聯繫 MITS，向其推銷自己的程式。他們設法與 MITS 的 CEO 通了電話，並向他解釋，他們一直在為 Altair 進行開發，並且已經研發出一款專門為其設計的新程式。MITS 的 CEO 艾德．羅伯茲（Ed Roberts）對此產生了興趣，並邀請他們前往新墨西哥州進行演示。

艾倫與蓋茲興奮不已，但他們面臨一個問題：他們從未真正買過 Altair，也沒有完成 BASIC 的編寫。他們剛掛掉羅伯茲的電話，立刻跑去買了一臺 Altair，然後花了接下來的幾個月時間瘋狂編寫 BASIC 的完整程式碼。

最終，羅伯茲對他們的程式愛不釋手，甚至聘請艾倫到 MITS 工作。而這次經歷，讓艾倫與蓋茲決定創辦自己的公司——微軟（Microsoft）。這家公司最終也讓他們成為世界上最富有的人之一。

然而，如果當初在那通電話中，他們沒有膽量向羅伯茲吹噓一番，他們可能永遠不會踏上這段旅程。他們並沒有在自己的編程才能或改進 Altair 的信心上撒謊，但在那通電話之前，他們確實誇大了自己已經完成的工作，以此來留下最好的第一印象。

除了技術能力和努力工作之外，他們之所以能夠擁有如此傳奇的職業生涯，還因為他們深知**塑造敘事的重要性**，並且懂得讓自己看起來比實際上更成功。最終，他們再也不需要「假裝」。但如果在剛起步時，他們不敢稍微誇大其詞，或許就無法成功創業。

嘻哈文化中有一句常見的口頭禪：「弄假直到成真」（Fake it till you make it），這正是蓋茲與艾倫所做的。這個概念的核心是，**即使你的條件不理想、缺乏經驗，只要你展現出成功人士的自信與能量，真正的成功最終會來找上你**。

這句話已經被使用得過於頻繁，幾乎成為陳腔濫調。但別被它的氾濫使用所蒙蔽。我可以向你保證，這個原則擁有真正的力量，即使在你「成功」之後仍然適用。

一個絕佳的例子就是我發行《五角是未來》（*50 Cent Is the Future*）混音帶的時候。那是我在被哥倫比亞唱片公司解約後發布的第一個作品。我正處於人生最脆弱的時刻之一，必須想辦法吸引業界的注意。

當時，盜版在嘻哈界是一個重大問題。業內人士會在專輯正式發行前拿到唱片，然後轉賣給盜版商。這些盜版商會將專輯的封面換成假封面，並在街頭以五至十美元的價格出售，而不是百思買或維珍量販店售價二十美元的正版CD。這讓藝人完全無法從中獲利。

盜版商們只想販賣主流唱片公司推出的熱門作品，例如尼力（Nelly）的《家有家規》（*Country Grammar*）或納斯的《依然無懈可擊》（*Stillmatic*）。這些藝人——尤其是納斯——會想盡辦法阻止自己的音樂流入盜版市場。如果他們發現有某個非法移民在非法販售自己的專輯，通常會直接動手處理那個倒霉鬼。

然而，我對這種情況的看法與那些主流唱片藝人完全不同。因為我需要熱度，**我反而希望自己的音樂被盜版商大量流通**。為了實現這個目標，我制定了一個計畫。

雖然沒有人願意給我一紙唱片合約，但我決定自己發行《五角是未來》。關鍵在於，無論如何都要讓它看起來像是主流唱片公司的正式發行作品。我請了一位攝影師拍攝封面，找來設計師打造一個看起來像正式專輯的包裝。我甚至在封底印上了一個假條碼，讓它看起來更加正式。然後，我安排人手將這張專輯「洩露」給所有願意收下的盜版商。

我的計畫完美奏效。盜版商很快開始販售我的專輯，卻沒意識到他們「偷來」的東西其實是我刻意想送出去的。整座城市、各個街區、無數街角，消息開始傳開——有一張全新的五角專輯正在街上販賣，而且商店裡買不到！你必須認識對的盜版商才能拿到它。由於這張專輯很難入手，它瞬間成為了某種酷東西。這種「限量版」的感覺更進一步推高了市場需求。

有一次，這種氛圍甚至變得太過強烈了。我的一個兄弟走在牙買加大道（Jamaica Avenue），看到一個非裔商販在桌上擺賣《五角是未來》。他不知道我的計畫，以為這個人是在坑我。他立刻衝上去，把盜版商的桌子掀翻，然後一拳狠狠揍在對方的臉上，直接把那人的牙給打掉了。

事後，我的兄弟回來向我報告這件事，以為我會很高興。結果我直接罵了他：「你幹嘛要這樣做？笨蛋！我們還沒拿到合約，還需要他幫我們賣ＣＤ呢。我們是在製造熱度，不是讓人挨揍的！別再打人了！你差點毀了整個計畫，懂嗎？」

我的兄弟有些愧疚：「哦，抱歉五角。我以為那傢伙是在偷你的東西。」

「不，他們是計畫的一部分。」我對他說：「說真的，你回去再買幾張，讓他和他的夥伴知道這張專輯真的很受歡迎。」

對於盜版商，我採取的是完全不同的態度。有一次，我走在曼哈頓前往克里斯．萊蒂辦公室的路上，看到一個人在人行道上擺了一塊布，上面鋪滿了ＣＤ。我問他：「你這裡有什麼？」

「我這裡有那張新的五角，超炸的！」他告訴我，顯然沒認出我就是五角。「是嗎？讓我看看。」我回應道。果然，他手上有《五角是未來》。看到我的專輯被擺在最顯眼的位置，讓我心裡特別爽。我咧嘴一笑，直接買了兩張。確保市場需求持續升溫！

唱片公司能為藝人提供的主要價值之一，就是他們的發行網絡。他們掌控著哪些專輯能進入對的商店，如何展示與宣傳。然而，透過洩露自己的音樂，我找到了一條繞過這一切的方法。**那些盜版商成了我個人的發行網絡**。只要市場有需求，他們就會不斷製作拷貝，把我的音樂（以及我的名字）傳播出去。

我相信，這張盜版「專輯」的成功讓阿姆和新視鏡公司注意到了我。我不願意只是坐等某個人發現我的潛力——我選擇自己點燃這把火。透過塑造一種我「已經和當時主流唱片公司藝人同樣火熱」的形象，我基本上為自己鋪好了成為其中一員的道路。

談判、生意、人際關係，都假裝你不需要

另一種能幫助你獲得想要東西的方式，就是表現出自己根本不需要它。這是一種需要手腕、細膩度和無比自信的技巧。如果運用得當，它能帶來豐碩的成果。

假設你去面試一份自己非常渴望的工作。這是你的理想行業，薪資比你目前的工作高出許多。如果你得到這份工作，不僅能讓職涯更上一層樓，還能擺脫讓你喘不過氣的卡債。更別提，你的通勤時間將從四十五分鐘縮短到十五分鐘，這幾乎是你夢寐以求的一切。

當你坐下來接受面試（當然，你的衣服已經熨燙得筆挺），你的本能會促使自己表現出對這份工作的極大熱情。你已經花了幾週時間幻想自己拿到這份工作後的生活，因此你迫不及待地想把所有的興奮和渴望，表達給那個能決定你去留的人。

千萬不要屈服於這種本能。

當然，你應該清楚表達自己對這份工作的興趣，讓對方知道，如果你接受了這個職位，你不僅能勝任，還能超出期待、帶來更大的價值。

但千萬不要讓對方覺得你「需要」這份工作，或是「非它不可」——即便你內心真的這樣想，也要極力壓抑這種衝動。

這背後有個基本的道理：「需求感」令大多數人倒胃口，除了極少數特別有同情心的人以外。事實上，絕大多數人都被「得不到的東西」吸引。無論在哪種情境，「難以獲得」永遠是最具吸引力的特質。當你希望某人願意為你投入時間、金錢或精力時，千萬不要讓他們覺得是在施捨你。相反，你應該讓他們相信，真正的好處其實是來自你——當他們進入你的圈子，受益的其實是他們自己。

成功之後，我才真正意識到這個現象。當我還在奮鬥時，沒有人願意給我機會。但當我成功後，所有人都想把好處送到我面前。

如果我參加頒獎典禮，我會拿到價值數萬美元的禮品袋。億萬富翁會邀請我搭乘他們的私人飛機，或住進他們的豪華別墅。避險基金經理會主動提供我投資建議。簡單來說，**當你不需要時，所有人反而會想幫你**。

當你看到那些已經成功的人，還能拿到價值三萬美元的禮品或免費搭私人飛機時，你可能會怨嘆：

「有錢人總是越來越有錢。」但抱怨不會改變你的現實。唯一能改變的，就是**學會如何散發出那種能吸引別人主動幫助你的能量與自信**。

最擅長運用「裝作不需要」的策略的人之一，莫過於金融騙子伯納・馬多夫（Bernie Madoff）。他就是那個打造了龐氏騙局、詐騙金額超過六百四十億美元的人。沒錯，六百四十億。

我並不是在歌頌馬多夫的行為。他毀掉了許多弱勢群體和機構，甚至間接導致了自己兒子的自殺。但當我研究他的故事時，不禁佩服他在「我不需要」這種心態上的運用之高明——這正是讓人心甘情願把錢交給他的關鍵。

簡單來說，馬多夫的騙局是這樣運作的：他鼓勵人們投資他的基金公司，但實際上，他並沒有把錢投入股市，而是直接存進了銀行帳戶。他偽造財報，讓投資者以為自己的資金獲得了遠高於市場平均的回報。只要投資者看到自己的資產在增值，他們就不會想要動這筆錢，反而會繼續把資金放在裡面。

唯一的問題是，當投資者想要提領資金時，馬多夫根本拿不出來，因為錢早就被他拿去買豪宅、名車、私人飛機等奢侈品了。為了讓騙局持續運轉下去，他必須不斷吸收新投資者的資金來填補舊投資者的提款需求。

因為馬多夫的騙局需要越多投資人越好，這樣才不會穿幫，你可能以為他會積極拉攏潛在目標，特別是那些在紐約、好萊塢或漢普頓上流社會派對上結識的富豪。他應該會請他們吃大餐、送體育賽事的前排座位、讓他們搭私人飛機，甚至替他們叫伴遊小姐，來博取他們的好感，對吧？

錯了，馬多夫做的恰恰相反。當這些好野人主動找上門，想要投資他的基金時，馬多夫會拒絕他們——他會說自己的基金已經額滿了，無法再收更多投資者。

這招讓這些富豪徹底瘋掉了！想想看，這些人平時從來沒被拒絕過。他們總是「想要什麼就能得到什麼」，所以被拒絕之後，他們反而更想投資馬多夫的基金。他們確信這個人手上的賺錢機會一定比想像中還要好。

比如說，一個富豪一開始可能想投入五百萬美元，這個數字對一般基金經理來說已經很可觀了。但當馬多夫說「不行」時，這個富豪不會就此作罷，可能反而會提高籌碼到一千萬。馬多夫依舊會表現出毫無興趣。這時候，那位富豪已經快抓狂了，甚至會請共同好友出面幫忙遊說。結果這些馬多夫非但不需要對富豪施惠來拉攏他，反倒是富豪會想要收買馬多夫，決意將越多錢給他越好，因為馬多夫表現出來的態度讓人無法懷疑。畢竟，有誰會拒絕這麼多錢呢？

最後，當金額高到一定程度時，馬多夫才會假裝勉強讓步：「好吧，看在你的份上，我可以破例讓你投一千五百萬，但千萬不要告訴其他人，這是特別給你的機會。」就這樣，這些富豪心甘情願地讓自己被洗劫一空，根本就是在對他說：「拜託，請偷走我的錢！」

馬多夫的騙局甚至騙過了好萊塢導演、職業棒球和美式足球隊的老闆、知名演員和女演員。這些人在自己的領域裡都是頂尖的精英，卻還是被馬多夫「裝作不需要」的態度給耍得團團轉。

裝作不需要的策略，不僅限於華爾街和富豪圈，在街頭同樣適用。在街頭，人們對於被要東西司空見慣了。「欸你有錢嗎？」「兄弟，擋點錢，我下週還你。」大家的戒心都很重，深怕錢拿不回來。

理解這種本能的人就可以利用它。想像一個詐騙高手在酒吧裡遇到老朋友，他感覺到有機會可以施展手段。他會先買幾輪高級酒給對方，完全不點便宜貨，給人一種「老子有錢，錢不是問題」的感覺。接著，他會隨口提到自己停在外面的賓士車，或者剛帶女友去阿魯巴島度假。總之，他的一舉一動都會讓人覺得他活得很奢華，絲毫不像缺錢的人。

朋友最終會開始好奇他怎麼能過得這麼爽，而詐騙高手會低調回應：「哦，就搞點房地產啦。」說完，他會刻意把話題帶回到舊時的趣事，比如當年一起去康尼島泡妞，或者某次在公園裡打架的回憶。

但他的朋友已經滿腦子都是錢了。「你到底在做什麼房地產生意啊？」這時，騙子就會準備出手了。「哦，這個有點複雜啦。基本上，我就是在翻倍轉賣市政府擁有的不動產。」他可能會這麼說：「對啊，我現在手上的這個案子真的很不錯。我在市政府裡認識一些人，他們讓我接觸到一些很有潛力的機會。特別是這個新開發案，我剛湊到資金投進去，感覺一定會大賺一筆。」

陷阱已經設好，而往往那些急需機會的人都會自投羅網。「喂，兄弟，這聽起來不錯啊！你一定得讓我加入！」騙子會再喝一口酒，裝作若有所思地考慮了一下：「聽著，我們都認識這麼久了，如果你真的想參一腳，我可以幫你安排。但最多只能讓你投一萬塊，真的拍謝，剩下的額度基本上都滿了。」

無論是在華爾街還是街頭，「裝作不需要」都是一種強大的策略。當你表現出「我根本不缺這個」的態度時，反而會讓別人更想要你擁有的東西，甚至主動把錢送上門。這種心理戰術雖然高明，但若是用在詐騙上，就成了惡意欺騙。但如果你懂得善用它，用來談判、求職、談生意，甚至是建立人際關係，都能讓你占據主導地位。

「沒問題！我馬上去籌錢！」朋友會興奮地回答，開始想辦法湊齊資金。就這樣，他上當了。他之所以這麼容易就中計，是因為騙子表現得什麼都不需要。如果對方一開始就說：「兄弟，拿出你能湊到的所有錢給我吧！」或者不斷催促他投資特定金額，那肯定會讓警鈴大作。然而，正是因為騙子完全沒有施加壓力，他才能輕易繞過朋友所有的防備心理。這個人早就習慣了別人向他索取、施壓，卻從沒想過應該小心那個什麼都不需要的人。

這裡有個小測驗，來看看你是否理解了如何運用「形象的力量」。假設我給你一百萬美金，但條件是你必須在一個月內把它變成兩百萬，否則我會把錢收回。你的策略會是什麼？

你會試著創業，希望它能迅速成長嗎？

你會把錢交給投資人，希望他不會是下一個伯納．馬多夫嗎？

你會買十公斤的古柯鹼，然後試圖翻倍轉賣嗎？

希望不是，因為這些都不是最簡單的方法。

其實，你只需要把這筆錢存進銀行帳戶，然後走進你家附近的銀行分行。在這種情況下，我甚至覺得你該穿得隨意一些。當你進去後，請分行經理幫你開戶。

當他們看到螢幕上那一連串的零時，眼睛一定會睜大。他們會變得異常友善，竭盡全力為你服務。

你只需要保持冷靜與自信。當經理問你需要什麼時，平靜地說：「我想貸款一百萬美元。」

這請求或許聽起來很瘋狂，但他們會迅速批准這筆貸款，快到讓你措手不及。填幾張表格，聊幾句天，一、兩個小時內，一切就會正式生效。就這樣——砰！你成功了。

為什麼經理會這麼快批准你的貸款？因為他們看到你已經擁有一百萬美元。他們不在乎錢是哪來的，無論是某個饒舌歌手送你的、過世的親戚留給你的，還是來自某筆毒品交易，他們只在乎你有這筆錢。當你走進銀行時，可能還只是個普通顧客，但那些零會讓你瞬間變成VIP。（如果你真的懂哈搜，你不會停在這裡。一旦你的帳戶裡有兩百萬美元，你可以再走進另一家分行，把它變成三百萬。）

我把這件事說得很簡單，但我親眼見過有人用類似的方法成功。他們一開始可能沒有一百萬，但他們懂得如何營造百萬富翁的形象。或許他們穿得像富翁，或許他們去昂貴的度假勝地，或許他們隨口提起夠多有錢人的名字，讓聽起來像是自己也是其中一員。

說真的，這幾乎是好萊塢半數人的發財方式。人們可能只是掌握了一樣價值不高的東西——某位演員的口頭承諾、一份電影構想的簡單提案，或者一本冷門書籍的改編權。但他們卻表現得好像自己擁有一座金礦，然後不斷翻轉手中的籌碼，直到他們成為一位真正的電影製作人。

最重要的特質就是自信。每當遇到障礙，或似乎走進死胡同時，自信會是他們突破困境的關鍵。他們也從不表現出任何「請求」的姿態。他們總是散發出一種「我已經擁有一切」的氣場。那位演員可能只是喝醉時隨口說了一句：「好啊，我可以演你的電影。」甚至幾乎不記得這段對話，但在好萊塢哈搜的人會表現得像是已經拿到了他簽的合約。那份電影構想可能只有三頁紙，但懂哈搜的人，他們的氣場會讓人相信這已經是一部完整的劇本。

說實話，我自己也遇過類似的情況。幾年前，我決定與一位名叫蘭道爾．艾米特（Randall Emmett）的電影製作人合作做生意。他有製作電影的經驗，所以當我決定成立自己的電影製作公司 Cheetah Vision 時，我聘請他來幫我經營。我出資負擔一切，包括辦公室、員工薪水、各種開支，全部由我承擔。我甚至參與了公司製作的電影，還以大幅降價的方式接演，這一切都是為了創立一個新的事業。

蘭道爾本來只是 Cheetah Vision 的員工，但在公眾面前，他卻刻意營造出另一種形象。他讓外界誤以為自己是我的「製作夥伴」，這對他來說是個聰明的選擇。這樣一來，他能夠接觸到原本無法觸及的人脈和資源，也讓許多投資人願意簽下本來不可能簽的支票。最後，他離開了公司，與某個金主獨立出去發展。

一開始我對此並不介意，因為我了解好萊塢這套遊戲規則。但當蘭道爾開始試圖將《權欲》和我與Starz的整體合作計畫歸功於自己時，我就無法接受了。蘭道爾或許對拍電影有些本事，但在電視領域，他從未真正做出什麼成績。他根本沒有參與《權欲》的創意過程，更與我和Starz之間的合作案毫無關聯。事實上，在蘭道爾參與期間，我與Starz的原始合約是極為糟糕的。直到我的律師與Starz接觸，重新談判合約後，我才發現這一點。

蘭道爾澎風得太過頭了。多年來，他其實欠我大約一百萬美元的公司利潤，但我一直沒催促他還錢。然而隨著時間過去，他開始四處吹噓，讓我終於失去耐心。我請我的律師打給他討債，而他不知道的是，我就坐在律師身邊，親耳聽著整場對話。

蘭道爾一開始態度十分強硬。「你在開玩笑嗎？滾開！」他對我的律師咆哮道：「在我幫五角談成Starz這筆一．五億美元的合約之後，你現在居然因為區區一百萬來找我麻煩？給我滾！」

原本我打算保持沉默，但聽到這話，我簡直不敢相信自己的耳朵。「蘭道爾，你到底有什麼毛病？」我平靜地說道。

他沒有回應。我繼續說：「我很好奇，你這副強硬的態度是哪來的？我們都清楚，你不是這樣的人。我已經決定不再跟你打交道了，但在事情變得糟糕之前，我強烈建議你接受我們提出的還款方案。」

當他意識到自己是在對我放狠話時，馬上啞口無言，匆匆掛了電話。接下來，他開始瘋狂給我發訊息，一條接一條地解釋自己暫時無法還錢的各種理由。原本我打算私下解決這件事，但他的態度讓我太過失望，所以我決定公開這件事，這就是「I'm sorry, Fofty」（對不起，四角）這則爆紅訊息的由來（後面會詳細說）。當然，最後我還是把所有的錢都拿回來了。

在營造「我不需要這些」的形象時，這是一場微妙的平衡遊戲。**如果你的態度不夠堅定，沒人會相信你；但你也不能被自己的假象蒙蔽，開始相信自己真的無所不能**。蘭道爾就是犯了這個愚蠢的錯誤。

即使你對外展現出一副「我什麼都不缺」的姿態，也永遠不要忘記，你總會需要某些特定的人站在你那邊。不要試圖對這些人耍花招，確保你對某些核心夥伴始終保持真誠。

吸引我的特質

從小到大，我一直都可以算是個「萬人迷」。我不是在自吹自擂，事實就是這樣。我雖然長得不是肯尼娃娃（Ken Doll）那種典型帥哥，但我從來沒有在與異性相處時遇到過困難。這可能是因為我對自己一直都很有自信，而這種特質本身就非常具有吸引力。

不過，男人真正變得性感，往往是在成功被肯定之後。所以，當我開始闖出一片天時，我的吸引力也達到了全新的高度。我以前或許算可愛，但當我成名後，我直接變成了「世界上最性感的男人之一」（嘿，這不是我說的！是《時人》〔*People*〕雜誌說的！）女人往往會被財富與名聲所帶來的穩定感所吸引。她們看到我時，會覺得我是個可靠的男人，能夠滿足她們的需求。

但我這裡說的，並不是那些拜金女或追星族。我遇到的，都是世界上最優秀的女人。她們不僅僅擁有出眾的外貌，還在自己的領域裡取得了非凡的成就。律師、醫生、女演員、企業家——這些女人都是人生勝利組。

記得當年在《要錢不要命》的巡演期間，我有次和一位極其迷人又聰明的女人待在飯店房間裡。就在事情即將發生時，我藉口去洗手間。一關上門，我忍不住開始小跳舞，對著鏡子露出燦爛笑容，甚至還興奮地跳起來，在空中碰了兩腳腳跟。我真的無法相信，房間裡等待我的竟是如此完美的女人！

如今，遇到類似情況時，我的心態已經放鬆了許多。但我始終沒有忘記，儘管我享受和女人相處的時光，我的「性感」始終與我的成功息息相關。即便有些女人表現得不在意我的名氣，我仍然會懷疑這是否是她們的某種動機。這讓我很難判斷，誰才值得我投入更深層次的感情。我總是會想：「她喜歡的是五角？還是柯蒂斯・傑克森？」

這也是為什麼，我最容易被那些不在乎我成功的女人所吸引——那些對五角不感興趣，但可能會對柯蒂斯・傑克森有興趣的女人。

舉個例子，很多人都對我和脫口秀主持人雀兒喜・韓德勒（Chelsea Handler）的關係感到好奇，可能覺得我們是個奇怪的組合。

但我從來不在乎別人怎麼看。我是在她的節目上認識她的，然後就開始追她。我送了她五十朵白玫瑰，還會打電話到她的辦公室找她。起初，她沒有回應我，但最終我們還是取得了聯繫。那時，她正準備去納什維爾參加活動，我問她能不能飛過去和她見面，她答應了。我們見面後玩得很開心，之後每當我們都在洛杉磯時，就會碰面約會。我甚至計畫和她的家人一起去度假（別擔心，我並沒有洩露她的私事，這些事情她自己也在公開場合說過）。

我們相處得很愉快，但最吸引我的，其實是她在職業生涯上的表現。除了主持脫口秀節目外，她還製作了實境節目，並且是暢銷書作家。她是一個真正的女強人。她的各種哈搜加總起來，當時一年大概能賺超過三千萬美元。這對我來說，簡直性感到爆。

最重要的是，她很明確地表達出她不需要從我這裡得到任何東西。雀兒喜有太多事情要忙，根本不會指望我為她提供什麼機會。事實上，可能是我在試圖從她身上學點東西。

不過，最終這段關係也沒有發展成什麼正式的戀情。在我的前女友席亞拉（Ciara）要上雀兒喜的節目前，我們發生了一些誤會，之後就沒再聯絡了。

但我仍然覺得她是個了不起的女人。她的成功令人敬佩，而最厲害的是，她的一切都是靠自己努力贏得的。

我從來不是婚姻的忠實擁護者。也許是因為我在好萊塢待了太久，見識到了那裡的遊戲規則，讓我對婚姻有些冷漠。在那個圈子裡，我學到「老公」這個詞，大多時候只是「我比較認真的男朋友」的另一種說法而已。

歸根結底，我把婚姻看作是一筆交易，而對於那個帶最多財富進入這段關係的人來說，這並不是一筆特別划算的買賣。

然而，隨著年齡增長，我開始對建立一個更穩定的家庭生活這個想法稍微開放一點了。當我在腦海裡列出一張「理想妻子」的清單時，外貌或名氣已經不再是優先考量的條件了。這些東西對我來說不再那麼重要。

對於任何可能讓我產生興趣的女人來說，最關鍵的特質是自給自足——不管是財務上，還是情感上。否則，我總是會懷疑她是不是只是想讓我簽下一份不利的合約。就像我前幾天跟朋友說的：「照顧一個女人不是什麼壞事。但照顧一個必須被照顧的女人，那就完全是另一回事了！」

當我繼續往下列清單時，我會希望她有同情心、幽默感、對家庭的重視，以及上進心（當然，她可愛的話也不賴）。但關鍵還是在於她不能有過度的依賴性，這才能讓我打從心底對婚姻這件事敞開心扉。

這就是自給自足這種氣場的影響力——它甚至能讓像我這樣的「不婚主義者」，開始認真思考要不要「套牢」自己，安定下來。

芭蕾舞者／街頭硬漢

我們一直在談論為什麼塑造自己的身分如此重要，現在我想分享一些因為讓外界掌控他們的公眾形象而受到傷害的例子。

我經常想到我的摯友——已故的奇才（Prodigy），他是強力暴徒二人組（Mobb Deep）的成員之一，他的搭檔是浩劫（Havoc），他們因為寫實描繪了皇后區聲名狼藉的皇后橋國宅生活而成為傳奇。奇才是一位不可思議的藝術家，毫無疑問是那個世代最優秀的饒舌歌手之一。但對許多人來說，他職業生涯中最具代表性的時刻，卻是二〇〇一年，當時傑斯在演唱會上公開羞辱了他。

如果你對這個故事不熟悉，以下是當時的背景：傑斯和強力暴徒二人組兩方有公開的過節，結果傑斯在歌詞中嘲諷奇才：「當我八八年在販毒時，你還是個芭蕾舞者／我有照片，我都看過了。」這句話指的是奇才小時候曾在他母親開設的芭蕾舞學校上課的事。而且，傑斯真的弄到了一張奇才穿著芭蕾舞衣的照片，並在演唱會大螢幕上播放出來，造成轟動。

這句話的暗示非常明顯：奇才在歌裡自稱是個硬漢，但骨子裡其實很「軟」。在嘻哈界，沒什麼比被嘲笑成「芭蕾舞者」更讓人難堪的了。

奇才也試圖反擊傑斯，但這並沒有真正扭轉局勢。那張他穿著芭蕾舞衣的照片，成了對他的致命一擊——而他從未真正從中恢復過來。

但我從來不覺得這件事應該造成那麼大的影響。沒錯，他的母親開了芭蕾舞學校，他確實去上過課。但這有什麼好丟臉的？他擁有一位讓他接觸藝術的母親，他的成長環境很有文化素養，這聽起來像是很精彩的童年，我認為完全沒什麼值得羞恥的。

事實上，我認為奇才的藝術背景，讓他在表演方面比我們都準備得更好。他在錄音室裡是一股強大的力量，總是能想出新的副歌和概念。我記得有一天我去他家，發現桌上擺著幾份電影劇本。「老兄，你什麼時候學會寫劇本的？」我問他。「喔，我讀了一本教學書，就學會了，之後就一直在寫。」他輕描淡寫地回答。

這就是奇才的天賦。他可以隨手拿起一本書，讀完後就內化成自己的技能，開始寫劇本，就像是家常便飯一樣。大多數饒舌歌手連寫十二小節的歌詞都會卡住，更別說寫電影劇本了。他們根本沒有同樣的藝術背景可以借鑑。

我認為奇才應該更坦然地擁抱自己的背景。因為這正是讓他與眾不同的地方，也能讓他創作出更具影響力的藝術作品。然而，他卻因為傑斯和其他人的壓力，而試圖迎合自己在音樂中塑造的形象。

吐派克也曾面臨類似的困境。和奇才一樣，吐派克的母親擁有深厚的文化素養，從小就讓他接觸藝術和政治。吐派克童年時並不是在寫饒舌歌詞，而是寫著內省而充滿革命性的詩。他的成長環境，與奇才有著相似的文化氛圍。

我認為吐派克和奇才都只是藝術學生，但選擇了「街頭硬漢」作為主題。他們本可以擁抱自己所接觸的文化與驕傲，卻選擇向相反的方向發展。這麼做，最終讓他們掉進了一個陷阱。對奇才而言，這讓他陷入了與傑斯的戰爭，而這場戰爭他注定無法取勝。當傑斯嗅出奇才只是將「硬漢」當作一種表象，他就知道該如何擊潰他的公眾形象。

而吐派克付出的代價則更加慘重。當他將「Thug Life」（街頭惡棍人生）這面旗幟舉得如此之高時，他也發出了極為危險的信號——這吸引了所有真正的狠角色靠近他。但當那些真正的街頭人物出現後，他根本無法駕馭那股力量。即便是個真正的黑幫成員，都很難控制這樣的局面，更何況吐派克本質上是一個藝術家。

而最終，這股失控的能量奪走了他的性命。

奇才和我是非常親密的朋友，我真的很想念他。他是個有趣且充滿才華的人，每次與他對話，我都能學到新的東西。

如果說我有什麼遺憾，那就是當初我沒有更努力地勸他放下「硬漢」的形象，回歸真正的自己。如果他能這麼做，不僅能讓他的事業起死回生，也能提升整個嘻哈的格局。這會讓新一代的饒舌歌手明白，無論你的背景如何，做自己是完全可以被接受的。

有一段時間，我不太理解「讓人做自己」的重要性。二〇〇〇年代初期，G-Unit 的御用 DJ 是五弟（Whoo Kid）。除了 DJ 的工作，他還負責發行混音帶[2]。當時混音帶極受歡迎，對於提升 G-Unit 的聲勢也起了很大的作用。

別拿「拐杖」，讓人們誠實做自己

有天，五弟和大西洋唱片的一名藝人及製作部的員工聊天時，無意間發現對方桌上放著肥仔喬（Fat Joe）的團體「恐怖小隊」（Terror Squad）尚未發行的新單曲。五弟知道這是一個難得的獨家，所以當對方沒注意時，他直接偷走了那首歌！

肥仔喬、替天行道大老（Big Pun）和恐怖小隊的其他成員知道後，當然很不爽。沒多久，這首歌就在五弟的混音帶上流出了，這讓恐怖小隊氣到打算扁他一頓。幾週後，他們終於在夜店撞見了五弟，當場想抓住他狠揍一頓。

五弟雖然來自皇后區，但他是皇后村的人，那裡不像皇后區南邊那麼粗野。如果是來自南邊的人，為了保住面子，即便知道會被揍，至少也會拚命還手。但五弟根本不打算硬碰硬，一見大事不妙，他拔腿狂奔！最後，那些恐怖小隊的人連他的衣角都沒碰到。（不過，五弟最終還是被替天行道大老逮到，直接被塞進一輛廂型車，但他靠著三寸不爛之舌成功說服對方放了自己。）

2 譯按：Mixtape。可視為歌手的非正式作品集，早期多數以非官方管道進行銷售。

通常，聽到自己人成功逃過一劫，應該是值得慶祝的事。但在 G-Unit，這可不是什麼光彩的事。當我聽說五弟落荒而逃時，我氣炸了！

「喂，兄弟，他們跟我說你從恐怖小隊手裡跑了？」

「對啊，我跑了！」五弟一點也不掩飾。

「什麼？你是臭俗辣嗎？」我難以置信地問。

「沒錯，我就是！」他毫不猶豫地回答。

我當場愣住了，完全不知道該說什麼。

在我成長的環境裡，無論如何，你絕對不能承認自己害怕。因為一旦你承認害怕，就等於成為別人眼中的獵物，所有人都會來欺負你、踩你、羞辱你，直到你被徹底踐踏為止。

承認自己是懦夫違反了我從小到大所學的一切，就像告訴一個從小在教堂長大的孩子這世界沒有上帝，或是告訴一個一九九〇年代在芝加哥長大的孩子麥可·喬丹根本不會打球一樣。這簡直是褻瀆！

很顯然，五弟的世界觀與我完全不同。他根本不在乎別人怎麼看他！這種認知差距，讓我一時之間無法接受。「我怎麼能讓這種被當成俗辣也沒差的人代表 G-Unit？」我當下的直覺就是直接把他開除，跟前面提過的一樣給他張車票，叫他打包回家。

不過，儘管我在外人看來有時候衝動魯莽，但我其實不會輕易做出重大決定，除非情勢真的逼得我不得不做選擇。當時沒有人在逼我，所以我決定冷靜思考，看看自己是不是反應過度了。五弟在 G-Unit 的工作是什麼？是跟人打架嗎？不是。

他的工作是放音樂、炒熱現場氣氛，這點他做得超棒。他總是能讓現場的能量瞬間沸騰。

他的另一個任務，是發行 G-Unit 的混音帶，讓我們在街頭保持火熱。很明顯，他對這份工作極其投入，甚至願意偷歌來確保內容夠勁爆。那麼，他怕打架這件事，到底有什麼關係？

我得承認，其實根本沒差。

最後，我沒有把五弟趕出 G-Unit。反而，我開始佩服他的誠實。要是換成別人，可能會不斷掰理由，說些試圖挽回面子的話：「不，兄弟，我根本沒跑！他們胡說八道！當時我本來要扁他們，但他們自己跑掉了！」

這幾年來許多人對我說過這種謊，就是說一套做一套那樣。他們會講一套硬漢的說詞，因為他們以為五角就是想聽這個，但他們卻違背了自己心中真實的想法。

五角喜歡身邊圍繞著無所畏懼的人。這種人一直都有，也永遠都會存在。

但我後來明白，作為柯蒂斯·傑克森，團隊裡需要不同類型的能量——不一定要時時尋求衝突，而是能用其他方式達成目標的人。我希望我的團隊裡同時擁有這兩種類型的人，而我唯一需要知道的，就是誰屬於哪一類。

五弟的事件讓我學到，**作為領導者，我必須讓我的團隊成員發揮他們自己的特質**。如果大家覺得我只喜歡一種能量，那我們的成就就會受到局限。五弟給了我他最真實的一面，因為他的誠實，我們的合作關係維持了將近二十年，並且非常成功。

另一個對我非常誠實的人是吉米·艾歐文，他在新視鏡負責我音樂事業的時候，我的唱片賣了數百萬張。吉米很習慣和街頭出身的人共事，也能製作符合街頭文化的音樂，但他從不假裝自己是街頭人物。如果談話內容涉及到街頭黑幕，吉米會立刻說：「嘿，小心點，不要在我面前講這些，因為我是抓耙子。

如果有事發生，我一定會供出你們。」

很多人聽到他這麼說時，會覺得荒謬到笑出來，因為在我們這種從街頭長大的人看來，告密是最不能做的事，甚至連承認自己會告密都不行。

但我欣賞他的坦率，即使有些人認為他這樣很虛偽──「嘿，你可以在歌裡當個黑幫分子，但別在現實生活裡這樣對我。」我寧可知道一個人的底線，然後據此調整自己的行動，而不是誤以為我們在遵循同一套規則，結果卻不是這麼回事。

有些人說：「去他媽的吉米，他自己承認會告密，這樣還能混嗎？」但我的想法是：「那就不要在吉米面前談這些事。」其實滿直接了當的，我們當時止一起賣出數千萬張唱片，為什麼我要因為他的一句話就放棄這一切，甚至放棄賺錢的機會？這才是最愚蠢的行為。

相反地，我把這件事記在心裡，繼續和他做生意。當他後來做出對自己有利但對我不利的決定時，我早已經準備好了。

無論是老闆、合夥人，還是員工，你都應該營造一個環境，讓人們能夠誠實表達自己的本性。否則，你所建立的一切都會變得不穩固，最終倒塌。這正是傑魯事業崩盤的原因。

傑魯從小在一個耶和華見證人家庭長大，住的區域也比我成長的地方要好。他唯一會來我們這一區的時候，就是挨家挨戶敲門，試圖賣《守望臺》（*The Watchtower*，耶和華見證人的出版物）。他是個乖巧、有信仰的男孩，這沒什麼不好。

但他身邊的人，尤其是伊爾夫．高蒂（Irv Gotti），試圖讓他背離自己溫柔的本性，把他塑造成黑幫形象。他們不滿足於傑魯原本的優勢──他擅長創作輕鬆、受女性歡迎的音樂，而是執意要讓他變得更具攻擊性、更街頭。

當他們和 Def Jam 簽約時，取的廠牌名字是什麼？謀殺公司（Murder Inc.）。他們明明有一條康莊大道可以走，卻選擇把自己困在一個危險的形象裡。但問題是，他們根本不是真正的殺手。所以，他們開始主動尋找那些帶著這種能量的人。最後，他們真的找到了，而這幾乎摧毀了整個公司。

如果你仔細觀察傑魯，你會發現他一直依賴一種「拐杖」——也就是黑幫形象。他模仿了DMX的饒舌風格，穿得像吐派克，卻試圖唱著其他人的街頭故事。這種方式在短時間內確實奏效了，但正如我所說的，當你依賴拐杖行走時，你的路終究走不遠。

如果傑魯身邊的人當時能意識到這點，並且鼓勵他接受自己真正的特質，事情可能會發展得更順利。他本可以繼續創作受歡迎的、適合女性市場的音樂，這種音樂永遠不會過時。但結果呢？謀殺公司已經超過十年沒發行專輯，而傑魯現今最廣為人知的事蹟，竟然是他在《Fyre 音樂節》（*Fyre Festival*）紀錄片裡的騙局和出醜畫面。

讓你身邊的人誠實地活出自我，永遠是最好的選擇。**如果你強迫他們扮演某個角色，最終，所有人都會看穿。**

我之所以能一直保持影響力，其中一個最重要的原因就是——沒有人能比我更像五角。他們或許比我年輕，或許穿得比我更時尚，或許對節奏的敏銳度比我更強。

但他們永遠無法成為比我更好的五角（儘管這並沒有阻止許多人嘗試挑戰我）。只要我始終做自己，沒有人能在這方面擊敗我。

同樣地，只要你能坦然接受自己的真實本質，沒有人能比你更像你自己。

| Ch.7 |

朋友做不成，至少當敵人

If We Can't Be Friends

意見不合是很正常的事。

——達賴喇嘛

有好幾年時間我都沒有很喜歡歐普拉・溫芙蕾（Oprah Winfrey）。

她不是那種你想要有過節的人（她強悍、聰明又有影響力），但我對她過去批評嘻哈音樂的言論一直有些不滿。

每次歐普拉批評嘻哈文化是厭女的、正在毀掉美國年輕人時，她說的內容似乎都直指我的專輯。

其實，真正讓我不爽的是——她不讓我上她的節目。我想上她的節目。

歐普拉的節目是A咖明星推廣自己作品的地方，不論是賣書、發專輯還是宣傳電影都行。我自認是一位A咖，那麼如果我上不了那個節目，人家會怎麼看我？

我覺得有必要向我的粉絲解釋這件事。所以，就像我一貫的作風，我直接說了實話。我在一些訪談中提到，歐普拉不讓我上節目，是因為她代表了她的觀眾群——中年白人女性。這群人覺得我很可怕，所以歐普拉自然也不會喜歡我（我還特地以她的名字命名了我的一隻狗，這點我承認有點過頭了）。

說完這些話後，我也沒有多想她會怎麼看待我的言論。反正她早就決定不讓我上節目，我也沒必要顧慮她的感受。她有她的生意要做（順帶一提，我認為她在創立OWN電視網後，應該繼續保留她的午後節目），我也有我的事業要經營。

後來有一天晚上，我參加了一場紐約市的慈善募款活動，活動是為NYRP（由貝蒂·蜜勒〔Bette Midler，美國歌手〕創立的非營利組織）募資。這是一個很棒的組織，致力於翻新紐約市的公園和被忽視的社區環境。

那場活動的氛圍並不算是我平時習慣的——滿場都是穿著燕尾服的上了年紀的白人——但我很欣賞貝蒂，也支持這個慈善事業，所以我捐了一桌餐費。活動中，我碰到了廣播記者蓋兒·金（Gayle King）——歐普拉最好的朋友。蓋兒是個很厲害的人，充滿智慧、自信，而且不怕面對任何場面（這點她在勞·凱利〔R. Kelly〕的訪談中展現得淋漓盡致）。她直接走向我，開門見山地說：「為什麼你要講我姐妹壞話？」我向蓋兒解釋，我其實並沒有真的和歐普拉結仇。

「聽著，我其實很想跟歐普拉做朋友。」我繼續說：「**但如果朋友做不成，至少可以當敵人吧？**」

當我說出這句話時，我明顯看到蓋兒揚起眉毛，開始用不一樣的眼光看我。她意識到，雖然我嘴上在嗆她的朋友，但這背後其實有一套邏輯。「好吧，你跟我想的不一樣。」蓋兒說：「我會告訴歐普拉，她應該見見你。你們需要聊聊。」

蓋兒果然說到做到，安排了我上歐普拉的節目。那集節目效果很棒。她拜訪了我在皇后區的舊家，見了我的奶奶，還和我一起在街頭走了一圈。最後，談到了我們的關係。

「你說那些話是有目的的，還是你真的不喜歡我？」她問。

「我有時候看到妳在談自己對饒舌文化的看法，而妳談到的一切問題，剛好都可以對應到我的專輯。所以我就想說，好吧，她不喜歡我。」我笑著回答。

「你是指N字眼？厭女？」歐普拉問。

「所有那些事。」

「對女性的不尊重、暴力……」她補充，絲毫沒有退讓。

「對，就是這些瑣事。」我笑著回應。

「當時我的想法是：『她不喜歡我。』因為社會上對這些事有各種不同的解讀……不是說這些觀點不對，但這讓我意識到，『如果我們不能當朋友，那至少讓我們當敵人吧。』這樣我們至少可以共存。」我停頓了一下，然後補充道：「這只是我的一種策略。」

「哦——這很有意思。」歐普拉若有所思地轉頭看向她的製作人。

蓋兒和歐普拉之所以對這句話這麼感興趣，是因為它完全顛覆了她們對我的既定印象。在見到我之前，她們一直認為五角這個人就是一個失控、愛吵架、愛找麻煩的傢伙。

但當我說「至少讓我當你的敵人」時，她們明白了，我發起爭端從來不是出於情緒，而是出於策略。我的策略很簡單：我當然更願意與某人成為朋友。但如果對方不願意，那麼當敵人是次好的選擇。為什麼呢？因為**如果你討厭我，你就更有可能談論我**。

如果你對我有強烈的負面情緒，總有一天你會對朋友抱怨：「吼，我真的受不了五角。」你的朋友一定會問：「為什麼？」然後，就這樣，我成為了一場對話的主題。這就是我想要的。

現在，我已經成功邁進了一步。也許在聽你抱怨我之後，你的朋友對我的看法不會那麼負面了。也許他們會想：「這傢伙聽起來蠻有意思的，我來聽聽他的音樂，或者看看《權欲》。」或許，這甚至就是你買這本書的原因——透過朋友的推薦。

但如果你對我沒有任何感覺，這場對話根本不會發生。沒有人會去問朋友，他們對自己聽了無感的歌有什麼看法。也沒有人會主動提到一個作家或設計師，除非這個人能引起他們的反應。

人們只會談論自己熱愛的事物，或者我們厭惡的事物。

我當然更希望得到愛，但如果得不到，我也願意接受恨。

因為總有機會把這份恨轉化成某種正面的力量。

古希臘人相信一種名為「Agon」的概念，這個詞大致可以翻譯為「人們為了競爭或比賽而聚集在一起」的意思。

對古希臘人來說，這個世界最根本的能量就是兩股力量之間的較量。一場辯論，是兩個人為了一個觀點的鬥爭。運動，是能量與疲勞之間的對抗。學習，是你與知識之間的搏鬥。每天的清晨，則是一場光明與黑暗的戰爭。

希臘人從不逃避這些戰鬥，他們認為競爭——不論形式如何——都是有益的。這種信念最著名的體現，就是他們創立的運動競技比賽，也就是我們今天所熟知的奧運。希臘人非常重視奧運，甚至在戰爭進行期間都會停戰，讓參賽者安全地通行，準時抵達比賽現場。

如今的奧運會頒發銀牌與銅牌給那些沒拿下冠軍的選手，然而，古希臘人不相信參與獎。在他們的比賽中，只有一個贏家。獲勝者榮耀歸鄉，被家鄉人視為英雄，而其餘的人只能帶著失敗回家。

這種對競爭的態度，讓我聯想到今日的嘻哈文化。從第一天開始，每個拿起麥克風的饒舌歌手，都想被公認為史上最強。沒有人是為了銀牌或銅牌而戰，每個人進入這個圈子，都只想奪下金牌。

這種心態，來自於嘻哈的街頭根源。這種競爭文化，無論好壞，都讓這個圈子始終保持年輕。只要你無法穩坐王座，新王就會登基，而舊人退場。

因為我的成長背景，我對競爭的概念感到無比自在。無論是音樂、電視、服裝、酒類還是球鞋——如果我想踏進一個領域，而那裡已經有人占據，我會立刻把它變成一場競爭。

有些人害怕挑戰，甚至會逃避競爭，但我總是大步迎向它。這種心態讓許多人認為我是個霸凌者，我很少去否認這個標籤，但這種說法其實太過簡化了。我不會每天醒來就刻意找人挑釁或製造衝突。我並不熱愛紛爭，反之，我更願意當朋友。但如果有人想要找我麻煩，我只會回應一句——「沒問題。」

因為，對我來說，競爭從來都不是問題。

藍寶／法拉利——競爭是將欣賞化為行動

從青少年時期開始，在義大利長大的恩佐·法拉利（Enzo Ferrari）就對賽車充滿熱情。

一九二二年，年僅二十歲的他開始在米蘭擔任測試車手，隨後加入愛快·羅密歐（Alfa Romeo）公司成為賽車手。他在賽道上征戰了幾年，但在兒子出生後選擇退役。當時賽車運動極其危險，與其每週冒著生命危險參賽，他決定將重心轉向開發與製造汽車。一九四〇年，他創立了自己的汽車製造公司

——法拉利（Ferrari），這個品牌日後成為全球最知名、最受尊敬的跑車品牌之一。

就在同一時期，另一位義大利汽車愛好者——費魯喬·藍寶堅尼（Ferruccio Lamborghini）——也在建立自己的事業。不過，與法拉利不同的是，藍寶堅尼製造的並不是賽車，而是農用拖拉機。雖然他也熱愛賽車，但他更熱衷於機械內部的運作原理。

在購買了一輛法拉利後，他發現設計上的許多缺陷。這款車噪音過大、離合器問題嚴重且經常需要維修。當他把車送到法拉利維修中心時，技師們竟然不允許他親自觀察修理過程，這讓他非常不爽。

當時，法拉利已經被視為市場上最頂級的豪華跑車品牌，然而，在藍寶堅尼眼中，這些設計缺陷是不可原諒的。於是，他決定直接向恩佐·法拉利本人提出改進建議。

然而，法拉利對此大為光火，他認為一個「拖拉機技師」竟敢教他如何造跑車，簡直是天大的侮辱，當場拒絕了藍寶堅尼的意見。

這場對話，成為兩人之間長久競爭的起點。受到法拉利的輕視後，藍寶堅尼決定把對汽車的興趣轉化為專業事業。他不是隨便說說，僅僅四個月後，他就推出了第一款 Lamborghini 350 GTV，並在義大利的杜林車展（Turin Motor Show）上正式亮相。

在這場競爭中，法拉利擁有先發優勢——他比藍寶堅尼更年長、進入汽車產業的時間更久，擁有豐富的賽車經驗，並且早已賺進大筆財富。

但另一方面，藍寶堅尼擁有深厚的機械知識與技術能力，而這正是法拉利所缺乏的。據說，他甚至刻意將辦公大樓設計在工廠旁邊，以便能夠隨時進入生產線，親自參與車輛研發與調校。這種親力親為、願意動手解決問題的態度，成為他打造夢想跑車的關鍵。

作為競爭對手，藍寶堅尼與法拉利相互激勵，讓彼此的作品達到更高境界。法拉利本來並不特別關心市售跑車，因為他的熱情始終在賽道上；而藍寶堅尼則更注重實用性與日常駕駛體驗。如果不是因為藍寶堅尼在市場上推動這一趨勢，法拉利可能永遠不會從賽道走向街頭。這種競爭促使兩間公司不斷進化，成為更強大、更多元的品牌。正如人們常說的：「以鐵磨鐵，越磨越鋒利」。

這場競爭的結果，帶來了創新與王朝的建立。如果當初法拉利與藍寶堅尼只是朋友，或許一場和平、輕描淡寫的初次見面，根本不會激發出世界上最偉大的跑車品牌之一。

多年來，我個人一直是這兩個品牌的支持者，也擁有過幾輛法拉利與藍寶堅尼。兩者都是極為出色的跑車，但如果一定要選出這場比賽的贏家，我會把冠軍頒給藍寶堅尼。

幾年前，我買了一輛漂亮的法拉利 488，但經銷商告訴我，這臺車在不開的時候必須插上充電器，以確保電池能夠運作。我照做了，但每次想發動時，車子卻完全沒反應！這輛車的外觀確實很棒，但如果它不能開上路，那還有什麼意義？我買到車王（瑕疵車）了，所以只好退回去。這讓我想到，當年藍寶堅尼說的話果然沒錯——法拉利的車，真的不一定好開！

透過彼此競爭，法拉利與藍寶堅尼把自己推向了遠超過最初想像的高度。他們不只是創辦了一間成功的公司，一百年後，他們的姓氏已經成為「品質」與「奢華」的代名詞。這就是影響力！

我一直相信，**對手越強，自己就會變得越好**。這個道理適用於豪華汽車產業，也適用於幾乎所有領域。這更是我每次做新案子時，最先想到的事。

以音樂為例。每當我走進錄音室時，我都會回想那些令自己震撼的音樂時刻，那些來自不同藝術家的精彩瞬間。我不一定有「最喜歡的藝人」，但我有「最愛的音樂時刻」。例如，布萊克・羅布（Black

Rob）的〈哇嗚〉（*Whoa*）就是這樣的一首歌。我不敢說布萊克・羅布是我最愛的藝人，但在那四分零七秒的時間裡，對我來說，他就是世界上最棒的音樂人。

布吉唐（Boogie Down Productions）的〈皇后橋結束了〉（*The Bridge Is Over*）也一樣。即使他們在歌裡嗆了皇后區，我仍然無法抗拒那股強烈的能量。即使過了三十五年，每次聽這首歌，我依然能感受到那份侵略性與自信。

當我進入創作狀態時，我會在腦海中整理出十個這樣的音樂瞬間。它們不一定是完整的歌曲，可能只是一句很棒的 Hook 或副歌。這些時刻，就是我的「創意競爭對手」。

在錄音過程中，我會不斷與這些經典作品進行比較。當我錄完一段主歌，我會問自己：「這段有沒有像〈哇嗚〉一樣炸？」如果答案是否定的，那我就得回到錄音間，再來一次。寫副歌時，我也會拿來跟那些我最愛的經典旋律比較，如果覺得還不夠強，我就重寫，並且不斷問自己：「這首歌夠好了嗎？」

當然，不是每首歌都能成為像〈哇嗚〉或〈皇后橋結束了〉那樣的經典，但**透過這樣的自我挑戰，我能夠逼出自己的最佳狀態**。這就像人們常說的：「瞄準月亮，即使錯過了，也會落在星辰之間。」

但想要這樣逼自己變強，首先，**你必須學會欣賞別人的偉大**。你不能覺得沒有人比你強，所以你根本沒有競爭對手可以較量。那是鬼扯。無論你從事什麼領域，總有人在這個領域裡同樣出色，甚至更出色。所以，與其沉迷於自我吹捧，不如找出那個你認為最強的人，然後把他當成你的競爭對手。

很多人喜歡說我是酸民（hater），但事實完全相反。我是「欣賞者」（appreciator）。我一直都在欣賞別人做的事情。**競爭並不是在仇視，而是把你的欣賞轉化成行動**。

無論你做什麼，都必須是一個欣賞者。假設你是一名小說家，那就找出你認為最厲害的作家，然後拿自己的作品和他們比較；如果你是建築師，就去你的城市裡四處走走，看看那些最美的建築，然後衡量自己的水準。你應該站在那些建築前，仔細端詳，然後說：「那個樓梯設計真他媽厲害。」接著把它牢記在心。

如果你覺得自己的作品已經比眼前的一切都更出色，那就拿自己跟艾菲爾鐵塔或泰姬瑪哈陵的設計者比較。不管你對自己的能力有多自信，這個世界上一定有一個值得你較量的對手。

永遠不要覺得自己不用去競爭。我見過很多人掉進這個陷阱，就是因為太聽身邊人的話。這種事在饒舌圈裡天天都在發生——某個饒舌歌手進錄音室，隨便唱個一段，結果他的朋友馬上說：「Yo，這句詞超炸！」砰！就是這麼簡單，這時候他的腦袋裡已經開始覺得自己是有史以來最強的MC了。

接下來，他的朋友還會繼續灌迷湯，告訴他比網路上那些當紅的新生代饒舌歌手還要屌。他聽了這些話，越來越自滿，越來越自大。但請注意，他的朋友並沒有說——他比傑斯更強，比肯卓克·拉瑪（Kendrick Lamar）更強，或者比我更強。這才是你真正該拿來衡量自己的標準，而不是只聽身邊的人吹捧，然後就覺得自己是「史上最偉大」（G.O.A.T., Greatest of All Time）了。

如果你只拿自己跟弱者比較，你會以為自己做得很好，但其實根本沒做出什麼值得驕傲的事。

這也是為什麼，很多饒舌歌手太早就想挑戰我。他們的朋友讓他們誤以為自己已經準備好了，但是實際上，他們的成就還遠遠比不上我。這沒關係，我只需要讓他們回到現實，認清自己的位置。

無論你取得了多少成就，你都永遠不會停止競爭。我賣出了超過三千萬張專輯，但每次進錄音室，我依然清楚自己會被拿來比較。但這次，我的對手不是別人，而是我自己。每當我發布一首新歌，人們總會說：「這不錯啦，但還是比不上你當年的作品。」

以前聽到這種話我會很沮喪，但現在我已經釋懷了。我不可能再有機會給人們另一個第一印象，那個瞬間只會發生一次。直到我放下麥克風的那一刻，我都會與自己較勁。但現在，這不再讓我感到挫折，因為——我本來就很屌，那幹嘛要對這種比較感到生氣？現在，我只需要做一件事：擊敗自己。

紐約・戰鬥・音樂營

距離紐約市大約兩個小時車程，位於胡士托（Woodstock）小鎮外圍（沒錯，就是那個以音樂節聞名的地方），你會看到貝爾斯維爾錄音室（Bearsville Records）。這間錄音室從外觀上看起來有點像穀倉，最初由阿爾伯特・格羅斯曼（Albert Grossman）於一九六九年創立。格羅斯曼是音樂產業的傳奇推手，最著名的事蹟之一，就是曾擔任巴布・狄倫（Bob Dylan）的經紀人，同時也是引領珍妮絲・賈普林（Janis Joplin）和民謠團體「彼得、保羅和瑪麗」（Peter, Paul and Mary）走向成功的關鍵人物。

格羅斯曼的夢想，是在紐約市附近建立一座錄音室，讓搖滾音樂人能夠遠離城市的喧囂與干擾，沉浸在純粹的音樂創作中。多年來，這間錄音室都被視為全美最頂級的搖滾音樂錄音空間之一。

到了二〇〇〇年，格羅斯曼早已離世（但他的妻子珊蒂〔Sandy〕仍在經營錄音室），而巴布・狄倫的搖滾時代也過去了，取而代之的是紐約市的饒舌歌手們。受到與當年格羅斯曼相同的靈感驅使，嘻哈製作團隊「製作二人組」——由唐恩（Tone）和波克（Poke）兩位製作人組成——決定將貝爾斯維爾錄音室包下來三個月，並邀請了一群知名與業界未知的饒舌歌手與製作人，一起來這裡創作音樂。這裡沒有夜店可去，也沒有一大堆隨行的兄弟，唯一的目標就是音樂、音樂、音樂。而我踏上了這場音樂訓練營的旅程是這樣的：

有一天，我在家附近的理髮店，碰到了索尼唱片公司的製作人兼詞曲創作人科里．魯尼（Cory Rooney），還有來自胖子幫（Fat Boys）的馬其．迪（Markie Dee）。當時，我剛錄完一卷試聽帶，所以我問科里能不能放給他們聽聽看。科里答應了，然後帶我們來到他停在門口的黑色賓士 500 SL 敞篷車，我們一群人擠進車裡開始播放音樂。才剛放幾秒鐘，科里的電話響了，他接起來就開始聊。我當場就不爽了。他一路聊到第二首歌還沒停下來，馬其也一副興致缺缺的樣子。

又過了幾首歌，科里才轉頭問馬其：「你覺得怎樣？」

「還行吧。」馬其隨口回了一句。但我已經看夠了，聽夠了。我知道對他們來說我只是個無名小卒，但我不會坐在這裡被這樣不尊重。

「把我的試聽帶帶還來，」我低聲說道，一手從汽車音響裡把錄音帶抽出。「你們太老派了。」我拿著試聽帶，甩門下車。

這種行為對業界資深前輩來說，可以說是狂妄自大，也可以說是愚蠢至極。我當時想，我應該再也不會聽到他們的消息了。

結果過了幾天後，我聽說他們在找我。原來，科里雖然當時在講電話，卻還是有在聽（看來他的多工能力還不錯）。他把我的試聽帶交給了唐恩和波克，而他們聽完之後蠻喜歡的。科里在電話裡告訴我，製作二人組想找我去紐約上州和他們一起做音樂。

他們喜歡我的音樂，這讓我很興奮。但同時，這也讓我起了警覺——這會不會是個圈套？畢竟，我才剛剛嗆過他們，現在他們竟然邀請我跟他們一起去上州？這聽起來像是趟可能有去無回的旅程。

我陷入掙扎。我的街頭直覺已拉響警報，但唐恩和波克是業界頗具聲望的製作人，他們曾經為納斯、威爾．史密斯（Will Smith）、勞．凱利等大咖製作過一連串暢銷曲，我真的很想跟他們合作。於是，我邀請科里和馬其再來理髮店一趟，想試探一下他們的態度，在確定一切沒問題之前，我不會輕易答應。

當他們到現場時，我仔細觀察，發現他們並沒有不爽的樣子，相反，他們似乎還相當熱切地希望我跟他們一起去上州。我的直覺告訴我，這趟旅程應該是安全的。於是，我簡單收拾了行李，當天下午就跟他們出發了。

最後，我在貝爾斯維爾一待就是十八天。格羅斯曼最初可能把這間錄音室視為一處隱居避世的創作空間，但對我來說，這段時間卻是我人生中最具競爭性、最具創造力的時期之一。當我抵達貝爾斯維爾時，作為一名MC，我的名氣還很小。但突然之間，我身邊全是業界的重量級人物——除了唐恩和波克，還有知名製作人L.E.S.、艾爾．威斯特（Al West）、柯特．高迪（Kurt Gowdy），這些都是對錄音室瞭若指掌、能做出業界最高水準節奏的頂尖製作人。此外，那裡還有許多當時已經很有地位的饒舌歌手——N.O.R.E.、斯里克．瑞克（Slick Rick），甚至後來納斯也來了。

身處這樣的環境，換作一般人，會很容易、甚至是理所當然地感到畏懼。畢竟，我來自街頭，現在卻孤身一人在這座森林裡的錄音室，而這些人無論名氣還是成功度，都遠遠超越我。換成其他MC，可能早就因為壓力過大，立刻買張車票回家，寧可逃回熟悉的街區，也不願在這種強度極高的環境下硬撐兩週。

但我沒有退縮。對我來說，貝爾斯維爾簡直是天堂。我愛死了這裡與世隔絕的氛圍，因為這代表沒有任何雜音可以干擾我創作。我完全專注在音樂上。我知道，在這裡，我不是最成熟的饒舌歌手，也不是最會寫歌詞的，**但我決心要當最拚命工作的**。

有些人可能會宿醉醒來，或者窩在房間裡吸大麻，但這些干擾對我來說根本不存在。每天一早，我的行程只有兩件事：先去森林裡跑步，然後直奔錄音室。通常，我都是第一個進錄音室的人。

我會每間房都去看看，找製作人們聊天，請他們放給我聽自己正在做的最新節奏。聽了幾次之後，我就會找個角落坐下來，開始動筆寫我的詞。

寫完之後，我會立刻跑回錄音室，請製作人讓我試錄看看。這裡的圈子競爭激烈，想讓人印象深刻並不是件容易的事，但我下定決心一定要脫穎而出。每次錄完一段歌詞，我都期待聽到有人說：「不錯喔，他真的有料。」

我每天都像一頭猛獸一樣，日復一日地衝刺。後來，事情發展到我已經在唐恩和波克做出的每一首歌裡都錄了歌詞，但我還想要更多。最後，我甚至開始在還沒編曲完成的節奏上饒舌，基本上只聽鼓組我就開始創作，因為我的創作能量已經四處流竄，停不下來。

在貝爾斯維爾我總共錄了三十六首歌，其中許多曲目後來都收錄在我的專輯《金錢的力量》（*Power of the Dollar*）。我以無名小卒的身分來到這場「音樂訓練營」，我相信自己的能力，但對自己在MC這條路上的定位仍然模糊。然而，在這十八天後，我百分之百確定，我就是屬於這個圈子的。

能夠正面迎戰你的對手，並且在對抗中證明自己的實力，這是一種極其強大的力量。這樣的信心，會伴隨你很長一段時間。

我在貝爾斯維爾這段時間讓我累積了足夠的作品，準備發行我在哥倫比亞唱片的出道專輯。我們送出做好的音樂給唱片公司，他們也給了我發行日期。我開始準備，因為我知道這將會是一場重大的發行。然而，隨著發行日期越來越近，我逐漸意識到，似乎只有我在做真正的準備。

哥倫比亞並不真正了解我作為藝術家的本質。我可以看出，他們只是打算把這張專輯隨便丟出去，然後看看會不會有什麼反應。如果成功了，那很好；如果沒有，那我就會被捨棄。

這可能是他們一貫的做法，但對我來說，這完全無法接受。我把全部心血投入到了貝爾斯維爾的創作，我知道我手上有對的作品。我的一切都賭在這張專輯的成功。如果你們只是要隨便把我丟出去看看會不會成，我就會變成蜘蛛人，自己想辦法黏住牆壁。

我沒有任何專輯失敗的備案，所以我開始尋找讓自己成為優先考量的方法。我必須自己創造話題。

當時，因為聲名狼藉先生和吐派克因槍擊過世，嘻哈圈處於一種謹慎的狀態。大家都害怕會引發新的衝突，於是提到其他饒舌歌手的名字變成了禁忌。如果有人真的要對別人開火，也會用非常隱晦的方式，只有資深粉絲才能聽得懂。

例如，當納斯想要對傑斯開炮時，他最初並沒有直接指名道姓，而是寫道：「20 G bets I'm winning them / threats I'm sending them / Lex with TV sets, the minimum / Ill sex adrenaline.」（我贏了兩萬美金的賭注／威脅送至四處／凌志車上有電視組／性愛增長腎上腺素）對於圈外人來說，這些話可能聽起來沒什麼，但我們嘻哈圈內人都知道，傑斯開的是一輛裝有電視的凌志，所以這其實是針對傑斯的隱晦攻擊。

納斯或許選擇了含蓄的方式，但在這場無聲的停戰協議中，我看到了一個巨大的機會。我沒有簽訂這種停戰協議。**在當時的圈子裡，沒有人對我來說有當朋友的價值。但作為敵人……那就是另一回事了。**

我知道，如果有人夠大膽站出來，重新擁抱嘻哈文化裡直接開火的傳統，這將會引起巨大的轟動。

我決定成為那個人。

〈搶劫的方式〉這首歌不只是針對某個人，而是針對整個產業的攻擊。它就像是在說：「如果你們沒有人要當我的朋友，那麼我們就是敵人。」我幾乎點名了所有人——傑斯、武當派、替天行道大佬、蜜西・艾莉特（Missy Elliott）、威爾・史密斯、潔達・蘋姬（Jada Pinkett）、斯里克・瑞克、DMX、巴比・布朗（Bobby Brown）和惠妮・休斯頓（Whitney Houston），全都沒放過。

為了表明我只是想要競爭，而不是製造真正的敵意，我還加了一句：「I've been scheming Tone and Poke since they found me.」（自從唐恩和波克發掘我時，我就已經在計畫搶他們了），這是在針對製作二人組，讓大家知道就連我的製作人也在攻擊範圍內。我們還找來了瘋男（Mad Rapper）在副歌唱：「This ain't serious / Being broke can make you delirious.」（這沒那麼嚴重／貧窮會讓人開口胡說），為歌曲帶來一點幽默感。

儘管有這些緩和語氣的設計，當這首歌在紐約當時最有影響力的廣播電臺 Hot 97 播出時，仍然引發了一場風暴。大部分被點名的藝人都沒準備好面對這種直接攻擊。整個圈子都在討論：「哇！這新來的傢伙是誰？他敢點名所有人，完全不在乎後果！」像是傑斯、替天行道大佬和武當派這些大人物都發表了回應，這正是我想要的結果。

我需要一些能夠讓我獲得關注的東西，而〈搶劫的方式〉讓我立刻成為焦點。哥倫比亞迅速將這首歌收錄到電影《緝毒大戰》（*In Too Deep*）的原聲帶中，讓我能夠接觸到更廣泛的受眾。原先所有的一切都按照我的計畫進行——直到我中槍，這讓我所做的一切都停擺了。

最終，我花了幾年時間才真正迎來那個我為之努力奮鬥的出道顛峰。但透過〈搶劫的方式〉，我仍然學到了一個寶貴的教訓：人們總是會對競爭者有所反應。當你被視為一個敢於衝進戰場，而不是逃避挑戰的人時，目光就會一直聚焦在你身上。無論是在饒舌、體育、政治、媒體，還是商業領域，**那些勇於與對手正面對決的人，總是會吸引一批觀眾**。

要把握住這種對競爭的需求，你所要做的就是**讓情緒遠離這個過程**。我對那首歌裡提到的大部分藝人並沒有私人恩怨——我對傑斯、替天行道大佬和瑞空（Raekwon）這些人非常尊敬。但光是尊敬並不會讓我站上實現夢想的位置。我必須展現我的競爭心，讓整個產業注意到我，所以我選擇這樣做。

從那時起，他們就再也沒有停止關注我。

肯爺拿到獎杯，五角大帝搶到錢

如果〈搶劫的方式〉向嘻哈文化展現了我的競爭性，那麼我與肯伊·威斯特（Kanye West）的競爭則讓美國主流市場認識了這一點。

我們的較量發生在二〇〇七年，當時肯伊的第三張專輯《畢業特典》（*Graduation*）原定於我的第三張專輯《五角大帝》（*Curtis*）發行一週後上市。當我發現兩者發行日期如此接近時，我意識到我們可以利用這個機會，將這次發行變成一場正面對決。

我向肯伊提出這個概念，建議我們同一天發片。作為一個有獨立思維的人，肯伊理解我的想法並同意提前發行專輯。他明白，**透過炒作這場競爭，我們可以共同製造更大的聲量，而不只是各自進行宣傳**。

媒體喜歡看戲，而肯伊與我正面交鋒無疑是一場大秀。我們兩個人充分利用這個機會，頻繁同臺亮相，扮演兩位拳擊手賽前叫陣的角色。要說清楚一點，我們之間其實沒有真正的恩怨。肯伊從未對我的成功感到不滿，而我也尊重他作為藝術家的才華。這純粹是兩個人都接受競爭概念的情況下，所策劃的一場較量。

就我個人而言，我知道在那個時刻，競爭是我最需要的。我正處於一個藝術家最脆弱的狀態——困惑。短時間內發生的種種變化讓我迷失了自我，而競爭能幫助我回歸本質。為了重新找回那種能量，我甚至暫時搬回皇后區祖母家住了一段時間，試圖重新感受過去的氛圍。

當時的肯伊處於職業生涯的另一個階段，但他對這場競爭的重視程度與我不相上下。在專輯發行前的幾週裡，他把自己關在錄音室不斷修改混音，努力讓專輯達到最完美的狀態。據說，他光是〈更強大〉（*Stronger*）這首歌就混音了超過五十次。我們都沒有把這場比賽當作噱頭，而是真正想要贏得勝利。

最終，肯伊獲勝了。《畢業特典》首週銷量達到九十五萬七千張，而《五角大帝》則賣出了六十九萬一千張。這是自一九九一年以來，首次有兩位藝人在同一週內銷量超過六十萬張。

如今，首週賣出六十九萬張會被視為藝術家巨大的成功，但當時的輿論卻認為我被肯伊徹底擊敗了。當然，他確實贏了我，但大眾沒能看到的是，我其實也獲得了一場重大勝利。

事實上，當《五角大帝》準備發行時，新視鏡唱片已經開始對我撤資。從財務角度來看，我對他們來說仍然是個「搖錢樹」，畢竟我的前兩張專輯合計銷量超過兩千萬張。但即便如此，他們仍在盤算是否繼續投入預算。儘管我取得了巨大的成功，他們卻決定減少對我的資金投入。

比削減行銷預算更糟糕的是，他們還破壞了我的專輯宣傳計畫。我原本的策略是用〈直接進銀行〉

（*Straight to the Bank*）這首歌來製造街頭話題，先吸引我的核心粉絲群。當這首歌開始發酵後，我才會發布更具流行風格的〈遊樂園〉（Amusement Park）。這和我當年先推出〈假黑幫〉（*Wanksta*），再釋出〈嘻哈大舞廳〉的策略一樣——**先讓核心粉絲投入，然後再發表更能吸引大眾市場的作品。**

新視鏡唱片本該支持這個計畫，畢竟它過去已經證明有效。但當〈遊樂園〉沒有像他們預期的那樣迅速登上排行榜冠軍時，他們開始懷疑這套策略，這直接影響了我想要營造的能量。更糟的是，當專輯送印時，整張專輯提前流出到網路上。這些歌曲本該在《五角大帝》發行後才釋出，結果卻在正式發行前幾週就流出，這讓我陷入了困境。

大眾或許對這些內情一無所知，但我很清楚新視鏡唱片已經嚴重損害了我的發行計畫。幸運的是，我知道該怎麼應對。與其坐在那裡抱怨唱片公司，我決定自己行動起來。就像七年前當哥倫比亞唱片對我失望時一樣，**我再次創造了一場競爭，來製造唱片公司無法提供的話題熱度。**

更糟糕的是，我這次的對手是一位擁有強大唱片公司全力支持的藝人。他的公司不惜一切代價要確保他能擊敗我。或許新視鏡唱片的老闆吉米．艾歐文並不在乎擊敗肯伊，但當時擔任 Def Jam 唱片公司總裁的傑斯，卻極度渴望打敗我。多年來，我在紐約的成功讓傑斯感到不安，所以他竭盡所能的確保他能利用肯伊來擊倒我。

在專輯發行前的幾週，我開始意識到自己正面對怎樣的局勢。當時，肯伊和我都同意在 BET 共同亮相。我原本計畫帶著阿姆一起登臺，但 BET 告訴新視鏡唱片，我們不能攜帶嘉賓。新視鏡唱片便順從地答應，通知阿姆不要來了。

結果到了當天，我抵達現場，卻發現傑斯正在與肯伊一起表演。很明顯，傑斯特意想辦法繞過「不准帶嘉賓」的規則，而新視鏡唱片則只是聽從安排，什麼都沒做。他們的積極性完全不及傑斯。

傑斯對肯伊的勝利感到非常自豪。我認為這也是為什麼他現在對肯伊感到失望的其中一個原因。傑斯深知自己當年對肯伊提供了多少支持，但最終，那些幫助仍無法滿足肯伊，這或許讓傑斯傷透了心。

傑斯甚至在他的書《解碼》（*Decoded*）中提到了我和肯伊的這場較量，並藉機挖苦我一句：「那些把爭執當作行銷策略的饒舌歌手，或許能短暫吸引媒體關注，但他們錯過了真正的重點。」

我承認，在那種情況下，傑斯為他的藝人做了正確的事，但我認為真正錯過重點的人是他。首先，正如我之前提到的，這場競爭並非真正的「牛肉」。其次，若不是這場競爭——考慮到新視鏡唱片的失誤——毫無疑問我的銷量會更低。這場較量讓原本可能艱難的首週銷售，變成了相當不錯的成績。如果我只是讓新視鏡唱片照他們的方式來運作，那麼首週銷量可能只有四十萬張。但透過這場競爭，我成功挽救了困境，並創造了一個歷史性的時刻。

後來我在一次訪談中說過：「肯伊．威斯特拿到了獎盃，五角拿到了錢！」這句話並不是對肯伊的攻擊（他也賺了很多錢），但這樣的交換，我永遠都願意接受。

挑場上最強的打——屠龍《權力遊戲》

有時候，就像《五角大帝》對《畢業特典》的情況一樣，你可以自己創造競爭。但有時候，這個世界會替你選擇對手。當這種情況發生時，你必須用最聰明的方式去應對。

雖然你永遠不該逃避競爭，但你必須盡可能主導你的對手是誰。你不能只是因為媒體或粉絲想看，就去與某人較量。你必須挑選一個不僅讓你最有勝算的對手，還能確保即使輸了，也能讓自己處於更有利的地位。

當《權欲》於二〇一四年在 Starz 首播時，似乎並沒有直接的競爭對手。然而，當二〇一五年福斯電視推出了《嘻哈世家》（*Empire*），突然之間，所有人都想把這兩部劇拿來比較。表面上來看，這些比較似乎有其道理。兩部劇的背景都設定在嘻哈世界，兩部劇都有黑人主演，劇情都圍繞著強勢的女性角色。兩部劇的配樂對劇情的氛圍來說也至關重要。此外，兩部劇的執行製作人也都是黑人。我理解為什麼人們想要把我們放在對立面上。

一開始，我樂於順應這種比較。福斯投入在《嘻哈世家》的行銷預算遠比《權欲》多，因此，能夠藉由這場競爭來綁定他們的行銷效應，對我來說是有利的。我也注意到福斯似乎試圖挪用我們的一些敘事手法，比如他們釋出的一則宣傳語：「Empires are built on power」（帝國建立於權力之上），甚至還發布了一張宣傳照，幾乎與我之前與 G-Unit 拍攝的照片一模一樣。這也讓塔拉吉・P・漢森（Taraji P. Henson，該劇主演之一）和我在社群媒體上有了一場有趣的互動。

雖然我樂於利用《嘻哈世家》早期的聲勢，但我並不想在長期內被與這部劇過度關聯。首先，我不想單純因為兩部劇的主演都是黑人，就被強行放在一起比較。其次，儘管在文化層面有所重疊，我認為《嘻哈世家》和《權欲》本質上是完全不同的劇集。

《嘻哈世家》是在福斯播出的，這意味著它是一檔免費的網絡電視節目，內容上有諸多限制。而《權欲》則是在 Starz 播出，這是一個付費的高級有線頻道。因此，我們可以為觀眾呈現更具衝擊力、更寫實的內容。我曾在ＩＧ上發文寫道：「《嘻哈世家》是那種你應該免費看的東西，而《權欲》才值得你付費觀看——請到 Starz 高級有線頻道。」

明明我的作品是在付費有線頻道上播出，為什麼我要和一部免費電視劇競爭呢？如果要競爭，那就得和與我處於同一競技場上的對手較量。於是，我環顧四周，決定挑戰場上最強的對手。

如果要競爭，就要挑戰最強的對手。而當時高級有線頻道中，最強的無疑是ＨＢＯ的《權力遊戲》（*Game of Thrones*）。所以我開始一再針對《權力遊戲》，不放過任何讓《權欲》與它相提並論的機會。當有人巧妙地將我的臉合成到提利昂．蘭尼斯特（Tyrion Lannister）的身體上時，我立刻在ＩＧ上發起攻勢，寫道：「做這些照片的不過是一群《權力遊戲》腦粉，不爽《權欲》穩坐第一。去你媽的飛龍，我們在講現實人生，傻屌！」

大家都愛看這一套。但我沒說的是，這個「巧妙的惡作劇」其實來自於我手下一位專門負責製作這類病毒式內容的製圖師。

有些人喜歡說我是個惡霸，但我對於自嘲毫無問題，只要能幫助推廣聲勢。我認為真正的惡霸是不會擁有這種自我覺察的，他們的自尊太過脆弱，不可能會自己發布這種照片。但我並不是靠情緒行動，我的心臟夠強大，能做任何必要的事來維持我的品牌熱度！

我對《權力遊戲》的每一次挑釁，都是一場精心策劃的行銷操作，目的是讓粉絲、對手以及媒體都清楚，《權欲》從來都不只是想默默成功。評論家或許不會把《權欲》和《權力遊戲》放在同一個討論範疇，但我卻成功地引導了大眾話題，讓我們能夠被相提並論。

這樣的影響很巨大。ＨＢＯ擁有更龐大的付費訂閱用戶群，預算也遠遠超過我們，但《權欲》仍然在收視率上幾次成功「屠龍」。更棒的是，自從《權力遊戲》在二〇一九年迎來大結局後，《權欲》的觀眾人數一直穩定地超越 HBO 推出的任何節目。我很有信心，我對粉絲的熱情支持，使我們的節目口碑極為可靠。

回顧過去，《權欲》的資源較少、影響力較小，註定不可能真正擊敗美國歷史最悠久的付費頻道。但這就是競爭的本質——**即使參加了一場看似必輸的比賽，你仍然可以從中獲得寶貴的東西。**

我曾提到，我不希望《權欲》被標籤為「黑人劇」，而這背後有充分的理由。美國歷史上最漫長、最受關注的競爭，其實就是「黑與白」之爭。但這場競爭，我選擇不參與，因為這是一場對我來說註定不公平的比賽。

這並不代表我不為自己的黑人身分感到自豪，也不代表我不支持黑人藝術家，完全不是這樣。事實上，《權欲》無庸置疑是一部根植於黑人文化的劇集。我是執行製作人，節目統籌兼編劇是黑人女性寇特尼·坎普，主要演員幾乎全是有色人種，唯一的例外是約瑟夫·斯科拉。這部劇提供了大量機會給黑人與其他有色人種，就像我製作的所有電視劇一樣。

即便如此，我仍然不希望它被稱為「黑人劇」。

因為這種標籤會將它限制在一個框架內，而這個框架幾乎無法突破。

這與我在《要錢不要命》的經歷相同。試想這部電影——它由我主演，敘述一位饒舌歌手如何奮鬥向上的故事。導演是吉姆·謝利登（Jim Sheridan），一位來自愛爾蘭的火爆導演，曾執導獲獎電影《我的左腳》（*My Left Foot*）與《以父之名》（*In the Name of the Father*）。配樂由昆西·瓊斯（Quincy Jones）負責——他是美國樂壇跨越不同層級、影響力極大的音樂人。劇本則由泰倫斯·溫特（Terence

Winter）執筆，他曾是《黑道家族》（*The Sopranos*）和《海濱帝國》（*Boardwalk Empire*）的編劇兼執行製作人。此外，攝影指導是愛爾蘭獲獎攝影師德克蘭·奎因（Declan Quinn）。

從各方面來看，《要錢不要命》本應該是一部主流電影……但好萊塢並不這麼認為。在他們眼裡，這只是一部「黑人電影」。而「黑人電影」通常無法獲得與主流電影相同的待遇。這就是為什麼當《要錢不要命》上映時，它只獲得了約一千七百家電影院的排片。

現在來看看另一部同樣講述說唱歌手奮鬥故事的電影——《街頭痞子》（*8 Mile*）。這部電影的元素幾乎與《要錢不要命》相同，唯一的主要區別是，《街頭痞子》的主角是白人——阿姆。因此上映時，它獲得了近三千家影院的機會。

這意味著，《街頭痞子》在上映首週的曝光機會，幾乎是《要錢不要命》的兩倍。

我並沒有因為這件事跟阿姆有任何過節，但我對這個體制卻有很大的不滿。這個體制決定了我的電影只能吸引黑人觀眾，這才是問題所在。當初他們給我拍電影的機會，並不是因為我是黑人，而是因為我是個超級明星。

而我之所以能成為超級明星，是因為有千千萬萬的白人孩子買了我的專輯。他們買我的專輯，是因為他們對我的人生經歷充滿好奇。那麼，關於我人生的電影，怎麼可能不吸引同樣的白人觀眾呢？這完全不合理。這樣不公平的體制，讓藝術家們無法在公平的競爭環境中較量。

所以，我選擇不參與這場比賽。

我當然會繼續聘請黑人演員、黑人導演和黑人製作人，但我也不會忽視這個現實世界的運作方式。當《權欲》製作海報時，我特意確保約瑟夫·斯科拉飾演的湯米角色也在上面——就像《美國黑幫》

（*American Gangster*）的海報上有羅素・克洛（Russell Crowe）一樣——儘管這部電影的核心是丹佐・華盛頓（Denzel Washington）。我為《權欲》設定的目標，如我做的所有事情一樣，**從來不是成為某個特定類別裡的最佳，而是要讓它變得越來越大，吸引最廣泛的觀眾群體**。

「星期一還錢」行動

我的其中一個缺點是，有時候我會太享受競爭。這導致我讓對手停留在視野內的時間超出預期，甚至讓他們因此受益。

有不少跟我公開對嗆過的藝人，最後反而因為這些爭執而獲益更多。他們就像那些依附在更大生物上的寄生物，只要還能吸附在宿主身上，他們就能存活。不過一旦宿主離開，或者抓不住了，他們就會死掉。

這就是我對傑魯、瑞克・羅斯（Rick Ross）、吉姆・瓊斯（Jim Jones）、法蘭奇・蒙大拿和哈草奇兵（The Lox）這些人的看法。他們從來沒能找到一個長期能讓自己保持熱度的方法，唯一能吸引關注的手段就是跟我鬥嘴。

他們當然都試圖拓展不同的事業，但主要收入來源還是靠賣唱片。他們知道，只要對我說點什麼，唱片市場就會關注他們，所以才會一次又一次來找我麻煩。

我理解他們的做法——大家都想保持熱度——但這不是一個長遠的計畫。如果你的光芒完全來自於別人的照耀，那當對方離開時，你該怎麼辦？因為一旦我不再理會他們，就好像他們完全從世界上消失了一樣。人們會問：「哈草奇兵呢？他們是不是消失了？」

這就是他們的結局。當我把重心轉向影視產業時，他們的職業生涯就像撞上了冰山的鐵達尼號。沒有我這個對手，他們就沉沒了。

設計師吉安尼・凡賽斯（Gianni Versace）曾說過：「有實力的競爭是好事，因為它能推動你變得更好。」我完全同意。但問題是，當你陷入一場無意義的競爭時，作為更有影響力的一方，你根本無法從中獲勝。

我現在要做的，就是學會更有紀律地不被挑釁。就像前幾天，瑞克・羅斯又試圖激怒我，說我對這個文化已經沒影響力了。他的意圖很明顯，他才是那個過氣的人，所以他試圖拉我下場，讓自己重新獲得關注。

即便我清楚他的策略，我還是忍不住回敬了幾句。不過，我並沒有帶情緒，也沒有真正發火，我只是指出，像他這樣的藝人，總是想辦法靠近那些有熱度的人，試圖藉此存活。我只是說出了大家應該都能看懂的事實。

其實，我根本不該花這麼多精力去理會他的話。我應該更快抽身而退，因為我越是跟他糾纏，他就能維持熱度越久。我幹嘛要讓自己被綁在跟瑞克・羅斯的競爭上？他只是想賣唱片，而我則是在賣電視劇、打造影視網絡。我們玩的是截然不同的遊戲。

有時候，最正確的選擇，就是從不重要的競爭中撤退。但在某些情況下，你必須堅決展現你的主導地位。

很多人好奇，為什麼當初我在社交媒體上那麼猛烈地對付緹亞拉．瑪莉（Teairra Mari）？她看起來並不是什麼值得一戰的對手。那麼，讓我來解釋整個事件的來龍去脈，以及我為什麼這麼做。

緹亞拉是個過氣歌手，也是個真人秀明星。她曾經告我，聲稱我與她的前男友合謀，故意在社交媒體上傳了他們的性愛影片。但事實上，我根本沒這麼做。法官看穿了她的把戲，不僅駁回了她的訴訟，還判決她必須支付我三萬美元的律師費。事實上，到目前為止，她還欠我的錢只會越來越多。

然而，她卻裝可憐，聲稱自己沒錢還。而在社交媒體上，很多人開始為她求情。有人留言說：「哎呀五角，放過她吧，她真的沒錢。」還有人說：「算了吧老哥，你又不缺那三萬塊。」

那些人完全沒抓到重點，或者該說，他們忽略了很多重點。

首先，要求緹亞拉瑪莉支付那三萬美元的不是我，而是法律。我並不能決定她的欠款是否不用償還。因為大多數人都能理解「沒有三萬美元」的窘境，所以同情心自然傾向於她，儘管真正做錯事的人是她。

再者，她並不是「給」我什麼東西，而是單純地把她不該拿走的錢還回來而已。

其次，我在這件事上的強硬態度，是為了傳遞一個強烈的訊息。我清楚得很，她之所以會告我，完全是因為我背後掛著一個巨大的靶心。這就是美國的現實——只要你的口袋夠深，總會有人想試試運氣，看看能不能從你身上撈到一筆。

所以，對於她的經濟困難，我當然感到遺憾，但這筆三萬美元，我還是要討回來。不是因為我缺這筆錢，而是因為我要讓所有人明白：如果你想無理取鬧地對我發起訴訟，那你就得付出代價。我不會只是聳聳肩然後讓這種事情過去，我一定會贏，然後我還會把錢討回來。

說到討債，我在ＩＧ上發起的「Money by Monday」（星期一還錢）活動，背後的邏輯也是一樣的。

如果說我對付緹亞拉是給公眾的一個警告，那麼「Money by Monday」則是給我認識的那些人一個警告：不要跟我借錢後，還假裝欠的錢不用還。

這個訊息，他們收到了。相信我，雖然我在社交媒體上公開點名了一些欠錢的人，但實際上，還有更多人沒有被我爆出來。可是當他們看到我把電影製片人蘭道爾・艾米特和喜劇演員傑基・隆恩（Jackie Long）拿出來示眾後，那些人便立刻主動聯繫我，趕快悄悄安排還款計畫。

有趣的是，當我對付蘭道爾時，人們的反應跟我對付緹亞拉完全不同。當我逼得蘭道爾在簡訊裡緊張到叫我「四角」，苦苦哀求我放他一馬時，網友們全都樂翻了。為什麼？因為大家都懂「被欠錢還被不尊重」的感覺，尤其是對方明明有錢，卻選擇不還你。

這是一種大家都能產生共鳴的情境。無論你是誰，你的生活很可能都有個欠你錢，卻一點都不急著還的人。他每次見到你還會笑著跟你打招呼，卻絕口不提那筆債。甚至，他可能還會大剌剌坐在你家沙發上，翹著二郎腿，裝得一副「我誰都不欠」的樣子。而你，光是看到這一幕，腦袋都快要氣炸了。

所以，當我強硬地站出來說：「去你的！該還的錢還是要還！」這種態度幾乎所有人都能支持。

準備一本「對手之書」

你人生中或許曾擁有一件鱷魚牌（Lacoste）襯衫，你知道，就是那種胸口上有隻小鱷魚的 Polo 衫。但你可能不知道這個品牌的歷史。

鱷魚牌是由法國網球選手勒內・拉科斯特（René Lacoste）在一九三〇年代創立的。他在球場上的外號是「鱷魚」，因為他的球風非常頑強，從不輕易放棄，而這正是衣服上鱷魚標誌的由來。

在一九三〇年代創立品牌時，拉科斯特已經是國際級的網球明星，但在十多年前，他其實還算不上頂尖選手，經常在比賽中被對手狠狠擊敗。他意識到，自己必須找到一種新的策略來競爭。

最後，他想到了一個方法：建立一本「對手之書」。每當他與對手對戰，或者只是以觀眾身分觀察其他選手時，他都會把對方的表現記錄下來。他詳細列出對方的優勢與弱點，記下對方的心理素質，觀察他們在不同比賽情境下的反應。

這本「對手之書」成了他的祕密武器。在那個沒有電視轉播、沒有精彩重播的時代，大多數網球選手對於新對手的打法、優缺點、戰術和習慣一無所知，基本上是「盲打」。

但憑藉這本記錄，拉科斯特擁有了獨特的優勢。他利用這套方法，加上自己的不屈精神，最終成為同世代最出色的球員之一，贏得了二十四座冠軍獎盃，包括溫布頓（Wimbledon）和法國網球公開賽（French Open）。

如今，拉科斯特的「對手之書」概念已經成為運動界的標準做法。從兒童美式足球聯賽（Pop Warner）到美國職棒大聯盟（MLB），每支球隊都有屬於自己的對手之書，也就是「球探報告」。這些記錄的本質與拉科斯特當年的筆記完全相同，都是**透過分析對手的優缺點，來為競爭做準備**。

然而，這種「記錄對手」的做法，在體育界之外卻很少被運用。事實上，這個方法若能套用在電影、電視、時尚、行銷等各種領域，同樣能發揮強大效果。

我一直都在心裡記錄那些我視為競爭對手的人。我會密切觀察他們的所有動作。如果有人做出聰明的決策，我會記下來，思考如何以類似的方式運用在自己身上；如果有人做了愚蠢的決定，我也會記下來，並尋找機會在未來利用他的弱點。

重點是：**我不會帶任何情緒去做這些筆記**。

當我看到競爭對手做出聰明的選擇時，我**不會嫉妒**；當我看到他們犯錯時，我也**不會興奮**。我只是**純粹記錄下來，等到合適的時機再使用這些資訊**。

我不僅會觀察我的嘻哈競爭對手，比如吹牛老爹或傑斯，在影視產業方面，我也會研究那些最成功的影視製作人，比如珊達・萊梅斯（Shonda Rhimes）、迪克・沃夫（Dick Wolf）、泰勒・派瑞（Tyler Perry）和萊恩・墨菲（Ryan Murphy）[1]。我會留意他們喜歡與哪些編劇合作，關注他們專注的題材類型。我還會分析他們如何推廣新節目、哪些宣傳手法奏效、哪些則未能引起關注，甚至觀察他們如何與各大電視臺建立關係，以此來為自己創造影響力。

當我晚上打開電視看時，我可不是在「放鬆休閒」，而是在研究與學習。我像拉科斯特研究網球選手一樣，也像美式足球球探研究下週對手的比賽錄影一樣，仔細拆解每一部影視作品的運作模式。這種投入和專注，就是讓自己超越競爭對手所必需的態度。

如果你想成為一名作家，那麼每當你閱讀一本書時，就應該記錄下作者的寫作風格、情節安排和敘事技巧；如果你想成為一名廚師，那麼每當你在餐廳用餐時，就應該分析對方如何運用風味、口感、擺盤和食材來打動客人；如果你想進入廣告業，那麼你走進超市時，就應該留意架上的陳列方式，研究為何某些廣告海報能夠吸引目光，而某些卻毫無影響力。

有人可能會抱怨：「這樣不就沒辦法好好享受吃飯或看電視了嗎？」但如果你真的對自己的夢想充

滿熱情，你應該要樂於分析更多的影視作品、參訪更多前衛的餐廳，而不是覺得這是個**負擔**。當你盡自己所能在奮鬥時，應該願意**投入並利用任何可能讓你獲得些許優勢的機會**。

我習慣在腦海中記錄筆記，但實際寫下一本關於你的競爭對手的「書」是更有力量的練習。如果公司裡有人擔任你渴望獲得的高階職位，請寫下這本書，試著找出他們每天做的哪些事情，使他們獲得這個位置。

他們是否比你更早到公司？他們是否與老闆的關係更好？他們是否更外向？他們是否總是能夠提前發現問題並加以解決？他們是否在簡報時更有自信？他們是否比你更快回覆電子郵件？任何你認為他們做得好的事情，都要寫下來。

接著，記錄他們的弱點。他們是否容易過度承諾？他們是否習慣提早下班？他們是否過於信任下屬，讓別人替他們做太多工作？他們是否在報帳方面遊走灰色地帶？他們是否陷入了可能不該發生的辦公室戀情？

這些也都寫下來，然後仔細研究你的筆記。在這份紀錄裡，你可以找到提升自己表現的方法——同時也能發現最適合你出手的時機，讓你有機會爭取那個職位。

當你把某些事情寫下來，你的思維會變得更加專注。如果一個想法只是存在於腦海裡，它很容易就會被遺忘。即使這個想法極具潛力，也可能會被「今天晚餐要吃什麼」這樣的念頭擠到一旁。然後，這

1 譯按：著名作品分別為《實習醫生》（*Grey's Anatomy*）、《法網遊龍》（*Law & Order*）、《美國恐怖故事》（*American Horror Story*）。

個原本能幫助你晉升的點子，就這樣被淹沒在腦中無數雜念之中。也許有一天你會想起它，但也有可能再也想不起來。

當你把想法寫下來，你便確保它不會被遺忘。當它成為紙上的文字或存於電腦中的檔案，它便永遠存在，每當你翻開它，它就會提醒你。

當然，是否採取行動仍然取決於你自己，但至少你不會忘記這個想法。**一旦你把它們寫下來，你就已經為自己創造了一個實現它們的機會。**

CH.8

從L中學習

LEARNING FROM YOUR LS

犯錯是人生的一部分，關鍵在於你如何回應這些錯誤。

——尼基．喬瓦尼（Nikki Giovanni，美國詩人）

從小時候開始，本田宗一郎就對汽車著迷（我完全能理解這種感覺）。他在日本鄉下長大，從小就在父親的鐵匠鋪裡學習如何製作自行車和引擎零件。本田不是個好學生，他的學歷只有小學。他幾乎把所有時間都花在擺弄零件和嘗試在父親的工作室裡做東西。

一九二二年，年僅十五歲的本田獨自離家，前往東京最早開始營業的汽車修理廠之一——「Art Shokai」工作。由於缺乏正式學歷，他只能從掃地工做起，但幾年內便憑藉自己認真的態度和創造力建立起良好的聲譽。他展現才華的其中一個方式是幫助設計了日本最早的賽車之一，這輛車的名字——我沒有開玩笑——叫做「Curtis」！

幾年後，本田被任命負責 Art Shokai 在濱松町的新分店。他的分店經營得相當成功，當他覺得自己終於獲得老闆們的尊重後，便向他們提出了一個自己構思已久的想法。憑藉在父親鐵匠鋪和 Curtis 賽車設計上的經驗，本田向老闆們提出了一種新的活塞設計方式。然而，他們卻告訴本田，他的設計行不通，並拒絕支持他。

本田堅信自己的想法是對的，因此決定辭去工作，成立自己的公司「東海精機」，專門生產活塞。他把自己所有的積蓄都投了進去，甚至還拿妻子的珠寶去典當。他整夜待在工坊裡，直到最終覺得活塞設計已經準備就緒。他裝滿了三萬個活塞，開著幾輛卡車前往東京，把產品展示給一個新興的汽車公司——豐田（Toyota）。不過，豐田的採購人員檢查完活塞後，給了他壞消息：他的設計不合格。在整批活塞中，只有三個符合標準，豐田拒絕了這批貨。

本田陷入了極其艱難的境地。他已經把所有的資金都投入在製造活塞，卻被告知產品毫無價值。大多數人如果處在他的情況下，可能會選擇認賠出場，關閉公司。但本田沒有這樣做。他決定仔細分析自己到底哪裡出了錯。如果他的活塞被判了「死刑」，那麼他就要親自為它們「驗屍」，在放棄夢想之前找出問題所在。

當他重新檢視自己的設計時，他找到了失誤所在。他過於依賴自己在父親工坊和 Art Shokai 的實作經驗，卻沒有真正深入研究工程設計理論。只有熱情是不夠的，他還需要知識。

因此，他沒有關閉公司，而是決定致力於學習設計和製造方面的知識。他花了幾年時間走遍日本各地，修習工程學課程，參觀鋼鐵工廠，努力吸收一切能夠幫助他改進設計的新知識。

經過多年的學習與觀察，本田終於準備好重新設計他的產品。這一次，他成功克服了當初的設計與製造問題，生產出了一批符合標準的活塞，並因此贏得了豐田的新合約。

但他的困難還沒有結束。一九四四年，第二次世界大戰接近尾聲時，一場美軍的轟炸摧毀了他的一座活塞工廠。一年後，一場大地震又毀掉了他的另一家工廠。

連續兩年失去兩座工廠，對大多數人來說可能都是壓垮駱駝的最後一根稻草。即使是最堅韌的哈搜客，或許也無法從這樣的打擊中恢復。但本田依然拒絕放棄。他將公司剩下的資產以四十五萬日元的價格賣給了豐田。憑藉這筆資金，他成立了一家新公司，名為「本田技術研究所」。

這家公司，也就是後來的「本田」（Honda），最終成為世界上最賺錢的汽車製造商之一。而本田宗一郎本人，也因此被譽為「日本的亨利．福特」，並被公認為二十一世紀最具創新精神的企業家之一。

晚年，當被問到他人生旅程中最重要的教訓時，本田回顧了自己當初向豐田交付不合格活塞的時刻。他失敗了，但正是他從失敗中學習的決心，使他成為一個更強大的企業家。本田說道：「許多人夢想成功。但對我來說，成功只能透過不斷的失敗與自省來實現。事實上，成功只占了一％的工作成果，而這一％是來自於那九九％的失敗。」

本田宗一郎的故事深深觸動了我，因為我知道他所做的一切有多麼困難。

有很多人擁有絕佳的創意，但只有少數人擁有足夠的熱情和勤奮來真正實踐它。

而在這少數人之中，每個人都不可避免地會犯錯，或是在實現夢想的過程中遭遇失敗。**人們對失敗的反應，將決定他們最終的結果**。

他們會因此失去熱情嗎？這場挫敗會不會讓他們選擇更安穩的道路，例如當別人朝九晚五的員工？或者，他們會對失敗的打擊反應過度，開始每天酗酒或吸毒？又或者，因為壓力過大，他們選擇投向宗教，徹底放棄一切？

即使是最有幹勁的人，也很可能會有這些反應。但千萬不要讓自己落入這種陷阱。你應該像本田一樣，把失敗當成幫助你變得更好的工具。

我們往往把失敗當作世界上最可怕的事，感覺像是佛萊迪・克魯格（Freddy Krueger）、潘尼懷斯（Pennywise）和麥克・邁爾斯（Michael Myers）[1]合體一般。光是提到「失敗」，人們就會害怕得想逃跑。但你不應該對失敗敬而遠之，而是要試著擁抱它，抓住它，仔細檢視它。相信自己可以**利用它來重建你的想法，甚至讓自己變得比原本更強大。**

這才是所有真正的贏家該有的態度。這也是本田在說出這句話時所展現的精神：「對我來說，最讓我興奮的時刻，就是當我計畫的事情失敗的時候。因為這時，我的腦海中會充滿無數改進它的想法。」

仔細想想這句話。他並不把失敗視為挫折或輸了，而是感到「興奮」，是值得振奮的事。試著用這種方式看待你的人生——如果能做到這點，將沒有任何事能阻止你精進自己。

你的計畫沒有實現，可能有千百種原因。時機可能不對，你可能沒有用正確的方式執行，或者你依賴的人讓你失望了。市場可能發生變化，甚至，搞不好真的有人直接對你的工廠投了一顆炸彈。

重點是，不管你是一無所有地起步，還是含著金湯匙出生，你一定會遇到阻力。**每個成功人士身上都有這些對抗阻力的傷痕**——只是你看不見罷了。我自己也有這些傷痕，其中一些，我現在才開始向世界分享。

在我們的社群裡，長久以來，我們把失敗稱作「L」，也就是「Loss」（損失）的縮寫。這個詞已經成為一種象徵，代表著你不想跟它扯上關係——「兄弟，他只能認了這個 L。」

我們需要做的是顛覆這個概念。與其擔心「吞下那個 L」，不如專注於「從 L 中學習」。**因為你的 L，往往蘊藏著你最寶貴的教訓。**

在當下，失敗、挫折、失望通常不會讓人覺得有任何價值，但長遠來看，它們絕對會讓你變得更強。

我從自身經驗和觀察中得出了這個結論，而現在科學也開始證明我的想法。一項最近發表在《自然通訊》（*Nature Communications*）期刊上的研究發現，職業生涯早期經歷過失敗的人，從長期來看，成功機率比那些一開始沒有遭遇過挫折的人還要高。

「我們意識到，自己或許已經成功理解了成功，但我們還沒有真正理解失敗。」該研究的作者之一、凱洛管理學院（Kellogg School of Management）教授王大順（Dashun Wang）在接受《紐約時報》採訪時表示：「我們知道成功會帶來更多的成功，但也許，我們只是還沒仔細研究過那些失敗過的人。」

第一步：承認你錯了

從你的L中學習，最重要的第一步，就是**先承認自己犯了錯**。這聽起來可能再明顯不過了，但事實上，很多人根本不願意邁出這一步。

假設你跟我一起開車兜風，我轉錯了彎，結果來到一個陌生的街區。我會轉頭對你說：「欸拍謝，我不知道怎麼搞的，但我們現在迷路了。等我開個谷歌地圖，看看該怎麼走。」

我不會因為自己轉錯彎就覺得丟臉，也不會擔心這顯得我很蠢。我意識到自己來到了未知的地方，

1 譯按：《半夜鬼上床》（*A Nightmare on Elm Street*）的恐怖人物；史蒂芬．金（Stephen King）恐怖小說《牠》（*It*）的反派小丑；恐怖電影系列《月光光心慌慌》（*Halloween*）中的連續殺人魔。

而我想確保我們能順利抵達目的地。所以，我會做出必要的補救措施來修正錯誤。

但很多人的反應卻不是這樣。他們寧願繞圈子開上幾個小時，也死不承認自己迷路了。你坐在副駕駛座上，看著窗外，心想：「這條路明顯不對啊。」但那個人還是會對你說：「別擔心，我知道自己在幹嘛。」於是，他會繼續開錯的路線，無視一路上所有的地標和指示牌，直到油箱見底。最後，你們只能停在路邊，叫拖車救援，而這一切只是因為對方不願意承認自己的錯誤。

我身邊就有這種人，我甚至真的坐過那種車——司機因為不想承認自己開錯路，硬是往錯誤的方向開了一整個小時。當你試圖指出來時，他反而會變得更固執，堅持不肯回頭。

如果你身邊全是只會點頭稱是的「應聲蟲」（無論是男性還是女性），那麼你要從自己的錯誤學習就會變得非常困難。這就是為什麼你的朋友和夥伴必須能夠提出建設性的批評，甚至是指出你的問題。

這就是為什麼你永遠不該成為一個對下屬大吼大叫，或用恐嚇手段管理人的老闆或領導者。這樣做可能會讓你在當下感覺有權威，但從長遠來看，你會付出慘痛的代價。

在我的觀察中，梅威瑟就是會這樣做的人之一。他手下有個人——出於尊重，我們就叫他巴比——梅威瑟經常當眾羞辱他。梅威瑟對他的大多數員工其實還算尊重，但對巴比就另當別論。只要發生一點小事，梅威瑟便會破口大罵：「巴比，你他媽搞什麼鬼？」他會當著所有人的面吼道。「你是怎麼回事？把那爛事給我搞定！」巴比只是低聲回應：「我的錯，老大。」然後悻悻地去「解決」那所謂的問題。他們兩個就像被困在一種病態的關係中——梅威瑟從不解僱巴比，而巴比也沒想過離職。他們只是一直重複著這種羞辱與服從的模式。

問題在於，雖然梅威瑟罵的是巴比，但所有人都聽得見。他們心裡明白，儘管梅威瑟表面上看似憤怒，但他其實什麼實際行動都沒做。這讓其他員工知道，梅威瑟並不真的在乎工作表現或生產力，他只是需要一個出氣筒。「我最好乖乖低頭，專注在自己眼前的事情，免得哪天也變成巴比。」——這會成為他們的想法。更不用說「萬一我覺得梅威瑟做錯了，我是絕對不會去提醒他的。」

這正是你最不希望員工產生的心態。他們如果整天戰戰兢兢、害怕成為你下一個發洩的對象，那麼你的團隊就完了。你應該讓他們感覺到被尊重，讓他們有自由表達意見和見解。你必須記住，他們每天都在你身邊，能夠看到你可能忽略的細節，甚至可能比你更早發現某些錯誤。給予他們發言的權力，**鼓勵對話與回饋，這樣你或許能從中獲得寶貴的訊息**，幫助你在撞上障礙之前就避開它。

另一方面，如果你是那個經常被大吼大叫的員工，你需要進行自我評估。看看鏡子裡的自己，問自己：「為什麼我會被選中扮演這個角色？」你並沒有應徵「出氣筒」這個職位，但你卻淪落至此。

順帶一提，「出氣筒」（whipping boy）這個詞並不是來自奴隸制度，而是源於歐洲文藝復興時期的貴族教育。如果王子考試沒過，老師不能直接體罰他——畢竟你不能碰王子——於是老師就會鞭打王子的僕人，也就是「出氣筒」，來懲罰他的過失。這絕對是份爛透的工作！

你必須問自己，為什麼會變成這樣？你向你的老闆釋放了什麼樣的能量，讓他覺得可以對你予取予求？你是不是表現得太過膽怯，讓他覺得你不會反抗？還是你的個性讓他覺得你是一個適合攻擊的對象？（別忘了，很多人即使是在無意識下，也會尋找可以找麻煩的人。）

無論你發現了什麼問題，你都需要改變它。試著展現出更堅定的態度，或者讓自己不再那麼容易妥協，這要視情況而定。如果你在三十天內還是沒有感受到老闆的態度有所改變，那就是時候開始尋找新工作了。

一旦你在職場上被貼上「出氣筒」的標籤，想要扭轉形象是非常困難的。梅威瑟不可能哪天突然改變態度，開始尊重巴比，甚至還提拔他到更高的位置。巴比滿足了梅威瑟某種情感需求，所以梅威瑟會讓他一直留在那個位置上。

不要讓自己變成職場上的巴比。承認你在最初所表現出的能量是錯誤的，然後想辦法離開。但最重要的是，從這個經驗中學習。下次你去面試時，一定要讓對方清楚，你是來工作的，不是來承受別人的情緒垃圾的。

現在來說說拳擊這一行，這可是最殘酷的競爭領域之一。我曾經涉足過這個行業，我可以保證，它的冷血程度不亞於嘻哈音樂圈，甚至是毒品交易。

看看麥克・泰森，他可不是個會被人占便宜的傢伙。泰森距離「冤大頭」這個詞十萬八千里，但即便是他，也被唐・金（Don King）[2]給坑了。拳擊這一行實在是很難避開這種陷阱。

拳擊不像其他職業運動那樣，有聯盟來管理商業運作。如果你是NBA新秀，哪怕你找了個爛經紀人，你依然會拿到薪水。NFL也是一樣，聯盟有各種規則——新人合約制度、最低薪資保障等等——來保護你不會被騙。更不用說，聯盟還會幫你安排比賽，你只需要出場比賽就行了。

但拳擊完全不同，它沒有這種制度保障。拳手基本上都是獨立承包商，所有的交易都得自己來談。你要決定要和誰打、什麼時候打，以及能拿多少錢。

對於那些通常沒有太多商業經驗的拳手來說，這些事情可不是那麼容易處理的。這並不是說拳手不聰明——事實上，拳擊需要極高的專注力。你在籃球場上可以偶爾放慢節奏，足球場上也能有幾個回合偷懶，但在拳擊場上，哪怕有半秒的分心，都可能會被對手一拳KO。所以拳手的全部精力都必須放在擂臺上，沒辦法同時關注商業細節。因此，他們會覺得自己需要找個人來幫忙打理生意。

這就是為什麼像唐・金和鮑勃・阿魯姆（Bob Arum）[3]這樣的人能夠輕而易舉地填補這個空缺。拳擊是唯一一項「獅子會害怕老鼠」的運動。拳手賺了錢，但他們卻不相信自己能夠搞定交易——即便他們對外表現得好像自己做得到。他們幾乎完全依賴別人來幫他們處理財務問題。

有一次，梅威瑟找我一起去參加一場會議，一家公司想為他推出一條拳擊裝備產品線。他們打算在拳擊手套、護襠、拳擊短褲等裝備上印上他的名字，然後在沃爾瑪（Walmart）等零售通路銷售。這是一場非常專業的簡報會，而梅威瑟在整場會議中看起來都很投入。他對公司高層的發言給予正面的回應，偶爾還會問一些小問題。

但當我們回到車上後，他轉頭問我：「欸，小五……剛剛那些人在講什麼？」這讓我大為震驚。儘管他看起來全神貫注、積極參與，但他其實並不信任自己的理解能力。他需要一個可信賴的人來幫他確認這些資訊。

對他來說，問我是安全的，因為我們當時是朋友。他知道我不會故意誤導他，也不會從這筆交易中抽成太多。我自己本來就有錢，不需要靠朋友吃飯。但大多數人並不像我……大多數人也不是他的朋友。這意味著，每當梅威瑟走進一間會議室時，他幾乎都在依賴別人來確認他所聽到的內容。而這是一種極其危險的處境。

---

2 譯按：美國職業拳擊經紀人，曾經手阿里（Muhammad Ali）、泰森等拳手的經典賽事。

3 譯按：美國職業拳擊經紀公司 Top Rank 的創辦人與首席執行長，也是經紀人。

你可能會好奇：像梅威瑟這樣的人，怎麼可能沒有人幫他看管財務？答案是，確實有人在看管——但問題是，這些人最希望的就是讓他的錢一直流失。為什麼？因為如果完全由梅威瑟自己決定的話，他可能永遠都不會再打比賽了。他擁有不敗戰績，這是他極度引以為傲的成就。所以，當你看到他在炒作一場毫無意義的比賽，比如對戰 MMA 明星康納．麥葛瑞格（Conor McGregor），或者與日本踢拳選手那須川天心交手，那就只意味著一件事：他的錢沒了。

這就是為什麼對梅威瑟的經紀人、活動承辦人、甚至會計師來說，讓他「破產」才是最符合他們利益的事。因為只要梅威瑟有錢，他就不會再戴上拳套，也不會再打能帶來鉅額收入的比賽。

Ch.9
沒有人欠你
The Entitlement Trap

工作中蘊含著喜悅，
唯有了解我們已有所成就，
才能獲得真正的幸福。

——亨利．福特（Henry Ford，美國汽車工程師、實業家）

我從未對自己的中年生活抱有太多期待。在青少年時期，我認為自己在四十歲前不是死了就是進監獄。

即便在成為成功的饒舌歌手後，我也認為到了四十歲，自己應該早就被淘汰了。也許會躺在某個熱帶島嶼，肚子掛在泳褲上，吃著餅乾閒晃。

那座島嶼聽起來當然比墳墓或牢房要好得多，但我無法說自己對變老感到興奮。我曾以為，生命中所有令人興奮的事情，都會發生在二十幾歲或三十出頭的時候。

然而，如今的我，正直視著中年到來，卻感受到前所未有的熱情。我能感覺到自己再次攀升，而且這次的高度將超越以往。

這就是為什麼，我不再願意背負任何累贅。

我的公眾形象可能顯得冷酷無情，但私底下我一直是個心軟的人。我過去總是因為同情別人，而容忍那些對我毫無助益的人，幾乎會把他們的失敗歸咎於自己，好像是因為我沒有幫助他們實現夢想。

但事實證明，同情心有時會讓人做出愚蠢的決定。

隨著年歲增長，我越來越清楚地明白一件事：

我不欠任何人任何東西。

你也不欠。

有些人，註定無法成功。

這話可能聽起來很殘酷，但我的人生經歷讓我深信不疑。

無論你給予他們多少支持、多少愛，他們最糟糕的習慣，最終都會把他們拉回原來的困境。

這就是為什麼想要更聰明地為自己拚鬥，就必須學會辨識這類人，否則，他們會把你一起拖下水。

救生員訓練的第一條規則，就是**永遠不要離快溺水的人太近**。為什麼？

因為當你接近即將沉沒的人時，他們會慌亂地攀住你，最終害你們兩個都一起溺水。因此，救生員通常會拿個浮板、木條或其他物品，保持與落水者的距離。如果對方靠得太近，甚至還需要直接往他臉上灌一拳，把他推開，否則你們倆都會沒命。

人生也是如此。

你想幫助別人，但若不保持適當的距離，只會被他們一起拖下水。

這並不代表你不該伸出援手。

當然，幫助別人找到機會會讓人感覺很好。我這輩子都在這麼做。當我打籃球時，我總是更享受助攻帶來的快感，而不是自己得分。

但如果你不斷地為某人創造機會，而他卻總是無法把握，那你沒有責任一直把球傳給他。

球場上的選手多的是，你的目標是贏得比賽，而不是一再陪著那些無法得分的傢伙來回奔跑。該請教練換人了。

大多數人當然都不願意被換下場。他們覺得無論投丟多少球、失誤多少次，都應該能繼續待在比賽中。他們覺得，這是理所當然的。

我見過許多人因為覺得自己「被虧欠」，最終毀掉了前途。這種情況，在我這些年來接觸過的人身上比比皆是。包括我的兒子。

他們需要明白的，也是我想在這一章傳達給你的，就是：**永遠不要覺得這個世界欠你什麼。**它什麼都不欠你。

無論你選擇更努力、還是更聰明地哈搜，都不能奠基在「別人會幫我」的假設上。你必須接受，**一切都只能靠自己**。這個觀點聽起來可能有點冷漠，但我認為，這其實是一種解放。

只有當你覺得某人「應該」對你做點什麼時，你才會感受到背叛。

只有當你「期待」某人的幫助時，你才會產生怨恨。

二十年的假期

當你接受「一切都只能靠自己」這個現實後，才能真正自由地專注於成為最好的自己。

當我第一次跟莎妮卡[1]在一起時，我們倆其實都一無所有。我們都覺得自己已經跌到了谷底。當時的目標不過是找個像樣的地方住、穿上幾件乾淨的衣服，僅此而已。

然後，我的處境發生了翻天覆地的變化。我突然擁有了大量的資源，而我也想跟莎妮卡分享這一切。我們已經不再是情侶了，但她畢竟是我兒子的母親。她陪伴過我成名前的日子，這一點我尊重並感激。她見證了我的崛起，因此我也希望幫助她找到自己的成功之路。

懷抱著這樣的想法，我不斷問她：「妳想做什麼？」妳想繼續讀書嗎？想學習室內設計？還是對時尚有興趣？我一次又一次地詢問她，希望她能找到一個既能帶來財富、又能帶來成就感的職業。

這不僅對她個人有好處，我也希望我的兒子能由一個有自己事業的母親撫養長大。但無論我問了多少次，莎妮卡始終沒有給我答案。我拋出各種可能性，各種不同的選項，但她從來沒有任何興趣。

這讓我感到極度沮喪。每個月寄支票給一個對工作毫無興趣的人，這種感覺讓我無法忍受。她的狀況跟那些依賴政府救濟金過活的人沒什麼兩樣。唯一的區別是——她拿的支票，比政府補助的還大得多。

終於有一天，我受不了了。那個週末，我去看她和馬奎斯，然後又問了一次：「妳到底想做什麼？」

她只是看著我，翻了個白眼，然後說：「沒必要的話，誰想工作。」

「靠，什麼？」我一時語塞。我早就懷疑有人這樣想，但從來沒有人膽敢在我面前直白地說出口。

她看著我，一臉堅定地補充道：「你已經成功了，為什麼我還要去工作？我過得很好啊。」這番話對我來說，簡直是人生中最震撼的對話之一（而我這輩子，可是經歷過無數令人震驚的交談）。

我對「努力工作」這件事是極度認真的。我相信，努力不僅能帶來成功，更能帶來快樂。**如果你沒有投入到一件讓你充滿熱情的事，那你永遠無法獲得真正的滿足感。**

而當她說出「沒必要的話，誰想工作」時，這句話就像是徹底否定了我所相信的一切。從那一刻起，我就知道，我們之間再也不可能和諧共處了。我們看待世界的方式天差地別。

我厭惡她不願工作，而她厭惡我竟然覺得她應該去工作。

我知道，莎妮卡確實一個人負擔了撫養我們兒子的重任，這點我理解。所以，當孩子還小的時候，我沒有給她太多壓力。

但當兒子已經長大，不再需要二十四小時陪伴時，我本以為她終於會展現一些企圖心。她曾經有段時間對房地產表現出興趣，這讓我覺得不錯——亞特蘭大房市正在崛起，這是一個很好的機會。

於是，我主動提出願意支付她考取房地產執照所需的學費。但幾個月後，我就看出來了——她根本沒有熱情。

她不會因為第一次踏進一棟房子，而興奮地想像它的潛力。她不會因為將舊房改造翻新，然後成功出售而感到滿足。她只是覺得，當房地產經紀人可以在家工作，所以才有興趣。最終，毫無意外這件事什麼進展都沒有。

回頭看，我清楚地知道，當莎妮卡說出「沒必要的話，誰想工作」的那一刻，就是我們關係無法挽回的時候。在那之前，我仍然抱有一些幻想，認為我們或許還能建立某種合作關係。或許不再是戀人，但至少能以共同扶養兒子的目標為基礎，找到一條能讓彼此共存的道路。我甚至想過，或許我們可以一起創辦某個事業，未來能留給我們的兒子。

1 譯按：五角的前女友，兩人生下一子馬奎斯。

但當我意識到她不僅完全沒有這種想法，甚至還對此感到厭惡時，我對她的態度徹底改變了。我開始變得小氣又刻薄。就好像我是個健身狂，而她是一個肥胖的人，每當她伸手拿一塊象徵性的「餅乾」，我都會忍不住說：「妳真的需要吃這塊餅乾嗎？這東西只會直接堆到妳的屁股上！」

我當時幾乎沒有意識到，但事實上，我的刻薄是一種扭曲的方式，試圖讓她感到羞恥，進而採取行動。但結果適得其反——我越是強調她不努力，她就越是怨恨我。這份怨恨不斷累積，最後演變成徹底的仇恨，而這份仇恨，直到今日依然存在。

最讓我痛心的不只是我們的關係變得這麼惡劣，而是她將這種怨懟與特權意識傳遞給了我們的兒子。他明明擁有比大多數貧民窟孩子更多的資源與機會，但他依然覺得自己被我虧待、剝奪了什麼。

這是一個我從未想過會發生在我長子身上的局面，但如今，我們就這麼走到了這一步。

虧欠心態會導致怨恨

這些年來，我與馬奎斯的關係裡有過許多讓我失望的時刻。但其中最讓我痛心的莫過於有一天，我看到他在社群媒體上與凱爾．麥格里夫（Kyle McGriff）合照。

肯尼斯．至尊．麥格里夫（Kenneth Supreme McGriff）是凱爾的父親，而此人正是皇后區最臭名昭著的毒梟之一，也是警方認定曾試圖謀殺我的主謀。所以，當馬奎斯選擇與他的兒子合照時，等於是在支持那個可能想要我命的人。

我早就知道馬奎斯對我心懷怨恨，但我從未想過，他竟然恨我到願意成為我的敵人利用的工具。

最近有人給我看了一句班傑明・富蘭克林（Benjamin Franklin）的話，這句話深深打動了我。富蘭克林的兒子在美國獨立戰爭時，站在英國那一邊，選擇背叛他的父親，而這件事，讓富蘭克林終生難以釋懷。他曾說：「這世上，從來沒有什麼事情比我在晚年被自己唯一的兒子背棄來得更讓我痛心。而且，他不只是背棄我，他還選擇站在與我敵對的陣營，公然反對我，甚至威脅到我的名譽、財富與生命。」

馬奎斯雖然沒有真正「拿起武器」對抗我，但他卻站在了一個可能曾經想要我命的人的兒子身邊。我能夠理解富蘭克林的痛苦。

這些年來，我花了很多時間反思、掙扎，試圖去理解——究竟是什麼，讓一個兒子會選擇拋棄自己的父親？我試圖站在馬奎斯的角度去想。他無法理解我年輕時所經歷的苦難，就像我也無法體會作為五角的兒子是一種什麼樣的壓力。我知道，表面上看，他似乎擁有一切，但也許，這種身分帶來的壓力和不安全感，是我無法體會的。這一點，我承認。

我依然無法理解，這些壓力和不安，到底是如何讓一個孩子選擇與自己的父親對立。尤其是一個從小被父親提供一切的孩子。回顧我們之間的關係，我唯一能想到的答案就是——也許，我對馬奎斯真的給得太多了。

怎樣才能讓一個含著金湯匙長大的孩子，感覺自己被剝奪了一切，甚至心生怨恨？我想答案是，給他想要的一切。

就像許多這個世代的年輕人一樣，馬奎斯對球鞋極度痴迷。但因為他是我的兒子，他可不能隨便穿上一雙普通的球鞋。如果新款的喬丹鞋剛上市，他必須馬上擁有。如果週一他開口說想要一雙喬丹鞋，他媽媽一定會確保週二這雙鞋就已經穿在他腳上了。

但即便如此，他依然不滿足。當他拿到新鞋時，他的第一個念頭不是興奮地想要穿上它，而是開始計算自己還缺多少雙復刻版的喬丹鞋，還少了哪些限量款、不同配色的球鞋。當他應該感到滿足時，他卻只感到失落與不滿。

這種心態我完全無法理解。一個從來沒有工作過的孩子，怎麼會覺得自己理所當然應該擁有一雙要價三百美元的球鞋？更誇張的是——當他真的拿到這些球鞋時，他竟然還是不開心？

我必須相信，他之所以有這樣的想法，一定是受到他母親的影響。

每當我質疑馬奎斯為什麼又需要一雙新鞋時，他母親總是回我：「他跟一般人不一樣，他是你的兒子。」她早就替他建立了一種觀念——不需要努力，也能得到自己想要的東西。馬奎斯只是照著這條路走下去而已。

但我不希望這種特權意識成為他人格的一部分。我希望他能明白，**真正的快樂來自於努力獲得的東西**，這些東西的價值，只有當你親自去爭取時，才會成倍增長。

有一天，我開車經過哈林區，注意到一二五街上有一家球鞋店準備歇業。我的第一個念頭就是——「馬奎斯熱愛球鞋」，於是我決定停下來看看，能不能幫他撿便宜，買幾雙球鞋給他。

我的商業頭腦隨時都在運轉，所以順口問了老闆：「為什麼店要收起來？現在球鞋不是很熱門嗎？」老闆告訴我，他選錯了店面位置，導致過路客人數一直不理想，最後只能關門大吉。

聽到這裡，我的腦子開始轉了起來。

「一雙 Air Force 1 你們進貨價多少？」我問。

「大約四十美金。」他回答。

「那你們賣多少？」

「大概八十美金。」

這毛利率滿不錯的。

「那你現在打算怎麼處理這些庫存？」我接著問。

「我也不知道，可能就先放在地下室，等想好下一步該怎麼辦吧。」

我心想：這可是一個好機會。

「這樣吧，」我對他說：「我現在就用你的進貨價，直接把你所有的存貨買下來。」

老闆聽完，馬上答應。就這樣，我變成了幾百雙耐吉球鞋的新主人。

我的計畫很快成形。當時馬奎斯住在亞特蘭大，那裡的倉儲成本很便宜。我可以把這些球鞋寄到亞特蘭大，讓他存放在倉庫裡。與其花大錢開一間實體店，還要擔心人流問題，不如讓他開設一個網路商店，走直接面對消費者模式（direct-to-consumer sales）。這樣，他只需要負責經營網站，或請一個朋友來幫忙管理倉庫就行了。這個點子聽起來很有搞頭。

我離開球鞋店後，立刻打電話給馬奎斯：「喂，馬奎斯，你不是一直對球鞋很有興趣嗎？我剛剛想出了一個方法，讓你不僅能買球鞋，還能開始賺點自己的錢。」

我把整個計畫詳細地解釋給他聽。我告訴他，這不僅是一個絕佳的機會，能夠支撐他的興趣愛好，還能讓他學到最基本的商業運作方式。「這就像是籃下輕鬆上籃一樣簡單，」我對他說：「不是每家店都有機會一開始就有免成本的存貨。你真的可以把這件事做起來。如果你對球鞋真的有熱情，現在就是證明的時候。」

電話裡，馬奎斯應和著我說的話，表現得很興奮，說這聽起來是個很棒的機會。所以我把球鞋寄到了亞特蘭大。

然後，我再也沒聽過他提起這件事。

幾個星期過去了，接著是幾個月。直到有一天，他的母親打電話給我，說她和馬奎斯討論過了，他們的想法是——與其做線上球鞋店，他們想在亞特蘭大開一家服裝精品店。我簡直不敢相信自己的耳朵。這整個計畫裡，根本沒有她的份！我原本的用意，是希望讓馬奎斯學會對自己負責，但她卻硬要插手，其實就是想繼續把他當小孩養，不讓他真正長大。

但我還是希望馬奎斯至少能學點經驗，所以我說：「行啊，你們決定好了再告訴我。」但當然，他們的服裝精品店從來沒開成，而原本的線上球鞋店也不了了之。

其實，我並不是不能接受馬奎斯喜歡球鞋。當年我自己也愛球鞋，這沒什麼問題。真正的問題是——我願意為了球鞋付出努力，而他不願意。當年，為了買球鞋，我必須想盡辦法賺錢——甚至，我認為賣毒品是我當時唯一的選擇，於是我去做了。我當然不希望馬奎斯走上我的老路，但他擁有的機會，遠比我當年多得多。我所要求的只是看到他挑選一條路，然後努力去做。

想要東西，沒有錯。這種「想要」的渴望，甚至可以成為強大的動力。**因為覺得自己還不夠，我們才不會陷入自滿，我們才會繼續努力**。

我現在幾乎什麼都有了，但我從來不覺得自己夠了。年輕時，我渴望物質上的東西，但現在，我想要的更多是認可。無論我已經拿過多少獎項、得到多少讚譽，都還是不夠。我依然執著於擁有最熱門的節目，或者寫出最炸裂的歌詞。我依然需要同行的認可，需要銷售成績的肯定，這些才是推動我不斷前進的力量。

我需要感覺所有人都在看著我，說：「靠，五角又做到了！」這種感覺，才是讓我覺得最爽的。

但關鍵是，我從來不期待別人幫我拿到這些東西。我每天出門打拚，都帶著「靠自己拚」的心態，為我想要的一切努力付出。

然而馬奎斯完全不是這樣。他對待「想要」這件事的態度，跟我簡直是天差地遠。很多人可能覺得，他沒跟進球鞋店這件事，不過就是年輕人常見的不負責任，不主動之類的小事——但這令我非常失望。

別說讓他有能力買下自己所有夢寐以求的球鞋，如果他當初願意把這家線上商店做起來，我們可能都發大財了！這場對話發生在好幾年前，而今天，線上球鞋交易市場已經成為超級大生意——GOAT.com 市值五．五億美元，StockX.com 估值更是高達十億。如果馬奎斯當年聽我的話，真的開了那家球鞋店，他今天可能已經是這場遊戲裡的玩家之一。他本來可以自己發財，甚至……他今天也許可以照他所想的對我說：「去你的，老爸，我不需要你的錢！」

我相信，當馬奎斯看到 GOAT 或 StockX 的新聞時，心裡一定會有點後悔。或許他會在心裡問自己：「當年為什麼沒聽我爸的話，開那間該死的網路球鞋店？」當然，也有可能，他永遠都不會承認這一點。

我不認為他真正接受了這個事實——不管我們之間的關係如何起伏，我始終是為了他的將來著想。沒有什麼比看到他成長茁壯更能讓我感到欣慰。

不管是葛萊美獎、艾美獎，還是登上《富比士》封面，都比不上看到我的兒子成為我相信他能成為的那個人來得重要。

進入獅穴

另一個因為「覺得我虧欠他」而跟我不對盤的親戚，是我的表弟麥可二世（Michael Junior），他是一名饒舌歌手，藝名叫二五。麥可最大的問題就是——他一直期待我來幫他打造事業，而不是靠自己去拚。他認為我沒有給他足夠的支持，導致我們現在幾乎已經不怎麼講話了。

麥可早在高中時期就開始對我心懷不滿。有一次，他告訴我，學校裡有幾個孩子在找他麻煩。

「喔，這樣嗎？」我問他。

「對啊，你知道的……」他說完後，就沒再提這件事。

既然他沒繼續講，我也就沒放在心上。幾個月後，我聽說麥可口袋裡開始別著一條手帕，原來他已經加入了血幫（Bloods）。我立刻把這件事告訴了他的母親——我的阿姨潔拉汀（Geraldine）。我們兩個人一起找他談話，希望勸他回頭。然而他不但沒聽進去，反而開始對我發火。

「你還記得我之前跟你說，我在學校遇到麻煩嗎？」他怒氣沖沖地問我。「你根本沒有幫我！但血幫幫了我！」我簡直不敢相信自己的耳朵，我告訴他：「麥可，我的責任可不是跑去學校幫你打架！而且，就算我真的去了，只會讓你成為更大的目標。這種事，你應該自己處理。你如果以為加入血幫能讓情況變好，接下來還有其他麻煩會找上門。等著看吧。」

但麥可根本聽不進去，甚至開始埋怨他的母親，說她比較疼我，而不是他。他的理由是，他媽媽以前幫忙照顧還是嬰兒的我，從小就對我有感情，卻從來沒有對他表現出同樣的愛。這簡直是胡說八道。

眼前這個人，正在苦苦哀求兒子迷途知返，結果他卻還反過來指責她「不夠愛自己」。這正是童年時期的錯誤想法，長大後還不願改變的典型例子。

從那之後，麥可完全沉迷於當幫派分子的形象。他的音樂裡，更是把這種人設發揮到了極致。但問題是，我在寫歌時，會只寫自己親身經歷過、或是親眼見過的真實街頭故事。麥可卻完全是憑空編造，這對他來說是一場危險的遊戲。

我不喜歡他這種發展方向，所以沒有幫助他發展音樂事業——這讓他相當不滿。他本可以認清現實，接受饒舌可能並不適合他。但他不肯放棄，繼續四處尋找唱片合約。最後，他竟然跑到了吉米．亨奇曼（Jimmy Henchman）[2]的辦公室。吉米現在已經因為兩起謀殺案被判終身監禁，但在當時，他可是我最強硬的敵人之一。他的辦公室絕對是在這世上麥可最不該去的地方。

因為麥可並不是真的來自街頭，他根本不懂有多危險，直接走進了獅穴裡，卻完全感覺不到獅子的利齒正懸在他脖子上方。「欸，你是五角的表弟對吧？」吉米若無其事地問：「你們最近有聯絡嗎？」

幸好，麥可說了實話。「說真的，我根本不太五角來往，」麥可回答：「除了感恩節會見到他，其他時間根本不聯絡。」

這句話，算是救了他一命。因為在場的那些狠角色，如果聽麥可說「對啊，我跟五角很熟」，他可能當場就要倒大楣了。

2 譯按：本名詹姆斯．羅斯蒙德（James Rosemond），過去曾是唱片公司總監，因多起毒品販運、妨礙司法、公然持有與使用槍械、共謀謀殺等罪名遭定罪，也有人懷疑他曾涉入吐派克的槍擊案。

現在，麥可始終沒能打開自己的知名度。但他卻從來不會正視真正的問題——他不會承認，自己其實沒有這個天賦；他不會承認，自己努力不夠；他不會承認，自己缺乏衝勁。每次提起這件事，他永遠都會怪罪別人：有時候，他會說「我之所以發展不起來，是因為別人嫉妒我是五角的表弟」；有時候，他說「我混不出名堂，是因為五角不肯幫我」。但無論是哪一種，他從來不覺得是自己不夠努力哈搜、沒有野心、或沒有才能——總是別人害的。

負起責任，才會創造自由

當你祈求成功時，你不會特地在祈禱詞裡加上一句「請再給我一點嫉妒或虧欠心態」。但當成功真的來臨時，嫉妒、羨慕和虧欠心態往往會隨之而來，成為它的衍生物。

當你達到我這種層級時，總會有人覺得你欠了他們什麼。如果你買了一臺車給他們，他們會收下鑰匙……但可能還會補上一句：「這挺酷的，但天啊，你本來可以直接買棟房子給我。」

每當我聽到這種話，我的反應都是：「等等，我什麼時候變成要對你的人生負責了？我從來沒同意過這件事，為什麼你會這樣期待？」

有人可能會說：「五角以前是我兄弟，我挺過他的難關。」但當你仔細推敲這句話，它到底是什麼意思？當有人想對付我時，你有幫我解決任何衝突嗎？你有幫我談成任何新生意嗎？你有幫我寫過我新歌的副歌嗎？……所以你到底做了什麼？只是提供所謂的「精神支持」？我這麼問是因為，我真的不知道該如何報答一個「可能會做點什麼」的人。我只知道如何照顧那些「確實有做過什麼」的人。

我發現，人們之所以會產生虧欠心態，往往是因為他們的朋友在旁邊拱他們。我看過太多次這樣的情況了。假設某人過去和我關係不錯，甚至可能曾經參與過我早期的巡演，然而他並沒有展現出什麼特別的才能——主要就是站在一旁擺出一副很硬派的樣子，然後試圖在演出後認識一些女生。

這可能就是他整個參與的程度，但每次我因為某個新交易或項目登上新聞時，這個人的朋友就會提起我：「哇，兄弟，你跟五角這麼久了，他早該照顧你了吧？他難道不能在他的電視劇裡幫你安排個角色？」然後這個人會回：「是啊，沒錯，我得找他談談這件事。」於是，他開始覺得自己可能真的有個機會，只是以前沒想到。

這時，我就會陷入一些尷尬的對話。一個認識多年的朋友會聯絡我，約我見面。我們見面後，閒聊幾句，他開始含糊其詞地說：「欸，兄弟，我只是想說，你知道的，我們認識這麼久了，我就在想……」

不，我不知道你在想什麼。

最後，他終於會開口。他想要一份工作、一筆貸款、幫忙付車貸、幫忙繳帳單、在《權欲》裡出演個角色、幫他兄弟出保釋金……各種請求，什麼都可能聽到。

有時候，我會答應這些請求，給他們想要的東西。其他時候，我會直接告訴他們我幫不上忙，然後繼續過我的生活。

但無論如何，這類對話總是讓我感到沮喪。一方面，我知道，光是因為某人二十年前曾經和我一起巡演，或者我們曾經一起賣過毒品，並不代表我就欠他什麼。但另一方面，我又會開始想：「我們確實認識很久了啊……」然後我可能會有點動搖，開始懷疑自己是不是太自私了。

當這種想法開始在我腦海中蔓延時，我知道自己需要深呼吸，重新調整心態。如果我開始動搖，那我就得找到能讓我站穩腳步的精神支柱。

我提醒自己，雖然對某個情況感到矛盾是正常的，但「沮喪」是一種我無法承受的奢侈。**我絕不能讓別人的失敗影響到我的成功**。

理論上來說，我當然有能力去承受這種沮喪。我當然可以付錢去看心理醫生，把這些事情講出來。但我這裡所說的「沮喪」並不是臨床意義上的憂鬱。（如果你真的覺得自己患有憂鬱症，請務必去找醫生。）我說的是那種能量被抽乾的感覺，那種熱情被澆熄的感覺，那種因為別人的缺乏進取心而被拖累的感覺。

抱歉，我真的無法承受這種混亂。不管我們認識多久，如果我開始覺得你在拖累我，那麼我會毫不猶豫地把你從我的人生中剔除，永遠不再往來。

心理學家弗洛伊德（Sigmund Freud）曾說過：「大多數人其實並不真正想要自由，因為自由意味著責任，而大多數人害怕責任。」

那我肯定不是「大多數人」。你已經知道我對自由的看法。而我也同樣熱愛「責任」。我想要的，就是越多越好。我相信，**對自己的人生負起完全的責任，是避免掉入「虧欠心態」的最佳方法**。

要成為真正的哈搜客，你必須去追求那種**只有靠自己讓事情成真的成就感**。當你擁有一個別人都無法理解的願景，然後傾盡一切去實現它——你會不斷地身處低谷，看不到山頂，但你仍然持續向前。直到有一天，你終於真的爬上了那座山峰。老兄，那會是你這輩子看過最美的風景。你會用力吸一口那山頂的空氣，享受眼前每一寸壯闊的全景。

但如果是有人直接載你到山頂呢？你只是坐在車裡，開著冷氣、舒服地一路開上去？那感覺就完全不一樣了。你沒有為此流汗、沒有犧牲什麼就到了那裡。你在山頂喝的那口水，不會那麼沁涼。空氣不會那麼清新。風景也不會讓你那麼感動。真正的滿足和快樂，只來自於那些你親手完成的成就。

再舉個例子。假設你和一個好友合夥開了一間行銷公司，約定股權和責任五五分攤。你負責客戶，他負責帳目和行政。你們從幾乎沒有資本開始，日以繼夜努力經營。慢慢地接到客戶，建立起口碑。經過幾年打拼，終於有大公司開始注意你們，有意收購，看起來你們終於快要成功了。

結果有一天，你朋友來找你，跟你坦白說公司破產了。你震驚地問：「怎麼可能？」這幾年營收不是一直在成長嗎？你們明明有不少大客戶，怎麼可能會沒錢？朋友崩潰地告訴你，他藏了一個酒癮問題，一直沒處理帳務，有些帳單幾年沒繳了，現在債主已經找上門了。唯一能做的就是儘可能還債，然後把整個公司收掉。

這種情況你會怎麼反應？你當下可能會暴怒，甚至想揍他一頓。但這能解決什麼？當下發洩確實爽，但錢也回不來，只會讓事情變得更糟。

你會開始責怪他嗎？到處向客戶或朋友抱怨是他毀了你的人生？這樣的反應很自然，但也不會解決任何問題。

你會被怨恨吞噬嗎？你會不斷被「這個人怎麼對你」的念頭糾纏？他毀了你的夢想，破壞了你努力打拼的一切？

沒人能怪你會有這些感受，但這些感受依然無法解決任何問題。

遇到這種情況，你真正該做的是：

拿你僅剩的錢，找個地方好好放鬆幾週。這聽起來或許不切實際，畢竟你才剛遭遇重創，但你得逼自己休息一下。你不可能在這幾週內馬上彌補你失去的一切，與其那樣，不如用這段時間清理你的能量。把所有憤怒、怨懟、困惑都從你體內釋放出去。你必須這麼做，才能讓新的能量有空間進入你的生命。

當你覺得心境重新清明了，就回到家，重新開始重建你的夢想。如果你一文不名，那就白天創業、晚上開 Uber，或者去送披薩。不要覺得這些工作低賤。絕對不要讓自己陷入那種心態：「幾個月前我還在談併購，現在卻在開 Uber。」你要明白，你不會永遠開 Uber 或送披薩的。那只是你重新站起來時，必經的墊腳石而已。

不要讓「重頭再來」這四個字讓你沮喪。你要理解，多數成功人士都曾經一而再、再而三地追逐同一個夢想，才終於實現它。你要接受，**那場看似毀滅性的災難，其實只是哈搜客必經的暫時低潮。你沒有比其他人更倒楣，也不比他們更失敗**。

繼續存錢、繼續拚，直到你有能力再一次創業。這一次，你會在挑選合作夥伴上更謹慎；你會更小心監管帳務，確保每個人都在做該做的事。你這次的模式會更強韌，基礎建設會更穩固。當那些大公司再一次找上門時，你將有能力談出比當初更好的條件。

等你真的成功賣掉公司，如果你機車一點，可以邀請那位老搭檔來參加慶功宴。但我不建議這麼做。他應該早就知道自己搞砸得有多嚴重，不需要你來提醒。

關鍵就在這裡：我剛剛描述的那個逆轉劇本，只有你願意為第一家公司發生的事「負全責」時，它才有可能成真。沒錯，搞砸的人不是你，是你的朋友。沒錯，欠帳單、養成壞習慣、隱瞞真相的人也不是你，全是他做的。

但這些後果，從現在開始，是你一個人要去承擔、去修復的。

如果你不馬上振作起來，不負起責任去解決眼前的問題，那麼最後受苦的，就是你自己。

你絕不能讓自己掉入「怨恨陷阱」，即便怨恨看起來是最自然的反應。你要明白，想要體驗弗洛伊德所說的「自由」，**唯一的方法就是——為自己創造自由，並對此負起百分之百的責任**。

進口哈搜精神

我不覺得有誰在讀這本書時，會像馬奎斯（我兒子）或G-Unit（我的團隊）那樣，被安排好一切、坐等成功。

你爸有沒有幫你買下實體店的所有存貨，只為了幫你開一間網路商店？

你第一次亮相，是不是在八萬個人面前登場？

我猜應該都沒有。

但即使你沒有他們那種起跑點，你可能還是會體驗到和他們一樣的情緒——怨懟、被虧欠，而這也是為什麼他們失敗了。

這種情況，在你二十幾歲或三十出頭時尤其常見。現在越來越多人覺得，千禧世代沒有前人那種職業道德，一項由「Reason-Rupe」所做的民調發現，有六五%的美國成年人認為年輕一代具有虧欠心態。

這也許是民調說的，但我不會把責任全推給那些網路世代的孩子們。莎妮卡不是千禧世代，G-Unit

裡的那些兄弟也不是，他們都跟我同一個年代，我們都是在一樣的期待中長大的。

有些人認為虧欠心態是某些富有白人小孩才會有的問題，我也不相信這種說法。我兒子是有錢，但他絕對不是白人。我以前在皇后區長大的兄弟們，也沒有一個是白人。

在我看來，虧欠心態這件事不是年輕 vs. 老一輩，也不是黑 vs. 白的問題。如果真要說，這已經成為美國人的通病。

在這個國家，人們似乎對「為了成功而必須努力工作」感到不耐煩。我們推崇那些光鮮亮麗的工作，但一講到朝九晚五、基層打工，就覺得那是「低人一等」的事。我們一邊補貨上架、收電影票，一邊心裡卻在翻白眼。只要這份工作不是我們「認為自己該有」的工作——說真的，大多數工作都是——我們就覺得是在浪費生命。

這種「抗拒工作」的態度在其他國家其實不常見。我繞地球飛過三、四圈了，吃過上千家海外餐廳，住過上千間旅館，坐過上千輛計程車。我可以跟你說，國外對工作的態度通常不一樣。

我在日本、臺灣、新加坡等亞洲國家看到的，不論是街道清潔工還是創業者，大家都在拚命哈搜，沒人擺出一副「我不屑這份工作」的樣子。每個人都全神貫注在自己眼前的任務上。

我在非洲和中東也看到同樣的情況。不論是街頭賣水的小販，還是飯店商店裡的女店員，沒有人在偷懶。每個人都在盡力工作。

還記得我之前提到那個「如果破產就去擺花生攤」的假設嗎？在國外感覺每個人都抱著類似的態度。他們知道自己必須不斷努力、不斷哈搜，如果日復一日、年復一年地做下去，**他們相信自己可以靠哈搜創造更好的生活**。而在美國，儘管我們享有更多機會，我卻不覺得人們有那樣的信心。

這種虧欠心態存在於社會各個階層。而在有錢人的世界裡這點非常明顯。那些住在百萬豪宅裡的人，彷彿覺得自己「本來就該」住那裡，他們的自我認同都連結在「不能失去地位」這件事上。他們覺得這樣的生活方式是他們與生俱來的。

而在貧民區，很多人覺得不管他們再怎麼努力，也不可能有朝一日住進那種豪宅。所以與其哈搜，他們乾脆選擇擺爛、不在乎。這種心理其實是奴隸制度對非裔美國人留下的長期影響之一。

想想看，如果一個民族努力工作三百多年，卻從來沒看到自己往上爬一點點，這會對心理造成什麼樣的打擊？老實說，不用三百年，搞不好五年就夠了。這種「反正再怎麼努力也沒用」的想法，會一點一滴地滲透進人們的腦海。這也是為什麼很多住在街頭的兄弟們，失去了那種「靠自己往上爬」的渴望。他們的「虧欠心態」不是「我值得什麼」的驕傲，而是「我不可能靠自己成功，所以別人應該幫我」的無力感。

而移民就完全不會有這種心態。對他們來說，摩天大樓裡的磚頭，跟公共住宅裡的磚頭沒什麼兩樣。整個美國，在他們眼裡看起來就是天堂，比他們原本的家鄉好上一百倍。

這點在我的家鄉紐約市尤其明顯。你看看，為什麼每天都有成千上萬的人想來這裡？即使從地球另一邊，他們都能看到美國閃耀著機會，而我們自己卻早就對這些機會視而不見。他們知道這裡真的就像那首歌〈富足都市〉（*Big Rich Town*）[3]，而他們也想分一杯羹！

3 五角主唱的《權欲》主題曲。

我認為，移民才是紐約的支柱，是他們維持著這座城市的哈搜精神。我們總是在讚美華爾街的大佬和科技業的CEO，但真正每天在把事情搞定的，是那些移民。

根據美國創業研究中心的調查，紐約都會區有五六%的《財星》（*Fortune*）世界五百強企業是由移民創辦的。你還記得我以前說過那個在街上賣我盜版CD，結果被人打掉牙的非洲兄弟嗎？他隔天肯定又出來繼續賣。他搞不好一路賣到開了連鎖店。今天說不定已經是大企業老闆了，或者回老家，在自己的國家開了一整條商店街。

我們美國人很擅長把自己的文化輸出到全世界。但到頭來，我們自己國內在生產什麼？其實只剩下人。我們輸出的是一種生活方式，一種夢想。我們已經不再創造什麼「實體的東西」了。

這也是為什麼我們現在必須「進口」一些來自世界各地源源不絕的哈搜精神。這樣我們才能停止期待別人「該給我們什麼」，而開始意識到，只要我們願意哈搜，我們就能自己創造出想要的生活！

你身邊的人有在「存款」嗎？

有一個問題你必須用來問問你生命中的每一個人，不管你認識他們多久了：

這個人曾經為我的人生「存入」（投入）什麼嗎？還是他們只會「提款」？

如果答案是「提款」，那你就該馬上和他們拉開距離。記住，沒有人只會提款一次。你會去一臺不斷吐出免費現金的提款機只領一次嗎？

當然不會。你會每天去，直到銀行發現不對勁為止。人也是一樣的道理。你不關掉他們的提款卡，他們就會不停拿走你的東西，直到你什麼都不剩。

我現在正在把那些只會提款的人從我生活中剔除掉。我已經失去了對我來說最重要的兩個人——我的母親和祖母——但我還是活得好好的。既然我都撐得過這些，我完全沒有理由繼續讓那些只會消耗我的人待在我身邊。

這也是為什麼我根本不在乎我爸是否會來找我。現在這個階段，他只會想從我這裡提款，他沒有任何可以存進來的東西。

我生活中已經有太多這樣的人了。他們每天都想從「五角銀行」提款。我之前提過，有些人是直接來伸手要錢，但也有不少人只是想沾光。

他們會說：「欸，我們有個超棒的點子，一定會爆紅、賺大錢！」然後接下來就是那句經典臺詞：「我們只需要你來幫我們把它搞起來。」

我現在不想再和這種人合作了。我希望接觸到的計畫和理念，是不靠我也能成功的。我想跟那些真正有才華、能讓我變得更強的人在一起，而不是那些想搭我便車、吃我紅利的人。

我第一次遇到馬克．華伯格（Mark Wahlberg）是在一場聚會，那時一桌人都是剛認識的。我吃完飯、閒聊一下後去上廁所。回來的路上，我覺得差不多該走了，就順手把帳結了。回到桌邊我跟大家說：「我先走啦，很高興認識大家。帳單不用擔心，我已經付了。」我這麼做不是為了裝闊，這只是我習慣扮演的角色而已。

馬克簡直嚇傻了。「什麼？你剛剛說什麼？」他差點從椅子上跳起來。「等一下、等一下，我終於遇到一個會從自己口袋掏錢出來的傢伙，結果你要走了？老兄，我們一定要再聚！我們一定要多聯絡！」

他之所以這麼激動，是因為他總是那個「大家預設會買單」的人。終於有別人主動「存一筆」進來，當然讓他印象深刻。

後來我們成了很好的朋友，而且馬克也確實為我人生做了很多「存款」。他早就在《大明星小跟班》（*Entourage*）和《海濱帝國》（*Boardwalk Empire*）等影集中走過「饒舌歌手轉製作人」這條路，並給了我很多寶貴的建議和見解。

如果那天晚上我沒掏錢，我們之間根本不會有任何連結。我知道不是每個看這段文字的人都有能力請客吃一頓洛杉磯高檔餐廳，但**你絕對有能力在對的人身上「存點什麼」**。

在職場上，不論你處於什麼位置，你都能對整體士氣有所貢獻。在團隊保持正面心態一毛錢也不用花。這不代表你要拍馬屁或假裝熱情，而是你願意樂觀看待事情。成為那個遇到困難任務不會抱怨的人。成為那個面帶笑容、願意與同事互動，而不是戴著耳機躲在電腦螢幕後面的人。保持圓融，當同事之間有矛盾時，試著找出解決方法。

最簡單、但長期下來回報巨大的「存款」，就是準時上班。你可能無法想像老闆看到員工愛幾點到就幾點到，會有多煩躁。

也許你會想：「這又不是我自己的公司，我幹嘛趕著來幫人家賺錢？」如果你有這種心態，那你永遠不會有自己的公司。

這也是我在自己公司裡常常遇到的困難。像我前面說過的，我的弱點之一就是我喜歡在舒適的工作環境中，和熟悉、信任的人共事。但這種「舒適」有時會讓整個團隊鬆懈。久而久之，大家開始忘記：

我付薪水是有代價的，是有責任要扛的。

這時候，他們就開始自己安排上班時間了。他們可能以為我沒發現，但我都知道。只要事情還在正軌上，我就不會說什麼。

但如果你每天都十點、十一點才晃進公司，而產出的工作成果又不夠紮實，那我們就有問題了。我本來給你自由、讓你自己決定何時上班，但你現在就是拿石頭砸自己的腳。

除非你對公司的營收有重大貢獻，不然千萬別騙自己說你可以想幾點上班就幾點上班。與其這樣，不如確保你是整間辦公室最準時的人。也許只是早上把鬧鐘提早個十五分鐘，但如果你能養成準時報到的習慣，這會是你老闆會認可的一筆「存款」。

只要你持續在存款，那你就可以找老闆談加薪。但記住，千萬不要用「我在這公司待很久了」來當開場白。

如果有人來找我談加薪，開口第一句就說「我都做這麼久了」，那只是讓我更確定你該滾了。如果你在這公司待這麼久，我卻從來沒主動幫你調薪，那多半是有原因的。

所以你談的時候，重點應該放在你貢獻了什麼。當然，最有力的證據是實際創造的營收。但如果你沒有業績數據，也可以強調一些非交易性的貢獻：像是正能量、協調手腕、準時、創意——只要你一直在存入這些東西，大家一定看得出來。你也會比那些只會打卡領薪水、待很久卻沒有實質貢獻的人，更快得到回報。

記住，別人為你人生「存款」，不一定是金錢上的。有些人可能從來沒給過你一毛錢，卻用別的方式幫助你，這同樣珍貴。

我舅舅麥克和阿姨潔拉汀就是這樣的人。他們給了我很多正面的能量，從沒向我要過什麼——這在我們家族是很稀有的特質！我們三個好像吃錯了什麼藥。我們都明白，不管人生發生什麼事，都不該有那種「現在可以不工作，等人接濟」的想法。

他們在中了一百萬美金的刮刮樂時，就證明了這點。當他們跟我說中獎時，我超替他們開心的。我還問：「哇靠！中獎的機率有多低啊？太扯了吧！」

那筆錢的確讓他們的生活更舒服了一些。他們換了大一點的房子，也把幾臺車換成好一點的，但就這樣而已——只是將原有的升級。

他們沒有辭職。沒有說「我們發了，該放二十年長假了！」他們很聰明，知道那筆錢是福氣，但幾年後會花光，到時候還是要靠自己。

在美國，一百萬美元其實很容易就花光。他們真的花完了。但因為他們從沒辭掉正職工作，所以也沒事。

他們的自給自足讓我們的關係很純粹。和他們相處從來不會有我和其他家族成員那種複雜情節。他們不想從我身上拿任何東西，只想給我東西。

這種情況已經持續很久了。到現在潔拉汀阿姨還會在聖誕節送我襪子，還想煮飯給我吃。我其實根本不缺襪子，也有私人主廚，但那不是重點。

那些小東西象徵的是她對我的愛。從我還是小男孩時，她就想照顧我、給我東西。她就是幫我取「寶寶」這個綽號的人。也許看起來沒什麼，但對一個失去媽媽的孩子來說那樣的暱稱意義重大。直到現在，跟我最親的人還是叫我寶寶（而且只有他們能這樣叫我）。

回饋社會，讓「做慈善」變得酷

我得承認，有些時候我真的不覺得自己很有「慈善心腸」。

如果我走在街上，看到一個人拿著搞笑的紙牌和一個杯子在乞討，我下意識的反應可能是：「我不覺得我需要幫他，因為他已經失魂落魄了。我放多少錢進他的杯子都不會有差別。」但如果他能寫出這麼幽默的字句，連冷漠的紐約人都會笑著掏錢，那表示他其實有天賦。但很可惜的是，他只願意用這個天賦來博得施捨，而不是用在更有建設性的地方。我不想助長這種行為。

但這些年來，我也漸漸體會到，這種想法並不總是對的。沒錯，確實有些人寧可依靠別人的同情，也不願意付出努力。但同時也有很多很多人，真的有我所推崇的那種工作態度和哈搜，只是遭遇了自己控制不了的困境，他們真的需要幫助。

而當我身處一個資源充足的位置，我開始更積極思考：如何把我的財富用在幫助這些人上。當你在某個領域獲得長期成功與肯定後，你就有能力把焦點從自己身上移開，開始關心那些你周遭的社群與世界。

我年紀越大，越不容易被「有錢人」打動；反而那些致力於把財富回饋出去的人，更讓我敬佩。我以前沒注意到，但現在我終於明白——那些給予的人，哪怕不在了，他們的存在感會比任何人都強烈。他們走後，還是會被人以敬仰的語氣提起。

五十年後，當人們回顧比爾蓋茲，記得的可能不會是他在電腦晶片上的貢獻，而是他如何推動全球的永續農業；就像音樂大亨大衛・格芬（David Geffen）[4]，也不會因為製作過多少金曲被記得，而是因為他對醫療領域的投入被歌頌；巴菲特（Warren Buffett）雖然富可敵國，但他承諾在有生之年要捐出九九％的財產。他也真的身體力行，還發起「捐贈誓言」（Giving Pledge），鼓勵其他億萬富翁跟進。

這些人的範例，讓我開始更深切地思考自己過去的成就。我問我自己：「我希望人們記得我是個賣出很多唱片、做出超多熱門影集的人嗎？」以前我會說：「當然啊！」我仍然很珍惜那些經歷，但現在更重要的是——我也想被記住成一個善用自己賺來的錢，做出正面改變的人。

光靠「從底層翻身給大家一個榜樣」這種說法，對我來說已經不夠了。我要做得更多。我承諾會把這些年我所累積的財富、資源與人脈，投入到底層社會，幫助更多有相似經歷的人不用那麼辛苦，也能有機會翻身。

我第一次真正開始對「慈善」這個概念感興趣，是在我去奈及利亞之後。

老實說，我對那個國家沒什麼了解，但海尼根願意付我四百萬美金讓我表演四場秀，所以我當然是打包行李就上飛機了。

到了拉哥斯（奈及利亞首都）後的某個晚上，我在飯店房間裡放鬆，點了客房餐飲。飯店送來一大堆食物，我正準備開動時，注意到雞肉裡還有血絲沒處理。那一瞬間我突然沒胃口了，覺得有點噁心，想走出房間透透氣。

就在那時，我靈機一動。我叫我的巡演經理貝瑞從我們的日支費裡拿出一萬五千美金，把錢裝進一個袋子，並準備好一臺車。錢拿到後，我下樓跟貝瑞碰面，坐進車裡，對司機說：「開車，帶我們去當地的貧民區。」

我以前也見過不少困苦的社區，但司機帶我們去的地方，真的是我從未見過的極端。別說什麼電梯裡有尿味的社區了——那裡的人住在用波浪鐵皮搭成的小屋裡，沒有冷氣、沒有窗戶、沒有自來水。更誇張的是，屋子前面竟然有一條混著尿和屎的「小河」流過。我在皇后區的老家社區，和這比起來簡直像四季酒店。

我還看到一件讓我很震驚的事：當地人如果有重物要搬運，都是頂在頭上走路帶著走。如果一個人要運送三十磅的東西，他們不會叫聯邦快遞，而是把它扛上頭，這樣一路扛著走。這個畫面真的讓我印象深刻。

後來因為巷子太窄、路太爛，我們車速變慢。我就從袋子裡拿出一些錢，把車窗搖下，開始分發百元鈔票給那些走近車子的人。

當那些居民發現我在「撒錢」後，現場氣氛簡直炸了。那能量比我任何一場演唱會都還強。在那個國家，拿到四十塊美金可能就足以改善好幾個月的生活，而我像萬聖節發糖果一樣在發百元大鈔。

消息越傳越快，等我回到飯店的時候，門外已經擠了三、四千人。場面失控。就算錢已經發完了，大家還是想接近我——不是攻擊或騷擾我，而是單純想靠近、想分享那份能量。有個人甚至迅速地從我頭上搶走了我的頭巾（do-rag），快到連我的棒球帽都沒掉。真的是個超瘋狂的經歷。

但因為這場騷動太大，我們最終只能取消巡演最後一場，提前回國。太多人湧現，只為看看我是不

4 譯按：美國企業家、製片人、電影公司高管及慈善家。

是還會再發錢。

雖然那天我幫到了不少人，心裡也很踏實，但我也意識到，開車去貧民區撒鈔票，並不是一種長遠有效的幫助方式。我需要更好的計畫。

我曾經以為自己來自社會底層，但那趟非洲之行讓我徹底清醒——原來我根本沒真正見識過什麼叫「底層」。我的非洲兄弟姐妹，正經歷著我過去無法想像的困境。

有時候我跟美國的朋友說起這些事，他們會說：「欸小五，我們這裡的人也很餓啊。」

不，你們是「覺得餓」而已。但在非洲，每年有成千上萬的人餓死，那才是真的飢餓。

二〇一二年，我與聯合國世界糧食計畫（World Food Programme）合作，去了肯亞和索馬利亞，親眼見證飢荒的影響。我以為去過奈及利亞已經算見過世面了，但肯亞和索馬利亞的景況更讓我震驚。

在肯亞，我參訪了一所學校，那裡有五百個孩子，全都是孤兒，其中有四十八個ＨＩＶ陽性。他們每天只能吃一餐：玉米粉加上一些蛋白粉，就這樣。沒有別的，就是那一碗。

我從未見過這麼絕望的情況。但這些孩子卻還是充滿希望與能量。我問他們長大想當什麼，他們說：「我要當醫生」、「我要當律師」。他們拿到的是這世界最爛的一手牌，不過仍然對未來充滿夢想。

他們沒有一點怨恨。這讓我想到以前我還會抱怨自己只能穿袋鼠鞋（KangaROOs）而不是耐吉；或是我的兒子馬奎斯會因為沒穿上最新款的喬丹而不高興。如果每個美國的孩子都能去那間學校待上五分鐘，他們一定會為自己以前的自以為是而感到羞愧。因為當下我就是這樣。

那趟旅程回來後，我就承諾自己要投入對抗非洲飢荒的行動。那時我剛推出一款能量飲料「街頭霸王」（Street King），我宣布：每賣出一瓶，我就捐一部分收入去供應一餐給飢餓的孩子。為了幫這個計畫順利起步，我直接開了支票，供應兩百五十萬份餐點。

我們透過這個計畫餵飽了很多孩子，但顯然，還有太多工作要做。

我希望這樣的做法可以成為一種範例，我稱之為：「自覺資本主義」。意思是：這些CEO們不該只是賺到十億美金然後就抱著這些錢，而是應該把「回饋社會」納入他們的商業計畫。世界銀行曾指出，如果前五百大企業每年只拿出一%的收入捐出去，就能終結全球極端貧困。就一%而已，我不覺得這是什麼太過分的要求。

我當然也跟所有創業家一樣看重利潤，但我們沒有人真的會「需要」那一%到連分給孩子們都不行的地步。只是很多有錢人從來沒被教育要「給出去」。他們的心態，就跟我以前看到街友時一樣：「這可是我努力賺來的錢，這些人沒專注在規劃自己人生，憑什麼要我來想辦法解決？」

我現在的回答是：拿一點你的錢，親自飛去非洲，去看看那些我曾經拜訪的孩子；或者去中東、亞洲、南美洲看看那些身處同樣情境的孩子。當你親眼見到他們在如此龐大的壓迫中仍然充滿生命力，你就會明白，**這不是「誰比較努力」的問題，而是你有幸能在一個充滿機會的國家付諸努力，但別人沒有。**

想到那些孩子，我開始重新審視自己早期職涯的很多決定。以前，我所做的一切只是為了證明我比別人「更有錢」、「更成功」。但隨著我成長、看見更多事物，那種心態已經不再符合我現在的價值觀了。

我也不想讓人以為我只關心非洲的孩子。我賣掉康乃狄克州的豪宅後，把三百萬美金全數捐給我的G-Unity 基金會，資助那些在美國貧困地區推動學術培訓的計畫。此外，我也捐了將近一百萬美金，協助修復我在皇后區長大的社區附近的公共公園。我希望現在那裡長大的孩子，也能有一個可以自在玩耍、親近自然的綠地。

我現在做的這些事，感覺就是對的。在確保我和孩子們未來無虞之後，我還需要多少「玩具」呢？其實也沒多少。我真正該做的，是想出更多回饋社會的方法。

過去我不太談論自己的慈善行動，因為我不想讓人對我產生「你應該幫我」這種依賴感。不管是個人還是某個機構，我都不希望有人把我視為理所當然會捐錢的對象。

但現在我不再擔心這種壓力了。事實上，我樂意接受。我希望人們知道，只要是一個值得支持的慈善計畫，我就是那個會開支票的人。我希望我的名字能和「慈善」劃上等號。我以前讓很多事變得很酷——像是在饒舌裡加入唱歌式的節奏、穿防彈背心、還有「週一前還錢」這種生活哲學。

現在，我想讓「做慈善」也變得酷。如果我能做到這一點，那將會是我人生最偉大的成就。

附錄

Hustler 進化法則

無所畏懼

大多數人會逃避他們害怕的東西，但我選擇迎頭面對。這不代表我覺得自己刀槍不入（事實上我已經付出過慘痛的代價），也不是說我對危險毫無警覺。我跟其他人一樣會感到害怕。

但人們會犯下的最大錯誤之一，就是習慣恐懼，甚至與之共處。不管讓我擔心的是什麼事，我都會正面迎擊，直到問題解決為止。我不願與恐懼妥協的態度，讓我幾乎在每一種情況下，都比別人多一分優勢。

培養一顆「拚命三郎」之心

「哈搜」一詞可能讓人聯想到販毒，但其實它是一種每個領域的成功者都具備的性格特質。賈伯斯在蘋果哈搜，就跟我當年在街頭一樣強。

想要在自己身上培養出這種特質，關鍵是接受一個事實：你並不是為了某個具體的目標而哈搜。哈搜是一顆引擎，每天都必須在你心裡運轉。而讓它持續運轉的燃料，就是熱情。只要你能讓這顆引擎不停地轉動，它就會帶你抵達人生想去的任何地方。

打造一支堅強的團隊

你這個人能有多強，取決於你團隊裡最弱的人有多強。這就是為什麼你必須非常謹慎選擇你身邊的人。背叛，往往就在身邊。

所以你要在兩件事之間找到平衡：一是在團隊中建立信任與紀律，二是讓每個人都有做自己的空間。如果你能找到這個平衡點，那你就能激發出團隊裡每個人最強的一面。

明白自己的價值

我之所以能夠持續成功，有一個關鍵原因是：我從不急著簽下任何交易。雖然大家一提到我就想到「賺錢」，但我從不追著錢跑。我評估每個新機會時，看的不是第一筆進帳有多少，而是這件事長遠的潛力。

我這麼做，是因為我對自己的價值和能力有絕對的信心。我很確定，只要是押注在我自己身上，我最終一定會贏。

適者生存，不進則退

如果我不願意——或是沒辦法——不斷進化成長，那我現在不是死了，就是坐牢了。我之所以能成功，其中一個關鍵在於，我在每個人生階段，都願意審視自己所處的新情境，並做出必要的調整。

我會持續從街頭學來的經驗中汲取養分，但我從不受限於過去的那一套方法。我總是主動吸收新的資訊、知識，來自各種不同的來源。我不在乎你是哪裡人，長什麼樣子——只要你創造過成功，你就會是我想學習的對象。

塑造形象

你與世界分享的一切——言辭、能量、穿著——都在講述一個故事。你必須確保你的敘事總是呈現出你想成為的形象，即使你的現實人生還沒走到那裡。

獲得理想生活的一大祕訣，就是營造出你不需要任何東西的形象。這可能是一種很難投射的能量，尤其是你仍處在低谷，還在掙扎的時候，但如果能堅持表現這種形象，你會在人際關係、職場甚至愛情中都變得更有吸引力。

別害怕競爭

有些人試圖把我描繪成酸民或霸凌者，但事實並非如此。我的第一直覺，永遠是建立正面且互利的關係。但如果有人不想和我當朋友，我也可以很自在地當他們的敵人。

因為我相信，競爭對所有參與者都是有益的。不管是挑戰成名的饒舌歌手，還是熱門電視節目，我總是在正面迎戰對手、毫不猶豫的時候最為成功。

從失敗中學習

多年來，儘管我取得多次勝利，但我經歷了更多的失敗。這不是什麼特例，反而是所有成功人士的常態。所有我認識的富有饒舌歌手、企業大亨、高管或創業家，他們面臨的失敗都遠遠超過了勝利。

真正讓他們與眾不同的，是他們不會抱怨失敗或逃避，而是積極尋求從中學習的機會。

避免「虧欠心態」陷阱

生活中沒有什麼是輕而易舉得到的。我必須為我所擁有的一切奮鬥。這就是為什麼自以為是的概念從未滲透到我的思想中。但幾乎在我看過的任何地方——從街頭到董事會——我看到太多人活在「別人欠我的」的幻想裡。

你永遠不可能真正成功，除非你開始完全為自己的人生負責。

沒有人欠你什麼，就像你也不欠任何人一樣。一旦你接受了這個最基本的真理，並且明白自己才是掌舵者，許多看似關閉的門，就會一扇一扇在你面前打開。

致謝

我要感謝協助完成這本書的團隊：我的文學經紀人馬克・傑拉德（Marc Gerald）、協助實現本書構想的克里斯・莫洛（Chris Morrow）、以及 Amistad 的資深編輯帕崔克・亨利・巴斯（Patrik Henry Bass）。同時我也感謝哈潑柯林斯（HarperCollins）出版社總裁暨執行長布萊恩・莫瑞（Brian Murray），以及 HarperOne 集團總裁暨發行人茱蒂絲・柯爾（Judith Curr）。

國家圖書館出版品預行編目（CIP）資料

幹大的：五角傳── 活下來，爬上去！從街頭藝術家到億萬商業帝國的極限進化法則／五角（Curtis "50 Cent" Jackson）著；莫康笙譯 . -- 初版 . -- 新北市：方舟文化，遠足文化事業股份有限公司，2025.06
288 面；17 × 23 公分

譯自：Hustle harder, hustle smarter

ISBN 978-626-7596-81-4（平裝）

1.CST：五角（50 Cent） 2.CST：傳記
3.CST：成功法 4.CST：美國

785.28 114004383

拱橋 0008

幹大的：五角傳

活下來，爬上去！從街頭藝術家到億萬商業帝國的極限進化法則

作者　五角（Curtis “50 Cent” Jackson）
譯者　莫康笙
主編　張祐唐
封面設計　林彥君
內頁設計　陳相蓉
特約行銷　許文薰
總編輯　林淑雯
出版者　方舟文化／遠足文化事業股份有限公司

發行　遠足文化事業股份有限公司（讀書共和國出版集團）
231 新北市新店區民權路 108-2 號 9 樓
電話：（02）2218-1417
傳真：（02）8667-1851
劃撥帳號：19504465　戶名：遠足文化事業股份有限公司
客服專線：0800-221-029　E-MAIL：service@bookrep.com.tw
網站　www.bookrep.com.tw
印製　中原造像股份有限公司
法律顧問　華洋法律事務所　蘇文生律師
定價　480 元
初版一刷　2025 年 6 月
初版三刷　2025 年 8 月

方舟文化官方網站　方舟文化讀者回函